KB268832

# 꿩먹고 알먹는
# 스리랑카어(씽할러)

සිංහල අත්පොත

존 하샨떠(ජෝන් හශාන්ත 이헌주) 지음

문예림

**저자** **존 하샨떠(ලොන් හශාන්ත 이헌주)**

〈약 력〉

저자는 1996년 12월에 스리랑카를 처음 방문하고서 스리랑카 매력에 푹 빠져서
1997년 3월부터 스리랑카에 살기 시작했다. 첫 6년은 스리랑카 사람들과 한집에서
살고, 매일 세끼 카레를 손으로 먹으면서 스리랑카 문화와 언어를 배우기 시작했고
스리랑카를 더 사랑하는 법을 배웠다. 스리랑카의 서울대격인 '뻬라데니여 대학교'
씽할러 학과에서 4년간 언어를 배우고 수료했다.
현재 아내 김영순, 아들 하원이 딸 하연이와 함께 스리랑카 캔디(Kandy)시에 살고
있다.
지금은 "씽할러-한국어 사전" 작업을 하고 있다.


〈저서 및 논문〉
• 아름다운 땅에서 (2008, YWAM Publishing)
• 성경 씽할러 (2008, YWAM Publishing)

# 꿩먹고 알먹는 스리랑카어(씽할러)

초판 1쇄 발행 : 2013년 7월 30일
초판 2쇄 발행 : 2015년 6월 10일

저  자 : 존 하샨떠(ලොන් හශාන්ත 이헌주)
펴낸이 : 서 덕 일
펴낸곳 : 도서출판 **문예림**
등  록 : 1962. 7. 12  제2-110호

주소 : 서울특별시 광진구 군자동 1-13 문예하우스 101호
전화 : (02)499-1281~2
팩스 : (02)499-1283
http://www.bookmoon.co.kr
E-mail : book1281@hanmail.net

ISBN 978-89-7482-739-7(13790)

✱잘못된 책이나 파본은 교환해 드립니다.

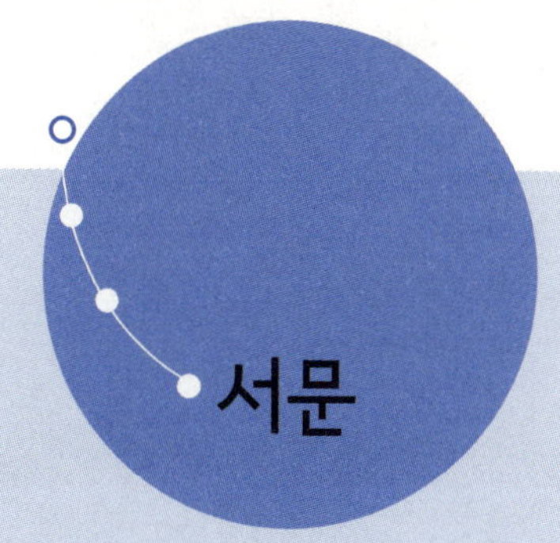



　스리랑카의 공용어인 씽할러는 한국 사람들에게 생소한 언어입니다. 스리랑카라는 나라 이름도 한국인들에게 알려지기 시작한 지가 얼마되지 않았으니 그 언어가 더 알려지지 않은 것은 당연합니다.

　16년 전에 스리랑카에 와서 처음 씽할러 말을 듣고 글자를 보는 순간 '아 세상에 이런 글자와 말도 있구나!'라는 생각이 들었던 기억이 납니다.

　한글로 된 제대로 된 책 하나없이 씽할러를 배우기 시작했고, 주변에 있는 스리랑카 사람들에게 똑 같은 말과 단어를 수십번씩 물어보고, 이해하지 못해도 미소를 지어야 하며 하나씩 배웠던 것이 어제와 같습니다. 영어로 씽할러를 배우거나, 영어로된 씽할러 관련 서적은 많지만, 그것을 따라갈 수 있는 실력이 없어서 고민했던 첫 몇 년의 시간도 스쳐지나갑니다.

　많은 사람들이 '얼마나 해야 그정도 할 수 있습니까?'라고 물으면, '지금도 열심히 씽할러 배우고 있습니다'라고 대답합니다. 모국어가 아닌 이상 외국어인 씽할러는 늘 공부해야 하는 언어이기에 늘 부담이 됩니다.

　오늘은 참으로 기쁜 날입니다.

　생소한 언어인 씽할러를 처음 대하는 분들이 쉽게 씽할러를 배우고, 언어와 나라, 문화를 이해할 수 있는 책을 출간하기 때문입니다.

　이 책은 3가지 목적을 두고 저술 했습니다.

**첫째는 회화 즉 듣고 말하는데 초점을 두었습니다.**

　한국 사람들은 영어 배운 습관 때문에 문법에 집중합니다. 문법에 집중하면 듣는 귀와 말하는 입이 막혀버리는 것은 당연한 일입니다. 따라서, 1부에서는 아주 간단한 문장을 필두로 일상 생활의 대화를 다양한 화법으로 실었습니다. 하지만, 문장에 대한 설명은 아주 간단하게 적었습니다. 따라서, 문법에 집중하기 보다는 각과에 나오는 대화를 듣고 따라하고 암송하는 것이 입과 귀를 여는데 가장 효과적입니다. 또한, 씽할러는 구어체와 문어체가 확연하게 구분이 되는데, 이 책에서는 구어체에 대해서 더 많이 설명하였습니다.

**둘째는 씽할러어와 나라, 문화, 사람들을 쉽게 이해하도록 설명을 했습니다.**

생소한 것을 접하는 사람들에게는 모든 것이 어렵습니다. 따라서, 1부 초반부에서는 각 대화의 문장을 짧고 쉽게 표현하여 따라하기 쉽게 구성했고, 인사하는 방법이나 사람들의 특징과 장단점, 한국과 다른 모습들, 각 상황에 대한 설명을 간단히 적어 넣었습니다. 한국과의 차이를 이해하지 못할 때 오는 실수와 오해들이 스리랑카를 향한 우리의 좋은 마음을 조금씩 상하게 만들 수도 있기 때문입니다.

**셋째는 씽할러를 단계적으로 더 깊이 배울 수 있도록 만들었습니다.**

1부가 초보자에게 도움이 되는 것이라면, 2부는 1부를 충분히 공부했거나 좀더 많은 것을 알고 싶은 사람들을 위해서 단어를 분해한 단어집과 문법설명을 덧붙였습니다. 1과를 암기하고 따라하다보면 자연스럽게 생기는 질문들에 대한 대답을 주려고 설명하였습니다. 하지만, 이책이 귀와 입을 여는 회화책인 만큼 문법설명도 간소화했습니다. 문법 설명을 하면서 한가지를 넣으면 다른 하나도 더 넣어야 하는 유혹이 있었지만, 많은 설명을 하면 듣고 말하는데 방해를 하기 때문에 기본적이고, 꼭 필요한 요소들을 넣었습니다. 앞으로 문어체에 대한 공부를 위해서도 간간히 문어체와 구어체를 비교해서 설명했습니다.

3부는 씽할러를 읽고, 쓰고, 발음하는 원칙을 넣었고, 부록은 그간 배운 것들을 정리할 수 있도록 구성하였습니다.

이 책은 살면서 제 삶에 필요한 표현 하나하나를 배운 것을 모아 놓았다고 생각하면 더 정확한 표현이 될 것 같습니다.

이 책이 나오도록 제 씽할러를 향상시키는데 참으로 많은 스리랑카 분들의 도움이 있었습니다. 그리고, 책을 마무리하도록 인내해주고 섬겨준 아내 샤론에게, 아들 하원이와 딸 하연이에게 감사와 사랑을 전합니다.

끝으로 이 아름다운 땅 스리랑카에서 아름다운 사람들과 살도록 은혜주신 하나님과 예수 그리스도께 모든 영광을 올려드립니다.

2013년 6월

가장 스리랑카 다운 도시 캔디에서 **존 하샨떠**

# 1. 한글 음역

가능하면 씽할러 글자를 그대로 직역하였다. 특별히 받침을 적을 때도 스리랑카 글자를 기준으로 음역을 해서 한글에서 잘 사용되지 않는 글자가 나오기도한다.
씽할러 알파벳에 대한 한글 음가는 아래와 같다.

## 1) 모음

| අ 아 | ආ 아- | ඇ 애 | ඈ 애- | ඉ 이 | ඊ 이- | උ 우 | ඌ 우- |
|---|---|---|---|---|---|---|---|
| සෘ 리/ | සෲ 리/- | එ 에 | ඒ 에- | ඓ 아이 | ඔ 오 | ඕ 오- | ඖ 아우 |
| (අ)ං 앙 | (අ)ඃ 아- | | | | | | |

## 2) 자음

| ක 까 | ඛ 까- | ග 가 | ඝ 가- | ඞ 나 | ඟ ㄴ가 |
|---|---|---|---|---|---|
| ච 차 | ඡ 차- | ජ 자 | ඣ 자- | ඤ 냐 | ඦ ㄴ냐 |
| ට 타 | ඨ 타- | ඩ 다 | ඪ 다- | ණ 나 | ඬ ㄴ다 |
| ත 따 | ථ 따- | ද 다 | ධ 다- | න 나 | ඳ ㄴ다 |
| ප 빠 | ඵ 빠- | බ 바 | භ 바- | ම 마 | ඹ ㅁ바 |
| ය 야 | ර 라(R) | ල 라(L) | ව 와(V) | | |
| ශ 샤 | ෂ 샤 | ස 싸 | හ 하 | ළ 라(L) | ෆ 파(F) |

① ක와 ප는 '카' 와 '파'로 음역을 하기도 하지만, 이 책에서는 한국 사람의 발음 소리를 유념해 현지 발음에 더 정확한 발음인 '까' 와 '빠'로 표기하였다.

② 한글 음역에서 'ㅌ' 은 모두 'ට'를 음역할 때 사용했다.

③ 기울어진 'ㄷ'은 씽할러 알파벳 'ඩ'를 음역할 때 사용했다.

　　예) 가게 'කඩය 까더여'로 표기했다.

④ '빠'가 받침으로 나올 경우 컴퓨터로 글자 조합이 되지 않아, 부득이 하게 'ㅍ'을 사용하였다. ⑩ ආප්ප 앞-빠.

⑤ '라'는 영어의 'R'과 같은 발음으로 한글로 표기 할 때는 기울어진 'ㄹ'로 표기 했다.

⑩ රට 라터.

## 2. 장음 표시

씽할러에는 장, 단음에 따라 발음과 뜻이 달라진다. 장음은 '-'로 표시하였다.
⑩ 방 'කාමරය 까-머러여', 음식 "කෑම 깨-머"

## 3. 한글 뜻

가능하면 씽할러 문장을 직역하도록 노력했다. 씽할러와 한글 문법구조가 비슷하므로, 직역을 하면 더 빨리 씽할러어를 배울 수 있어 한글 문장이 조금 어색하더라도 직역했다.

⑩ ගිහින් එන්නම් 기힌 엔남 - 뜻은 '다시 봐요 See you later'이지만, 이 책에서는 그 뜻을 좀 더 분명하게 하기위해서, '다녀 올게요'로 직역했다.

## 4. 밑줄

한 문장에서 서로 바꾸어 사용할 수 있는 표현은 밑줄을 그었다. 밑줄 그어진 부분만 바꾸어서 연습하면 된다.

⑩ '오야- 꼬헤더/꼬헤터더 얀네-?'는 '오야-꼬헤더 얀네-'와 '오야-꼬헤터더 얀네-'로 연습해야 합니다.

　많은 한국 사람들은 외국어를 배우는데 두려움을 가지고 있다. 그것은 10년 넘게 배워도 잘 들을 수 없고, 말할 수 없는 영어를 때문이라고 생각한다. 한국 사람들이 영어를 배울 때 먼저 듣기와 말하기를 배우지 않고, 읽기와 단어 암기, 문법을 먼저 배워서 말하고 듣는데 발전이 없다라고 생각한다.

　영어 공부한 방식으로 씽할러를 배우려고 한다면 씽할러 또한 어려운 언어가 되어버린다. 따라서, 영어 공부한 방식을 모두 잊어 버리고 새로운 방식, 아니 우리가 한글을 배워왔던 방식을 되뇌이면서 씽할러를 배운다면 더 쉽고 빠르게 씽할러를 배울 수 있을 것이다.

　씽할러는 한글과 문법 구조가 거의 비슷하기 때문에 어느 정도 공부하면 누구나 쉽게 자기의 생각대로 말하고, 표현할 수 있다.

　저자가 씽할러를 배우면서 깨달은 것들, 말하자면 씽할러를 좀 더 빨리 쉽게 배우는 방법들을 소개하겠습니다.


**첫째, 실수 하는 것을 두려워 하지 마라.**

　다른 나라말을 배우면서 많은 실수를 하게 된다.

　어린 아이들을 보라. 한 단어를 따라하면서 얼마나 이상하게 발음하는지! 그리고 어린아이들이 말할 때 문법에 안 맞는 말이 얼마나 많은지! 또, 우리가 사용하지 않는 말들을 만들어서 얼마나 많이 사용하는지! 우리가 씽할러를 배울 때 듣고 따라 했는데, 같은 발음이 안 나오고, 말을 했는데 사람들이 무슨 말인지 이해하지 못했을 때 당황하게 된다. 또, 다른 사람들이 내가 한 말을 듣고 웃을 때 얼굴이 빨개진다. 하지만, 이것은 언어를 배우는 과정이다.

　**"내가 씽할러 사람이냐! 내가 한국 사람이니까 실수하는 것은 당연하지!"**라는 마음을 먹고 늘 시도해야 한다. 실수를 두려워하면 다른 언어를 배우는데 더 많은 시간이 필요하게 된다. 실수를 해서 얼굴이 빨개진만큼 그만큼 씽할러를 빨리 배울 수 있게 된다.

**둘째, 많이 들어라.**

씽할러를 잘 하기 위해서는 먼저 귀가 열려야 한다.

우리가 어렸을 때를 생각해 보라. 부모님과 어른들이 끊임없이 우리에게 말한 것을 생각해보라. 그리고 우리가 듣고 본 텔레비전을 생각해보라. 우리는 말하기 전에 수없이 많은 말을 이미 들었다. 씽할러를 많이 들어야 씽할러에서 쓰는 관용어구들이 익숙해지고 문장의 표현들도 씽할러 사람들이 쓰는 표현을 쓰게 된다. 들으면서 귀에 들리는 단어들을 종이에 적어보고 그 단어의 뜻을 익혀라. 그러면, 다음번에 그 단어는 누가 말해도 귀에 들리게 된다.

새로 알게 되는 단어들도 녹음해서 듣고 따라한 후 사용해라.

좀 더 효과적인 배움이 되기 위해서는 **1부(나중에 2부) 전체를 100번 정도 반복해서 듣는 것**이 좋다. 이해를 하던 못하던 상관하지 말고 1부(나중에 2부) 전체를 들어라. 그리고 **오늘 공부할 과를 5번 이상 들으면서 암기하면** 나도 모르는 사이에 놀라운 발전이 있을 것이다.


**셋째, 문장을 암기해라. 그리고 많이 써 먹으라.**

문법을 따지지 마라. 한국 사람들은 주어가 뭐고, 동사가 뭔지 문법이 어떻게 되는지 따지면서 언어 배우기를 좋아한다. 처음부터 문법을 따지게 되면, 문법에 집착하게 되고, 따라서 문장을 암기하는데 소홀하게 된다. 처음 단계(특별히 1부)에서는 **문법을 따지지 말고 무조건 외워라.** 외우고 사용하다 보면 문법도 자연스레 알게된다.

그리고, **암기한 단어나 문장을 하루에 10번이상 사용하라.**

아무리 많이 단어나 문장을 외워도, 사용하지 않으면 잊혀지게 된다. 그리고, 암기한 단어나 문장을 씽할러 사람들에게 말하다보면 발음이 이상한 부분이나 잘못 암기한 것들을 고칠 수 있는 기회를 가지게 된다.

**넷째, 글 쓰기 연습을 하라.**

알파벳을 배운 후에 **오늘 배운 과를 노트에 한두번 따라 적어 보라.**
몇 시간이 걸리지만, 쓰면서 좀더 정확한 씽할러를 배우게 된다. 어느 정도 씽할러가
배웠으면, **일기를 써 보라.** 너무 많은 것을 적으려 하지말고, 아는 단어를 최대한 활용
해서, 우리가 어렸을 때 적었던 단순한 내용을 일기로 적으면 좋다.

**다섯째, 한국어에 없는 씽할러 발음을 익혀라.**

씽할러에는 한국 사람들이 가지고 있지 않는 발음들이 많이 있다. 이것들을 먼저 익
혀야 제대로 된 말이 된다. 처음에 우리는 한국식 발음으로 씽할러를 말하게 된다. 이
렇게 되면 씽할러가 아니라 다른 말이 된다. 우리가 말을 해도 사람들이 알아듣지 못
하는 이유는 대부분 여기에 있다. 공부할 때 유념해서 연습해야 하는 몇가지 점들을
적어보겠다.

- **장음과 단음** – 장음은 확실하게 발음을 해야 한다.
  예를 들면 '루누(소금)'와 '루―누(양파)'가 있다.
- **'ㄹ' 발음** – 영어와 같이 R(ඔ)과 L(ල)로 나뉘어 진다.
- **'ㅍ' 발음** – 영어와 같이 F(ඵ)와 P(ප)로 나누어 진다.
- **'ㄷ' 발음** – 영어 R과 같이 발음을 굴리면서 'ඩ 더'라고 짧게 끊어주면서 소리를
  내야한다. 이 글자의 장음은 'ඪ' 이다.
- **'ට ㅌ' 발음** – 영어 R과 같이 발음을 굴리면서 짧게 끊어주면서 '터' 발음한다. 'ඩ
  더'를 발음하는 방법과 같은 방식으로 '터' 소리를 내는 것이다. 이것의 장음은 'ඨ'이
  다.

## 1부 | 일상 회화
### මූලික කතාබහ ▪

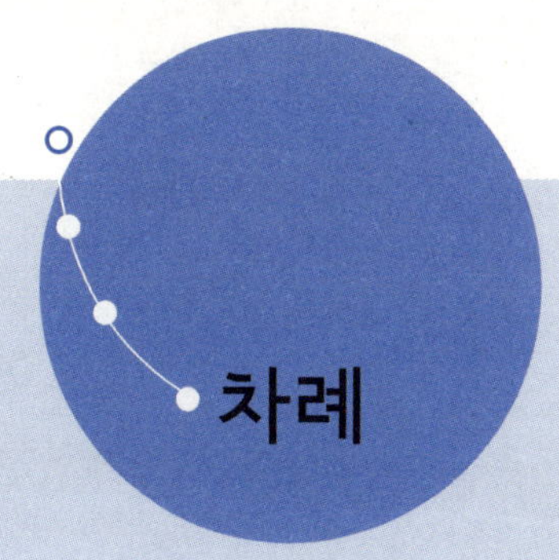





## 2부 | 상황별 회화
අවස්ථාව අනුව කතාබහ

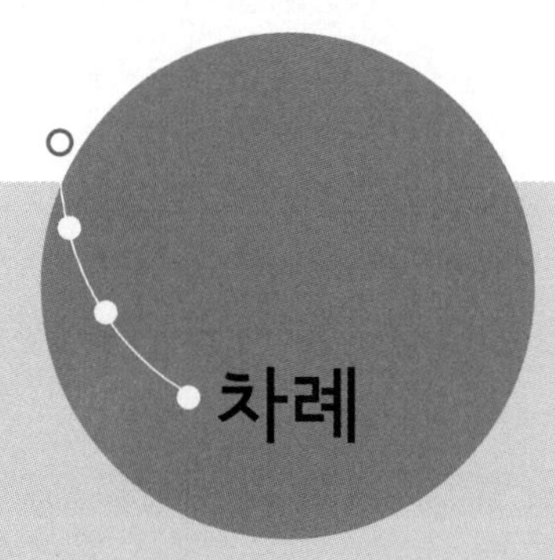

# 차례

# මූලික කතාබහ
# 일상 회화

### 1

A. ආයුබෝවන්. 아-유보-완 ㉠
안녕하세요?

B. ආයුබෝවන්. 아-유보-완.
안녕하세요?

A. සුභ උදෑසනක් / සුභ දවාලක්
/ සුභ සැන්දෑවක් / සුභ රාත්‍රියක්.
쑤버 우대-써낚㉡ / 쑤버 다왈-띾
/ 쑤버 쌘대-왂 / 쑤버 라-뜨리얶.
좋은 아침입니다 / 좋은 오후
/ 좋은 저녁입니다 / 잘자요.

B. එසේම වේවා. 에쎄-머 웨-와-
좋은 아침(점심, 저녁, 밤)
되세요(Same to you)

### 2

A. ගිහින් එන්නම්. 기힌 엔남㉢
다녀 오겠습니다 (또 봐요).

B. හොඳයි, ගිහින් එන්න.
혼다이, 기힌 엔너
좋아요, 다녀 오세요(또 봐요).

### 3

A. කොහොමද? 꼬호머더?㉣
어떻게 지내세요?

B. හොඳයි, ඔයාට කොහොමද?
혼다이, 오야-터 꼬호머더?
잘 지내요, 당신은 어떠세요?

A. හොඳින් ඉන්නවා / වරදක් නැහැ.
혼딘 인너와 - / 와러딖 내해.
잘 지내요 / 문제 없어요.

---

**☆ 더 배워 봐요!**

㉠ ආයුබෝවන් 아-유보-완 : 스리랑카에서 가장 많이 쓰는 인사이며, 인사를 할 때는 두 손을 합장을 하고, 머리를 숙이며 인사를 합니다. 이 단어의 뜻은 '장수 하세요'이며, 만날 때와 헤어질 때, 시간에 상관없이 쓸 수 있습니다.

㉡ සුභ උදෑසනක් 쑤버 우대-싸낚 : 보편적으로 대화할 때는 잘 쓰지 않습니다. 회중을 상대로 할 때나 아주 공손히 인사할 때 사용하고, 영어 Good Morning을 더 많이 씁니다. 뒤에 වේවා 웨-와를 붙여 සුභ උදෑසනක් වේවා 쑤버 우대-써낚 웨-와라고 쓰기도 합니다. 이 표현에는 대답으로 එසේම වේවා 에쎄-머 웨-와를 사용합니다.

㉢ ගිහින් එන්නම් 기힌 엔남 : 집을 방문했거나 대화 도중 먼저 자리를 떠나기 원하는 사람이 사용합니다. ගිහින් එන්නද? 기힌 엔너더?(다녀와도 될까요?)는 더 공손한 표현입니다.

㉣ කොහොමද? 꼬호머더? : 이 질문에는 항상 හොඳයි 혼다이를 사용해야 합니다. 개인 사정이 안좋다고 හොඳ නැහැ 혼더 내해(안 좋아요)라고 사용해서는 안됩니다.

4

A. කොහොමද ඉතින්? 꼬호머더 이띤㉠.
어떻게 지내?

B. මම නං හොඳින් ඉන්නවා,
마머 낭 혼딘 인너와-,
난 잘 지내.

ඔයාට කොහොමද? 오야-터 꼬호머더?
넌 어때?

A. මමත් හොඳින් ඉන්නවා.
마맡 혼딘 인너와-
나도 잘 지내.

ඔයාගේ අම්මයි තාත්තයි හොඳින්ද?
오야-게- 암마이 딸-따이 혼딘더?
너네 어머니, 아버지는 잘 계셔?

B. එයාලා හොඳින් ඉන්නවා.
에얄-라- 혼딘 인너와-.
그 분들 잘 계셔.

A. එයාලව මතක් කලා කියන්න.
에얄-러워 마딲 껄라- 끼얀너.
그 분들께 안부 전해 줘.

B. හරි, මං කියන්නම්. යේසු පිහිටයි.
하리/, 망 끼얀남. 예-쑤 삐히타이㉡.
좋아, 전할게. 예수님의 축복이.


5

A. ඊයේ හොඳට විවේක ගත්තාද?
이-예- 혼더터 위웨-꺼 같따-더?
어제 잘 쉬었어요?

B. ඔව්, හොඳට විවේක ගත්තා, ඔයා?
오우, 혼더터 위웨-꺼 같따-, 오야-?
예, 잘 쉬었어요. 당신은요?

A. මට රෑ නින්ද ගියේ නෑ.
마터 래- 닌더 기예- 내-.
전 저녁에 잠이 오지 않았어요.

ඒනිසා පරක්කු වෙලා නැගිට්ටේ.
에-니싸- 빠뤄꾸 웰라- 내긷테-.
그래서 늦게 일어났어요.




㉠ 씽할러는 한국어와 같이 높임말이 발달되어 있지 않습니다. 그래서, 같은 문장을 존대말로 번역할 수 도 있고, 평서문으로도 번역할 수 있습니다. කොහොමද ඉතින්? 꼬호머더 이띤은 '어떻게 지내세요?'와 '어떻게 지내?'로 번역이 됩니다. 대화 상대가 누구냐에 따라 그 의미가 달라지겠죠! 대화 4)에서는 '친구들이 대화하는 장면'으로 번역해 보았습니다.

㉡ යේසු පිහිටයි 예-쑤 삐히타이 : 이 단어는 기독교인들이 헤어질 때 쓰는 축복의 인사말 입니다. 스리랑카는 불교, 힌두교, 기독교, 회교도가 존재하는 다문화 다종교, 다종족의 나라 입니다. 종교에 따라 인사하는 방법이 다릅니다. 불교인들은 බුදු සරණයි 부두 싸러나이 '부처님은 도움이십니다'를 쓰고, 힌두교인들은 දෙවි පිහිටයි 데우 삐히타이를 사용합니다.

6

A. සැහෙන කාලෙකින්.
쌔-헤너 깔-레낀.

오랜만이예요.

B. කොහොමද ජීවිතේ?
꼬호머더 지-위떼-?㉠

삶은 어때요?

A. හොඳයි, වරදක් නෑ. ඔයාට කොහොමද?
혼다이 와*러*닦 내-. 오야-터 꼬호머더?

좋아요, 별문제 없어요.
당신은 어떠세요?

B. පහුගිය කාලේ ටිකක් වැඩ වැඩියි.
빠후기여 깔-레- 티깎 왜*더* 왜*디*이㉡.

지난 시간 동안 조금 바빴어요.

7

A. මොකක්ද ප්‍රශ්නය?
모깎더 쁘*러*쉬너여?

무슨 일이예요?

B. මේ දවස්වල එච්චර හරි නෑ.
메- 다워쓰월러 엦처러 하*리* 내-㉢.

요즘 별로 안좋아요.

A. ඔයාට හෙම්බිරිස්සාවද?
오야-터 헴비*리*쌰-워더?㉣

당신 감기 걸렸어요?

B. ඔව්. 오우.

예.

A. ඔයා කොහෙද / කොහෙටද යන්නේ?
오야- 꼬헤더 / 꼬헤터더 얀네-?

당신 어디 가세요?

B. දොස්තර ළඟට යනවා
/ බෙහෙත් ගන්න යනවා.
도쓰떠*러* 랑거터 야너와-
/ 베헫 간너 야너와-.

의사 만나러 가요.
/ 약 사러 가요.



㉠ 이 책에서는 같은 표현이더라도 다양한 표현을 쓰기 위해서 노력했습니다. කොහොමද 꼬
호머더? 라고 쓸 수 있지만, 다양한 표현을 위해서 කොහොමද ජීවිතේ? 꼬호머더 지-위떼-
문장을 사용했습니다. 다양한 표현을 익히면 씽할러 언어에 더 빠른 진보 가 있을 것입니다.

㉡ වැඩ වැඩියි 왜*더* 왜*디*이는 '바쁘다'의 뜻이지만, 윗 문장에서는 과거 문장에 사용 되어져서 '바
빴어요'라고 해석됩니다. 씽할러 개요 (3부 참조)에서 이야기 하듯이 'ඩ ㅐ' 발음과 'ඩ ㄷ' 발음
에 신경써서 연습해야 합니다.

㉢ නෑ 내-는 නැහැ 내해로도 사용됩니다.

㉣ හෙම්බිරිස්සාවද? 햄비*리*쌰워더?에서 ද 더는 의문문을 만드는데 사용되는 단어입니다. 예
를 들어, යනවා 야너와-는 '간다'의 의문문은 යනවා ද? 야너와- 더? '갑니까?'로 ද 더가 동
사 뒤에 붙습니다. බැඳලා 밴덜라- '결혼했다'의 의문문은 බැඳලාද? 밴덜라-더? '결혼했나
요?'입니다.

8

A. මොකද?
모꺼더?

무슨 일이예요?

B. බඩ රිදෙනවා / බඩේ අමාරුවක්.
바더 *l/*데너와- / 바데*l*- 아마-루왁.

배가 아파요/ 복통이예요.

A. පොඩ්ඩක් විවේක ගන්න.
뽈닦 ㉠위웨-꺼 간너.

조금 쉬세요.

ඉක්මනට සනීප වේවි.
이끄머너터 싸니-뻐 웨-위.

금방 좋아질 거예요.


9

A. කොහොමද, දැන් හොඳද?
꼬호머더, 댄 혼더더? ㉡

지금 어때요, 좋아요?

B. ඊයෙට වඩා හොඳයි.
이-예터 와*d*- 혼다이.

어제 보다 좋아요.

A. තවම ඔලුව රිදෙනවාද?
따워머 올루워 *l/*데너와-더?

아직도 머리 아파요?

B. දැන්නං හොඳයි.
댄낭 혼다이.

지금은 좋아요.

හැබැයි මුලු ඇඟම රිදෙනවා.
해배이㉢ 물루 앵거머㉣ *l/*데너와-.

하지만, 온 몸이 아파요.

A. තව ටිකක් විවේක ගන්න.
따워 티깎 위웨-꺼 간너.

조금 더 쉬세요.

B. ස්තූතියි.
쓰뚜-띠이.

감사합니다.




㉠ පොඩ්ඩක් 뽈닦 '조금' 대신에 ටිකක් 티깎을 사용해도 됩니다.

㉡ හොඳද? 혼더더 '좋아요?'라는 표현을 쓸 때 간혹 හොඳයිද? 혼다이더라고 잘못 쓰기가 쉽습니다. 잘못된 표현입니다(스리랑카 사람중에도 간혹 잘못된 표현을 쓰는 사람도 있을 수 있습니다.). හොඳ 혼더는 '좋은'이라는 형용사이고, හොඳයි 혼다이는 '좋다'라는 형용사의 서술적인 표현입니다. 형용사에 의문부사인 ද 더를 넣어서 사용해야 바릅니다. '아름다워요?'라고 물을 때, ලස්සනද? 랐써너더라고 쓰지, ලස්සනයිද? 랐싸나이더라고 쓰지 않습니다.

㉢ හැබැයි 해배이 대신에 එහෙත් 에헫이나 ඒත් 엗를 사용할 수 있습니다.

㉣ ඇඟම앵거머 '몸'에서 ම 머는 강조를 뜻하는 조사입니다.
'배가 아프다'를 බඩ රිදෙනවා 바더 *l/*데너와-로 쓰지만, 배를 강조를 해서 බඩම රිදෙනවා 바더머 *l/*데너와-로도 쓸 수 있습니다.

# 02 감사 ස්තූතිය

[1]

A. ස්තූතියි. 쓰뚜-띠이㉠.  감사합니다.
B. පොඩි දෙයක්.  별 말씀을요.
  뽀디 데얖.

[2]

A. බොහෝම ස්තූතියි.  대단히 감사합니다.
  보호-머 쓰뚜-띠이.
B. හා හා ඒකට කමක් නැහැ.  예, 예, 별말씀을요.
  하- 하- 에-꺼터 까맊 내해.

[3]

A. ඇත්තටම හොඳයි /හොඳ වැඩක්.  정말로 좋아요 / 잘 했어요.
  앹떠터머 혼다이./ 혼더 왜댖.
B. පොඩි දෙයක්. 뽀디 데얖.  별말씀을요.
  උදව් කරන්න ලැබීමත් සතුටක්.  도와줄 수 있어서 기쁩니다.
  우다우 꺼러너 래비-맏 싸뚜땈.



㉠ ස්තූතියි 쓰뚜-띠이 감사를 표현할 때 ආයුබෝවන් 아-유보-완과 같이 손을 합장하며 고개를 숙입니다. 때로는 말없이 그냥 합장한 손을 얼굴이나 머리 높이로 올리며 감사를 표현 하기도 합니다. 씽할러에서 감사 표현에 대한 응답 표현은 잘 쓰지 않습니다. 쓰면 හා하(예, 그래요) 정도입니다. 위에서는 정중한 표현으로 적어 놓았습니다.

㉡ 스리랑카 사람들은 다른 사람을 도와주는 것을 아주 좋아합니다. 특별히 외국인이 곤경에 처해 있을 때 많은 사람들이 기꺼이 도와주려고 다가 올 것입니다. 두려워하지 말고, 도움을 받고 감사하다고 표현을 하면됩니다. 게중에 돈을 좀 요구하는 사람도 있긴 하지만, 그런 사람은 많지 않습니다. 돈을 요구할 때는 약간의 사례를 한다고 생각하시면 됩니다.

1

**A.** කොහොමද? 꼬호머더?
**B.** කොහොමද සැපදුක්? 꼬호머더 쌔뻐둑?
**A.** මගේ නම ජෝන්. ඔයාගේ නම මොකක්ද?
마게- 나머 존-. 오야-게- 나머 모깎더?
**B.** මම ශාරොන්. 마머 샤-론-.
**A.** හමුවීම සතුටක්. 하무위-머 싸뚜딲.
**B.** මටත් එහෙමයි. 마탙 에헤마이.

안녕하세요?
안녕하세요?
제 이름은 존입니다.
당신의 이름은 무엇이예요?
저는 샤론이예요.
만나서 반갑습니다.
저도 그렇습니다.

2

**A.** කොහොමද? මම හශාන්ත.
꼬호머더? 마머 하샨-떠㉠.
**B.** මම ශාරොන්. 마머 샤-론-.
**A.** හඳුනා ගැනීම සතුටක්. ඔයා ආවේ
한두나- 개니-머 싸뚜딲. 오야- 아-웨-
කොහෙ ඉඳලාද? 꼬헤 인덜라-더? ㉡
**B.** මගේ ගම කුරුණෑගල.
마게- 가머 꾸루내-걸러.
**A.** ඔයා බැඳලාද? 오야- 밴덜라-더?
**B.** ඔව් බැඳලා. ළමයි දෙන්නෙක් ඉන්නවා.
오우, 밴덜라. 라마이 덴넦 인너와-㉢.
ඔයා බැඳලද? 오야- 밴덜러더?
**A.** තවම නෑ. 따워머 내-㉣.

안녕하세요? 저는 하샨떠입니다.

저는 샤론입니다.
알게 되어서 반갑습니다.
당신은 어디에서 왔어요?

제 고향은 '꾸루내-걸러'입니다.

당신은 결혼했나요?
예, 결혼했어요. 애들 두 명 있어
요.
당신 결혼했나요?
아직 안 했어요.

---



㉠ හශාන්ත 하샨-떠 '사람의 이름'은 다양합니다. 남자이름중 'ㅓ'로, 여자 이름중 'ㅏ'로 끝나는 이름이 있습니다. 간혹 'ㅓ'로 발음해야 하는데 'ㅏ'로 발음해 남자의 이름을 여자의 이름으로 만드는 경우가 있습니다. මංජුල 망줄러 남자이름, මංජුලා 망줄라- 여자이름

㉡ කොහෙ ඉඳලාද? 꼬헤 인덜라-더는 '어디로 부터'이고, කොහෙද? 꼬헤더는 '어디(에)', කොහෙටද? 꼬헤터더 는 '어디로'라는 뜻을 가지고 있으며, 용법에 따라 다르게 사용됩니다.

㉢ ඉන්නවා 인너와-는 사람이나 동물이 '있다'에 사용되고, 물건, 무생물이 '있다'에는 තියෙනවා 띠예너와-가 사용됩니다. '책이 있다'는 පොතක් තියෙනවා 뽀딲 띠예너와-입니다.

㉣ තවම නෑ 따워머 내-를 තවම බැඳලා නෑ 따워머 밴덜라 내-로도 사용할 수 있습니다.

**3**

A. ඔයා චීන ජාතිකයෙක්ද?
오야- 치-너㉠ 자-띠꺼옉더?

당신은 중국 사람입니까?

B. නෑ, මම කොරියානුවෙක්.
내-, 마머 꼬리/야-누웱㉡.

아니요, 저는 한국 사람입니다.

A. ඔයාගේ නම මොකක්ද?
오야-게- 나머 모깎더?

당신의 이름은 무엇이예요?

B. මගේ වාසගම නම් ලි, නම ජෝන්.
마게- 와-써거머㉢ 남 리-, 나머 존-.

제 성은 이 이고, 이름은 존 입니다.

**4**

A. ඇය ජපානෙද?
애여㉣ 자빠-네더?

저 여자는 일본 사람입니까?

B. ඔව්. 오우.

예.

A. ඔයා එයාව දන්නවාද?
오야- 에야-워 단너와-더?

당신은 그 사람을 아나요?

B. ඔව්, මම එයාව දන්නවා.
오우, 마머 에야-워 단너와-.

예, 저는 그 사람을 압니다.

A. එයාට ඉංග්‍රීසි පුළුවන්ද?
에야-터 잉그리/-씨 뿔루완더?

그 사람 영어 할 줄 아나요?

B. එයාට (ඉංග්‍රීසි) බෑ.
에야-터 (잉그리/-씨) 배-.

그 사람 (영어) 못해요.

---



㉠ 나라 이름들은 다음과 같습니다. 한국 කොරියාව 꼬리/야-워, 중국 චීනය 치-너여, 일본 ජපානය 자빠-너여, 인도 ඉන්දියාව 인디야-워, 영국 එංගලන්තය 엥걸란떠여, 네팔 නේපාලය 네-빨-러여, 미국 ඇමරිකාව 애머리/까-워.

㉡ කොරියානු 꼬리/야-누는 '한국의, 한국 사람의, 한국말의'라는 뜻을 가지고 있습니다. 한국어는 කොරියානු භාෂාව 꼬리/야-누 바-샤-워이고, 한국 사람은 කොරියානු මිනිස්සු 꼬리/야-누 미닜쑤입니다.

㉢ 성 : වාසගම 와-써거머를 직역하면 '머무는 마을'이라는 뜻으로 '성'을 말하며, 같은 말로 පවුලේ නම 빠울레-나머도 사용됩니다. 스리랑카에서는 이름이 길수록 신분이 높다는 것을 보여줍니다. 한 사람 이름안에 여러 이름이 있어서, 중요한 이름만 남겨놓고 나머지 이름은 영어 첫단어로 축약해서(이니셜) 사용합니다. 긴 이름 중 어떤 것을 불러주느냐에 따라서 집에서 부르는 이름과 밖에서 부르는 이름이 다른 경우가 종종 있습니다.

㉣ ඇය(ඇ) 애여(애-)는 "그녀"로 3인칭 단수 여성형이고, 남성형 "그"는 ඔහු 오후입니다.

1

A. ඔයාලා දෙන්නා අඳුනනවාද?
오얄-라- 덴나- 안두너너와- 더

   ජෝන්, මේ මහාචාර්ය, අනුර.
존-, 메- 마하-차-르여 아누라.

   අනුර, මේ මගේ යාලුවා, ජෝන්.
아누라, 메- 마게- 얄-루와- 존-.

B & C. ඉතින් කොහොමද?
이띤 꼬호머더?

B. ජෝන්, ඔයා මොනවාද ඉගෙන ගන්නේ?
존-, 오야- 모너와-더 이게너 간네-?

C. මම සිංහල ඉගෙන ගන්නවා.
마머 씽할러 이게너 간너와-.

A. මේ මගේ බිරිඳ මනෝරි.
메- 마게- 비리더 마노-리.

B & C. හඳුනා ගන්න ලැබීම සතුටක්.
한두나- 간너 래비-머 싸뚜딲.

당신들 두 분 서로 아시나요?

존, 이 분은 아누러 교수입니다.

아누러, 이 분은 제 친구 존입니다.

안녕하세요?

존, 당신은 무엇을 배우고 있나요?

저는 씽할러를 배우고 있어요.

이 분은 제 부인 마노리입니다.

알게 되어서 기쁩니다.

2

A. වැන්ඩි, කොහොමද ඉතින්?
왠디, 꼬호머더 이띤?

B. හොඳයි, බණ්ඩාර, මේ ශාරෝන්.
혼다이, 반다-러, 메- 샤-론-.

A. කොහොමද ශාරෝන්?
꼬호머더 샤-론-?

C. කොහොමද ජීවිතේ?
꼬호머더 지-위떼-?

A. හොඳයි, ඔයාට කොහොමද?
혼다이, 오야-터 꼬호머더?

C. හමුවීම ගැන සතුටුයි.
하무위-머 개너 싸뚜투이.

A. මටත් එහෙමයි. ඔයා මොන රටේද?
마탈 에헤마이. 오야- 모너 라테- 더?

왠디, 어떠세요?

좋아요, 반다러. 이분은 샤론이예요.

안녕하세요 샤론?

어떻게 지내세요?

좋아요, 당신은 어떠세요?

만나게 돼서 기쁩니다.

저도 그래요. 당신은 어느 나라 사람입니까?

*C.* මම කොරියන් රටේ.  
　　마머 꼬리/얀 라테-.

저는 한국에서 왔어요.

*A.* ඔයා මෙහෙ ආවේ නිවාඩුවටද?  
　　오야- 메헤 아-웨- 니와-두워터더?㉠

당신은 휴가로 여기에 오셨 나요?

*C.* නෑ, මම ආවේ ව්‍යාපාරවලට.  
　　내-, 마머 아-웨- 위야-빠-러월러터.

아니요, 저는 사업차 왔습니다.

　　ඔයා මොනවාද කරන්නේ?  
　　오야- 모너와-더 꺼란네-?

당신은 무엇을 하나요?

*A.* මම ඉගෙන ගන්නවා.  
　　마머 이게너 간너와-.

저는 공부하고 있습니다.

3

*A.* කවුද අර මනුස්සයා/කවුද අර කෙනා  
　　/අරයා කවුද?  
　　까우더 아러 마눘써야-/ 까우더 아러 께나-  
　　/ 아러야- 까우더 ?㉡

저 사람은 누구예요?

*B.* එයා අපේ ගුරුවරයා.  
　　에야-㉢ 아뻬- 구루워러야-.

저 분은 우리 선생님입니다.

*A.* එයාගේ රට කොහෙද?  
　　에야-게- 라터 꼬헤더?

그 분의 나라는 어디입니까?  
(어느 나라 사람인가요?)

*B.* ඔහු ඉන්දියානුවෙක්. 오후 인디야-누웪.

그는 인도 사람입니다.

*A.* එයා උගන්වන්නේ සිංහලද?  
　　에야- 우간완네- 씽할러더?

그 분이 가르치는 것이 씽할러 이나  
요?

*B.* නෑ, එයා උගන්වන්නේ ඉංග්‍රීසි.  
　　내-, 에야- 우간완네- 잉그리-씨.

아니요, 그 사람이 가르치는 것은  
영어이예요.

---



㉠ නිවාඩුවට 니와-두워터에서 ට 터는 조사의 격변화 중 '여격'으로 '~로, ~에게'의 뜻과 '~을 위  
해서' 라는 뜻을 가지고 있습니다. 여기서는 '~을 위해서'로 사용되었습니다.

㉡ කවුද 까우더는 '누구, 누가'와 '누구를'의 뜻을 가지고 있으며, කාගේද 까-게-더는 '누구의(소  
유)', කාටද 까-터더는 '누구에게'의 뜻이 있습니다.  
예로, '이것은 누구거냐?'는 මේක කාගේද 메-꺼 까-게-더로 표현되고, '누구에게 줄까요?'는  
කාටද දෙන්නේ 까-터더 덴네-입니다.

㉢ එයා 에야-는 '그 사람', මෙයා 메야-는 '이 사람', අරයා 아러야-는 '저 사람'입니다.

I

**A.** ඔයාගේ තාත්තාට වයස කීයද?
오야-게-㉠ 딸-따-터 와여써 끼-여더?

당신의 아버지는 몇 세 이세요?

**B.** එයාට අවුරුදු 65 යි.
에야-터 아우루두 해터 빠하이.

그 분은 65세 이예요.

**A.** ඔයාගේ දුවට වයස කීයද?
오야-게- 두워터 와여써 끼-여더?

당신 딸은 몇 살 이예요?

**B.** එයාට අවුරුදු 8 යි.
에야-터 아우루두 아타이㉡.

그 애는 8살 이예요.

**A.** එයා ඉපදුනේ කවදාද?
에야- 이뻐두네- 까워다-더?

그 애는 언제 태어났어요?

**B.** එයා ඉපදුනේ 1999 මාර්තු 5 වෙනි දා.
에야- 이뻐두네- 엒 다-쓰 나머 씨여 아누-
나머예- 마-르뚜 빠쓰 웨니 다-.

그 애는 1999년 3월 5일에
태어났어요.

**A.** ඔයාට වයස කීයද?
오야-터 와여써 끼-여더?

당신은 몇 살 이예요?

**B.** අවුරුදු 30 යි.
아우루두 띠하이.

30살 이예요.

**A.** ඔයා වයසට වඩා තරුණ පාටයි.
오야- 와여써터 와*다*- 따루너 빠-타이.

당신은 나이보다 젊게 보여요.

හරියට 25 ක් වගේ.
하*리*여터 위씨 빠핳 와게-.

25살 같아요.

**B.** ඇත්තද? බොහෝම ස්තුතියි.
앹떠더? 보호-머 쓰뚜-띠이.

정말로요? 대단히 감사합니다.



㉠ ඔයා오야-는 '너'의 뜻으로 존칭으로는 ඔබ 오버가 있고, 다음과 같이 격변화를 합니다. 너의 ඔයාගේ 오야-게, 너에게 ඔයාට 오야-터, 너를 ඔයා(ව) 오야(워). 너로 부터ඔයාගෙන් 오야-겐. 나머지 인칭대명사 변화는 2부 1과 문법 설명을 참조하세요.

㉡ 숫자 1-20: එක 에꺼1, දෙක 데꺼2, තුන 뚜너3, හතර 하떠*러*4, පහ 빠하5, හය 하여6 හත 하떠7, අට 아터8, නමය 나머여9, දහය 다하여10, එකොළහ 에꼴러하11, දොළහ 돌러하12, දහතුන 다하뚜너13, දහහතර 다하하떠*러*14, පහළොව 빠할로워15, දහසය 다하써여16, දහහත 다하하떠17, දහඅට 다하아터18, දහනමය 다하나머여19 විස්ස 윗써20

I

**A.** ඔයාගේ පවුලේ කීදෙනෙක් ඉන්නවාද?
오야-게- 빠울레- 끼-데넼 인너와-더?

당신의 가족은 몇 명입니까?

**B.** 5 දෙනෙක්. අම්මයි තාත්තයි. මම බිරිඳ පුතා.
빠쓰 데넼㉠, 암마-㉡이 딸-따-이. 마머 비리/더 뿌따-.

다섯 명이예요, 어머니 아버지 저 부인과 아들 이예요.

**A.** ඔයාගේ පුතා ඉස්කෝලේ යනවාද?
오야-게- 뿌따- 이쓰꼴-레- 야너와-더?

당신의 아들은 학교 다니나요?

**B.** ඔව්, එයා තවම බාලාංශයේ ඉන්නවා.
오우, 에야- 따워머 발-랑-셔예- 인너와-.

예, 그 애는 아직 저학년에 있어요.

**A.** ඔයාගේ පුතා ඔයා කියන දේ අහනවාද?
오야게- 뿌따- 오야- 끼여너 데- 아하너와-더?

당신의 아들은 당신이 말하는 것을 듣나요?

**B.** නැහැ, එයා දග වැඩ කරනවා.
/ හරිම දගයි.
내해, 에야- <u>당거 왜더 꺼러너와-/ 하리/머 당가이.</u>

아니요, 그 애는 <u>장난쳐요.</u>
<u>/장난 꾸러기예요.</u>



㉠명, 마리 :
5 දෙනෙක් 빠쓰 데넼 '5명 이예요'. 사람을 일컫는 '~명'은 දෙනා 데나-로 또한 동물을 셀 때도 사용됩니다. 셀 때는 주로 දෙනෙක් 데넼으로 말합니다. 사람 셀 때만 사용되는 단어는 කෙනා 께나-입니다. "숫자+명사" 형태로 조합되는 숫자들은 약간씩 변화 합니다. 서수와 날짜 등 다른 곳에서도 이 숫자 변화가 사용되니 주의 깊게 변화를 익히세요.
한명 එක් කෙනා 엒 께나-, 두명 දෙන්නා/දෙ දෙනා 덴나-/데 데나-, 세명 තුන් දෙනා 뚠 데나-, 네명 හතර දෙනා 하떠러 데나-, 다섯명 පස් දෙනා 빠쓰 데나-, 여섯명 හය දෙනා 하여 데나-, 일곱명 හත් දෙනා 핱 데나-, 여덟명 අට දෙනා 아터 데나-, 아홉명 නම දෙනා 나머 데나-, 열명 දහ දෙනා 다하 데나-, 열한명 එකොළස් දෙනා 에꼴러쓰 데나-, 열두명 දොළස් දෙනා 돌러쓰 데나-, 열세명 දහතුන් දෙනා 다하뚠 데나-, 열네명 දහහතර දෙනා 다하하떠러 데나-, 열다섯명 පහළොස් දෙනා 빠할로쓰 데나-, 열여섯명 දහසය දෙනා 다하써여 데나-, 열일곱명 දහහත් දෙනා 다하핱 데나-, 열여덟명 දහඅට දෙන 다하아터 데나-, 열아홉명 දහනව දෙනා 다하나워 데나-, 스무명 විසි දෙනා 위씨 데나-

㉡ 위 대화 이외의 가족 이름들:
형-오빠 අයියා 아이야-, 누나-언니 අක්කා 앆까-, 남동생 මල්ලි 말리, 여동생 නංගි 낭기, 할아버지 සීයා 씨-야-, 할머니 ආච්චි 앚-치, 남편 ස්වාමි පුරුෂයා/මහත්තයා 쓰와-미 뿌루셔야-/마핟떠야-, 부인 නෝනා 노-나-.

**1**

A. ඔයා මොනවාද කරන්නේ?
오야- 모너와-더㉠ 꺼*러*네-?

당신은 무엇을 하나요?

B. මම මැනේජර් කෙනෙක්/කළමනාකාරයෙක්.
마머 매네-저르 께넦 / 깔러머나-까-*러*엒.

저는 매니저 입니다.

A. ඔයාගේ ලොකු අයියා මොකද කරන්නේ?
오야-게- 로꾸 아이야- 모꺼더 꺼*러*네-?

당신의 큰 형은 무엇을 하나요?

B. ඔහු වෛද්‍යවරයෙක්.
오후 와읻디여워*러*엒.

그는 의사예요.

A. ඔයාගේ නංගිගේ රැකියාව මොකක්ද?
오야-게- 낭기게- *래*끼야-워㉡ 모깎더?

당신의 여동생의 직업은 뭐예요?

B. එයා ස්වර්ණාභරණ කඩයක වැඩ කරනවා.
에야- 쓰와르나-버러너 까*더*여꺼 왜*더* 꺼*러*너와-.

그 애는 보석상에서 일해요.

A. එයා ලංකාවට ගිහිල්ලා තියෙනවාද?
에야- 랑까-워터 기힐라- 띠예너와-더?㉢

그 애는 랑카에 가본 적이 있나요?

B. නෑ, එයා තාම ගිහිල්ලා නෑ.
내-, 에야- 따-머 기힐라- 내-.

아니요, 그 애는 아직 가보지
않았어요.

**2**

A. ඔයා වැඩ කරන්නේ කොහෙද?
오야- 왜*더* 꺼*러*네- 꼬헤더?

당신은 어디서 일하나요?

B. මම ශ්‍රී ලන්කන් ගුවන් සමාගමේ
වැඩ කරනවා.
마머 쓰리 란깐 구완 싸마-거메- 왜*더*
꺼*러*너와-㉣.

저는 스리랑칸 항공에서 일해요.

A. ඇත්තද? ඒකේ මොනවාද කරන්නේ?
앹떠더? 에-께- 모너와-더 꺼*러*네-?

정말요? 거기에서 무엇을 하나요?

B. මම ගුවන් යානා සේවිකාවක්.
마머 구완 야-나- 쎄-위까-왂.

저는 스튜어디스 예요.

ඔයා කොහෙද වැඩ කරන්නේ?
오야- 꼬헤더 왜*더* 꺼*러*네-?

당신은 어디에서 일하나요?

A. මම විශ්ව විද්‍යාලයේ වැඩ කරනවා.
마머 위쉬워 윋디알-러예- 왜*더* 꺼*러*너와-.

저는 대학교에서 일합니다.

B. ඔයා එහේ මොකද කරන්නේ?
오야- 에헤- 모꺼더 꺼*러*네-?

당신은 거기서 무엇을 하나요?

A. මම මහාචාර්යවරයෙක්.
마머 마하-차-르여워러옊.

저는 교수입니다.

B. ඔයා මොනවද උගන්වන්නේ?
오야- 모너워더 우간완네-?

당신은 무엇을 가르치나요?

A. මම සිංහල උගන්වනවා.
마머 씽할러 우간워너와-.

저는 씽할러를 가르칩니다.

B. ඔයාගේ පන්තිය ලොකුද?
오야-게- 빵띠여 로꾸더?

당신의 반은 크나요?

A. ඔව්, ලොකුයි.
오우, 로꾸이ⓜ.

예, 커요.

B. පන්තියේ ළමයි කීදෙනෙක් ඉන්නවාද?
빵띠예- 라마이 끼-데넦 인너와-더?

클라스에 학생들이 몇명 있나요?

A. ළමයි 48 දෙනෙක් ඉන්නවා.
라마이 하떨리쓰 아터 데넦 인너와-.

학생 48명 있어요.



㉠ මොනවාද 모너와-더 대신에 මොකද 모꺼더와 මොකක්ද 모꺆더를 사용할 수 있습니다. 엄밀히 그 의미를 따지면, මොනවාද 모너와-더는 복수이고, මොකද 모꺼더와 මොකක්ද 모꺆더는 단수입니다. මොනවද 모너워더로도 사용합니다.
의문 부사 ද 더와 결합될 때 종종 장음 부호 ා 아-가 떨어져 사용되기도 합니다. 동사 어미인 නවා 너와-가 의문 부사 ද 더와 결합될 때도 같은 현상이 일어납니다. '아픕니까?'는 රිදෙනවා ද? 리/데너와- 더이지만, රිදෙනව ද? 리/데너워 더로도 사용됩니다.

㉡ 문어체와 구어체의 구분 : රැකියාව 래끼야-워는 '직업'이라는 뜻으로, 문어체에서 많이 쓰여집니다. 구어체에서는 රස්සාව 랐싸-워가 더 많이 쓰입니다. 씽할러 언어의 특징 중 하나가 문어체와 구어체가 분명히 나누어지고, 문어체는 구어체에 비해 많이 복잡합니다. 같은 뜻의 단어이더라도 문어체와 구어체에 사용되는 단어는 전혀 다릅니다. 예를 들면, '집'이라는 단어가 구어체에서는 ගේ 게-이고, 문어체에서는 නිවස 니워써가 사용됩니다.

㉢ 경험 : ගිහිල්ලා තියෙනවාද? 기힐라- 띠예너와-더? 여기에 사용되어진 තියෙනවා 띠예너와- 는 '~한 적이 있느냐?'로 경험을 물을 때 사용되는 표현입니다. 동사의 과거분사 + තියෙනවා 띠예너와-는 경험을 말하는 '~한 적이 있다' 라고 번역됩니다. 예를 들어 '해 본 적이 있다'는 කරලා තියෙනවා 까럴라- 띠예니와-로 표현됩니다.

㉣ කරනවා꺼러너와- '하다'는 '까러너와-'로 발음하지 않습니다. 발음 법칙의 예외 사항 입니다. 3부 '씽할러 개요'의 읽기와 발음법칙을 참조하세요.

㉤ 서술형 조사 : ලොකුයි 로꾸이에서 사용된 යි이는 서술형 조사입니다. ලොකු 로꾸는 '큰', ලොකුයි 로꾸이는 '크다'이고, හොඳ 혼더는 '좋은', හොඳයි 혼다이는 '좋다'입니다.

Ⅰ

A. අද දිනේ කීයද? 아더 디네- 끼-여더?

오늘은 몇 일 입니까?

B. 2009 ජූලි 11 වෙනිදා.
데다하쓰 나머예- 줄-리㉠ 에꼴로쓰 웨니다-.

2009년 7월 11일입니다.

A. අද දවස මොකක්ද?
아더㉡ 다워써 모꺾더?

오늘 무슨 요일이나요?

B. අද සඳුදා. 아더 싼두다-㉢.

오늘 월요일 이예요.
당신의 생일은 언제인가요?

A. ඔයාගේ උපන් දිනය කවදාද?
오야-게- 우빤 디너여 까워다-더?

B. ඔක්තෝම්බර් 29. ඔයාගේ කවදාද?
옥똠-버르 위씨 나머여. 오야-게- 까워다-더?

10월 29일 이예요.
당신은 언제예요?
2월 6일 이예요.

A. පෙබරවාරි 6. 뻬버러와-*리* 하여.

---



㉠ 달 이름을 알아 봅시다.

1월 ජනවාරි මාසය 자너와-*리* 마-써여, 2월 පෙබරවාරි මාසය 뻬버러와-*리* 마-써여,

3월 මාර්තු මාසය 마-르뚜 마-써여, 4월 අප්‍රේල් මාසය 아쁘렐- 마-써여,

5월 මැයි මාසය 매이 마-써여, 6월 ජූනි මාසය 주-니 마-써여,

7월 ජූලි මාසය 줄-리 마-써여, 8월 අගෝස්තු මාසය 아고-쓰뚜 마-써여,

9월 සැප්තැම්බර් මාසය 쌥땀버르 마-써여,

10월 ඔක්තෝම්බර් මාසය 옥똠-버르 마-써여,

11월 නොවැම්බර් මාසය 노왬버르 마-써여, 12월 දෙසැම්බර් මාසය 데쌤버르 마-써여.

㉡ 날짜의 시간을 알아봅시다.

그끄제 පළමුදා 빨러무다-, 그제 පෙරේදා 뻬레-다-, 어제 ඊයේ 이-예-,

오늘 අද 아더, 내일 හෙට 헤터, 모레 අනිද්දා 아닏다-

㉢ 요일 이름을 알아 봅시다.

일요일 ඉරිදා 이*리*다-, 월요일 සඳුදා 싼두다-, 화요일 අඟහරුවාදා 앙거하루와-다-,

수요일 බදාදා 바다-다-, 목요일 බ්‍රහස්පතින්දා 브러하쓰뻐띤다-,

금요일 සිකුරාදා 씨꾸*라*다-, 토요일 සෙනසුරාදා 쎄너쑤*라*다-.

2

**A.** ශාරොන්, දැන් වෙලාව කීයද?
샤-론-, 댄 웰라-워㉠ 끼-여더?

샤론, 지금 몇 시예요?

**B.** දැන් වෙලාව අටයි කාලයි/පහලොවයි.
댄 웰라-워 아타이 <u>깔-라이/빠할로와이</u>㉡.

지금 8시 15분 이예요.

**A.** මට ඇහුන්නේ නෑ. 마터 애훈네- 내-.
ටිකක් හයියෙන් කියන්න කො.
티깎 하이엔 끼얀너 꼬㉢.

안 들렸어요.
조금 크게 이야기 해 줘요

**B.** අටයි කාලයි. ඇයි මොකක්ද හදිස්සිය?
아타이 깔-라이㉣. 애이 모깎더 하딨씨여?

8시 15분 이예요. 왜 급해요?

**A.** වැඩට යන්න පරක්කු වෙලා.
왜더터 얀너 빠뤀꾸 웰라-.

일 가는데 늦었어요.

**B.** කීයටද වැඩ පටන් ගන්නේ?
끼-여터더 왜더 빠탄 간네-?

몇 시에 일을 시작하나요?

**A.** අට හමාරට. 아터 하마-러터㉤.

8시 반 이예요.

**B.** ඉක්මන් කරන්න, ජෝන්. පරක්කු වෙනවා.
이끄만 꺼런너, 존-. 빠뤀꾸 웨너와-.

서둘러요, 존. 늦겠어요.

**A.** දෙවියනේ, මම හොඳටම පරක්කුයි.
데위여네-, 마머 혼더터머 빠뤀꾸이.
පස්සේ හමුවෙමු. .빴쎄- 하무웨무.

아이고(Oh my God), 나 아주 늦었
어요.
나중에 만나요.



㉠ 시간은 පැය 빼여, 분은 විනාඩිය 위나-디여, 초는තප්පරය 땊뻐러여 입니다.
복수는 시간 පැය 빼여, 분 විනාඩි 위나-디, 초 තප්පර 땊뻐러 입니다.

㉡ 시간을 말할 때, 문장이 끝날 때 사용되는 서술 부사 යි 이를 붙여 말합니다.
예를 들어, 3시 55분은 තුනයි පනස්පහයි 뚜나이 빠나쓰빠하이라고 표현합니다.

㉢ කියන්න කො끼얀너 꼬 '말해주세요'에서 කො 꼬는 부탁을 할 때 씁니다. 그 뜻은 කියන්න
끼얀너와 같습니다. 남녀를 가리지 않고 쓰지만, 여자들이 කො 꼬를 많이 씁니다.

㉣ අටයි කාලයි 아타이 깔-라이는 පැය අටයි විනාඩි කාලයි 빼여 아타이 위나-디 깔-라이
의 줄임말입니다. කාල 깔-러는 '4분의 1'을 뜻하므로, 시간에서는 15분을 말합니다. 따라서,
අටයි පහලොවයි 아타이 빠할로와이 로도 쓸 수 있습니다.

㉤ අට හමාරට 아터 하마-러터 에서 හමාර 하마-러 는 '반, 반절'을 뜻합니다. 따라서, 시간에
서는 30분을 말합니다. 같은 표현으로 අටයි තිහට 아타이 띠하터을 사용할 수 있습니다. 보
편적으로 හමාර 하마-러 앞에서는 서술부사인 යි 이를 붙이지 않습니다.

㉥ 시간의 또 다른 표현, '5시 10분 전이야'는 පහට දහයයි 빠하터 다하야이 로 사용합니다.
시간에 조사 ට 터를 붙여 쉽게 말할 수 있습니다.

1

A. මට සමාවෙන්න. 마터 싸마-웬너㉠.
B. ඒකට කමක් නෑ. 에-꺼터 까맊 내-.

용서해 주세요(미안합니다).
괜찮아요.

2

A. මට සමාවෙන්න. 마터 싸마-웬너.
මම හිතනවා ඔබ මට සමාව දෙයි කියා.
마머 히떠너와- 오버 마터 싸마-워 데이 끼야-.
B. කමක් නැහැ, මම හිතන්නේ ඒක ඔයා
හිතලා කරපු දෙයක් නෙමෙයි කියලා.
까맊 내해, 마머 히딴네- 에-꺼 오야-
히떨라- 꺼*러*뿌 데얖 네메이 끼열라 -.

죄송합니다.
저는 당신이 저를 용서해 줄 거라
생각합니다.
괜찮습니다. 저는 그것을 당신이 고
의로 한 것이 아니라고 생각합니다.

3

A. කරුණාකර මට සමාව දෙන්න.
까루나-꺼*러*㉡ 마터 싸마-워 덴너㉢.
B. ඒකට කමක් නෑ. 에-꺼터 까맊 내-.
හැබැයි ඊළඟ වතාවේ මීට වඩා පරිස්සම්
වුනොත් හොඳයි.
해배이 일-렁거 와따-웨- 미-터 와*다*- 빠*릳*쌈
우놑㉣ 혼다이.

실례합니다. 용서해 주세요.

괜찮아요.
하지만, 다음 번엔 이 보다 조심하
면 좋겠어요.

---

✿ **더 배워 봐요!**

㉠ මට සමාවෙන්න 마터 싸마-웬너 실제로 이 표현을 쓸 때 영어 සොරි 쏘*리*/ Sorry를 더 많이
쓰니다. 스리랑카 사람들은 다른 사람을 조금이라도 건드리거나 치게 되면 바로 සොරි 쏘*리*/라고
말합니다.

㉡ කරුණාකර 까루나-꺼*러* 같은 표현으로 කරුණාකරලා 까루나-꺼*럴*라- 쓰기도 하지만, 영
어 Excuse Me를 더 많이 씁니다. 어떤 때는 "쓰쓰"라는 소리를 내어 상대방을 부르기도 합니다.
어떤 사람들은 이것에 대해 기분 나빠하지만, 보편적으로 많이 사용됩니다.

㉢ දෙන්න 덴너 '주세요'는 '주다' දෙනවා 데너와-의 명령형입니다. 명령형은 기본 동사 '어근 +
어미 නවා 너와-' 에서 동사 어미 නවා 너와- 대신에 න්න ㄴ너를 붙이면 만들어집니다. 예로,
'가다' යනවා 야너와- 의 명령형 '가라, 가세요'는 යන්න 얀너입니다.

㉣ නොත් 우녿 '된다면' වෙනවා 웨너와- '되다'의 가정법 형태로, 기본동사에 가정법 후치사인
නම් 남을 붙여서 වෙනවා නම් 웨너와- 남으로도 사용됩니다.

1

A. අද මගේ උපන්දිනේ.
아더 마게- 우빤디네-.

오늘은 내 생일 이예요.

B. ඇත්තද? සුහ උපන්දිනයක් වේවා.
앹떠더? 쑤버 우빤디너얔 웨-와-.

정말 이예요? 생일 축하합니다.

2

A. අද අපේ දෙවෙනි සංවත්සරය /
අවුරුදු සැමරීම.
아더 아뻬- 데웨니㉠ 쌍왈써러여 /
아우루두 쌔머리-머.

오늘은 우리 2주년 기념일 이예요.

B. මගේ සුහ පැතුම්. 마게- 쑤버 빼뚬㉡.

축하합니다.

3

A. සුහ නත්තලක් වේවා. 쑤버 낟떨앜 웨-와-.
B. එසේම වේවා. 에쎄-머 웨-와-.

메리 크리스마스!
Same to you(메리 크리스마스!)

---



㉠ 서수 : දෙවෙනි 데웨니는 '두번째'라는 뜻입니다.
어미인 වෙනි 워너가 붙어서 서수가 되는데, 같은 뜻의 어미로 වැනි(වන) 웨니(워너)가 있습니다. වන 워너는 වෙනි 웨니보다 문어체적인 표현입니다. '6 가족'에서 사용된 දෙනා 데나-의 변화와 첫번째만 다르고, 나머지 변화는 같습니다. 1-22까지의 서수를 익히세요.
첫번째 පළමු වෙනි 빨러무 웨니, 두번째 දෙ වෙනි 데 웨니, 세번째 තුන් වෙනි 뚠 웨니, 네번째 හතර වෙනි 하떠러 웨니, 다섯번째 පස් වෙනි 빠쓰 웨니, 여섯번째 හය වෙනි 하여 웨니, 일곱번째 හත් වෙනි 핟 웨니, 여덟번째 අට වෙනි 아터 웨니, 아홉번째 නව වෙනි 나워 웨니, 열번째 දහ වෙනි 다하 웨니, 열한번째 එකොළොස් වෙනි 에꼴로쓰 웨니, 열두번째 දොළොස් වෙනි 돌로쓰 웨니, 열세번째 දහතුන් වෙනි 다하뚠 웨니, 열네번째 වෙනි 다하하떠러 웨니, 열다섯번째 පහළොස් වෙනි 빠할로쓰 웨니, 열여섯번째 දහසය වෙනි 다하써여 웨니, 열일곱번째 දහහත් වෙනි 다하핟 웨니, 열여덟번째 දහඅට වෙනි 다하아터 웨니, 열아홉번째 දහනව වෙනි 다하나워 웨니, 스무번째 විසි වෙනි 위씨 웨니, 스물 한번째 විසි එක්වෙනි 위씨 엒웨니, 스물 두번째 විසි දෙවෙනි 위씨 데웨니.
㉡ මගේ සුහ පැතුම් 마게- 쑤버 빼뚬은 다른 사람들의 기쁜 일에 표현하는 축하의 말 입니다. 결혼할 때, 아이를 낳았을 때 등등의 일에 쓰는 말입니다.

4

**A.** සුභ අලුත් අවුරුද්දක් වේවා.
쑤버 알룻 아우룬닦 웨-와-㉠.

**B.** ඔබටත් එසේම වේවා.
오버탇 에쎄-머 웨-와-.

새해 복 많이 받으세요.

Same to you.
(새해 복 많이 받으세요)

---

5

**A.** ඔයා කොහෙද යන්නේ?
오야- 꼬헤더 얀네-?

**B.** මම නුවර යනවා.
마머 누워*러* 야너와-.

**A.** ප්‍රවේශමෙන් යන්න. සුභ ගමන්.
쁘*러*웨-셔멘 얀너. 쑤버 가만.

당신 어디에 가요?

저는 캔디에 가요.

조심해서 가세요. 좋은 여행 되세요.

---

6

**A.** මංජුල, ඔයා වැඩට යනවාද?
망줄러, 오야- 왜*더*터 야너와-더?

**B.** ඔව්. 오우.

**A.** සුභ දවසක් . 쑤버 다워쌐.

**B.** යේසු පිහිටයි. 예-쑤 삐히타이.

만줄러, 당신 일하러 가나요?

예.

좋은 하루 보내세요.

예수님의 가호가!

---

7

**A.** හොඳට කලා/නියමයි.
혼더터 껄라-/ 니여마이.

**B.** ඔයාගේ උදව්වලට ස්තූතියි.
오야-게- 우다우월러터 쓰뚜-띠이.

아주 잘 했어요/ 훌륭해요.

당신의 도움에 감사해요.
(도와주셔서 감사해요)

---



㉠ **සුභ අලුත් අවුරුද්දක් වේවා 쑤버 알룻 아우룬닦 웨-와-** 스리랑카의 새해는 매년 4월쯤 에 있습니다. 씽할러와 타밀의 새해입니다. 음력으로 계산을 하기때문에 우리나라 새해와 같이 매년 날짜가 변합니다. 이때 다른 종교의 사람들, 기독교인과 회교도들은 이 날을 잘 지키지 않습니다.

㉡ **스리랑카의 휴일과 축제**는 주로 종교를 따라서 이루어졌습니다. 매달 음력 15일의 **පෝය දවස 뽀-여 다워써(뽀여 데이)**는 불교 행사를 위한 휴일입니다. 휴일의 종류도 다양합니다. 전체 휴일(Public Holiday)과 은행(Bank) 휴일, 상업(Merchantile)휴일 등으로 나누어 집니다. 종교 행사에 따른 자체 휴일들도 있습니다.

# 11 교제 සභභාගිත්වය

## 1

**A.** කොහොමද ශ්‍රී ලංකාව?
꼬호머더 쓰리/-랑까-워?

스리랑카는 어때요?

**B.** ගොඩක් ලස්සනයි/ නියමයි
/ගොඩාක් හොඳයි.
고닦 랐싸나이 / 니여마이 / 고닦 혼다이.

아주 아름다워요/ 멋져요 /
아주 좋아요.

දේශගුණය නම් කියලා වැඩක් නෑ.
데-셔구너여 남ㄱ 끼열라- 왜듁 내-.

날씨는 말할 것도 없고요.

**A.** ලංකාවේ මිනිස්සු හොඳද?
랑까-웨- 미닜쑤 혼더더?

스리랑카 사람들은 좋나요?

**B.** ඒගොල්ලෝ ගොඩාක් කරුණාවන්තයි.
에-골로- 고닦- 까루나-완따이.

그 사람들 아주 친절해요.

හිනාවෙලා ඉන්නවා. 히나-웰라 인너와 -.

늘 미소 지어요.

## 2

**A.** මොන සෘතුවටද ඔයා ගොඩාක් කැමති?
모너 리/뚜워터더 오야- 고닦 깨머띠?

무슨 계절을 당신은 아주
좋아하나요?

**B.** මම වැඩියෙන්ම කැමති වසන්ත සෘතුවට.
마머 왜디/옌머 깨머띠 와싼떠ㄴ 리/뚜워터.

저는 봄을 더 좋아해요.

**A.** ඇයි? 애이?

왜요?

**B.** මම මල් වලට කැමති නිසා.
마머 말 월러터 깨머띠 니싸 -.

저는 꽃을 좋아하기 때문이죠.

ඔයා කැමති මොන සෘතුවටද?
오야- 깨머띠 모너 리/뚜워터더?

당신은 무슨 계절을 좋아하나요?

**A.** මම ගිම්හාන සෘතුවට කැමතියි,
ඇයි දන්නවාද?
마머 기미하-너 리/뚜워터 깨머띠이, 애이
단너와-더?

저는 여름을 좋아해요.
왜 그런지 아세요?

**B.** නෑ, ඇයි? 내-, 애이?

아니요, 왜요?

**A.** මම පීනන්න ආස නිසා. ඔයා ආස නැද්ද?
마머 삐-난너 아-써 니싸 -. 오야- 아-써 낻더?ㄷ

저는 수영하는 것을 좋아하기
때문이죠.당신은 안좋아 하나요?

**B.** නෑ, මම ගිම්හාන සෘතුවට ආස නෑ.
내-, 마머 기미하-너 리/뚜워터 아-써 내-.

예, 저는 여름을 안좋아해요.

නිතරම දාඩිය දානවනේ.
니떠리/머 다 -디/여 다-너와네-.

늘 땀이 나잖아요.

3

A. ඔයාගේ විනෝදාංශෙ මොකක්ද?
오야-게- 위노-당-셰 모깎더?

B. මම ඡායාරූප ගන්න ආසයි.
마마 차-야-루-뻐 간너 아-싸이.

당신의 취미는 무엇이예요?

저는 사진 찍는 것을 좋아해요.

ඔයා විනෝදයට මොකද කරන්නේ?
오야- 위노-더여터 모꺼더 꺼러네-?

당신은 취미로 무엇을 하세요?

A. මම ක්‍රිකට් ගහනවා.
마마 끄러껼 가하너와 -.

저는 크리켓을 해요.

B. ඇත්තද? මමත් ගොඩාක් කැමතියි.
앹떠더? 마맡 고닦 깨머띠이.

정말이예요? 저도 아주 좋아해요.

දැන් සෙල්ලම් කරමුද?
댄 쎌람 꺼러무더?

지금 놀아 볼까요?

A. නැහැ, දැන් බෑ. ගෙදර ඉන්න ඕනේ.
내해, 댄 배-. 게더러 인너 오-네-.

아니요, 지금은 할 수 없어요.
집에 있어야 해요.

B. ඇයි මොකක්ද ප්‍රශ්නය?
애이 모깎더 쁘러쉬너여?

왜요 무슨 일이 있어요?

A. මල්ලී බලා ගන්න ඕන. හෙට කරමුද?
말리- 발라- 간너 오-너. 헤터 꺼러무더?

남동생을 돌봐야 해요.
내일 할까요?

B. ඒක හොඳයි/හරි, හෙට හමුවෙමු.
에-꺼 혼다이 / 하리, 헤터 하무웨무.

그것 좋네요/ 좋아요, 내일 만나요.

A. ගිහින් එන්නම්.
기힌 엔남.

다녀 올게요(또 봐요).



㉠ දේශගුණය නම් 데-셔구너여 남 에서 නම් 남은 '~은, ~는'을 나타내는 주격 조사입니다. 또한
නම් 남은 '~하면'의 가정법 전치사로도 사용됩니다.
예를 들면 '한다면'은 කරනවා නම් 꺼러너와- 남으로 표현됩니다.

㉡ 계절을 익혀보세요. 스리랑카에는 4계절이 없고, 우기와 건기로만 나누어집니다.
봄 වසන්ත සෘතුව(කාලය) 와싼떠 리/뚜워(깔-러여),
여름 ගිම්හාන සෘතුව/උෂ්ණ සෘතුව 기미하-너 리/뚜워/ 우쉬너 리/뚜워,
가을 සරත් සෘතුව /සිසිර 싸랄 리/뚜워/씨씨러,
겨울 සීත සෘතුව 씨-떠 리/뚜워,
우기 වර්ෂා/වැහි කාලය 와르샤- /왜히 깔-러여, 건기 වියළි කාලය 위얄리 깔-러여.

㉢ නැද්ද? 낻더는 '~않느냐?'라는 부가 의문문으로 긍정의 대답을 기대하며 사용합니다.
'그 사람 오지 그렇지?'의 문장은 එයා එනවා නැද්ද? 에야- 에너와- 낻더로 만듭니다.

## 12 방문 법례 닦기

**1**

A. කරුණාකරලා ඇතුලට එන්න.
까루나-꺼를라- 애뚤러터 엔너.

실례지만, 안으로 들어오세요.

B. බොහෝම ස්තුතියි.
보호-머 쓰뚜-띠이.

대단히 감사합니다.

A. කරුණාකරලා වාඩිවෙන්න.
까루나-꺼를라- 와-디/웬너.

실례지만, 앉으세요.

B. ස්තුතියි. 쓰뚜-띠이.

고마워요.

A. තේ කෝප්පයක් බොමුද?
떼- 꼽뻐얖 보무더?

홍차(밀크 티) 한잔 마시겠어요?

B. ඔව්, හොඳයි. 오우, 혼다이.

예, 좋아요.

A. බිස්කට් කමුද? 비쓰껕 까무더?

비스켓 드실래요?

B. නෑ, එපා. ස්තුතියි. 내-, 에빠-. 쓰뚜-띠이.

아니요, 괜찮아요. 고마워요.

**2**

A. කොහොමද ඉතින්? 꼬호머더 이띤?

어떻게 지내세요?

B. හොඳයි/හොඳින් ඉන්නවා.
혼다이/혼딘 인너와-.

좋아요/ 잘 있어요.

රෑ කෑම ඉක්මනට ලෑස්ති කරන්නම්.
래- 깨-머 이끄머너터 래-쓰띠 꺼란남.

저녁 식사 빨리 준비 할게요.

A. හරි. 하리.

알았어요.

B. ලැජ්ජා වෙන්න එපා. හොඳට කන්න.
랮자- 웬너 에빠-. 혼더터 깐너.

부끄러워하지 마세요. 많이 드세요.

A. ස්තුතියි. කෑම හරිම රසයි.
쓰뚜-띠이. 깨-머 하리머 라싸이.

감사합니다. 음식이 아주 맛있어요.

B. තව බත් ටිකක් බෙදන්නද?
따워 받 띠깎 베단너더?ⓛ

밥 좀 더 드릴까요?

A. හා, චුට්ටක්. 하- 춭땊.
මට කෝපි එකක් බොන්න පුලුවන්ද?
마터 꼬-삐 에깎 본너 뿔루완더?

예, 아주 조금만요.
제가 커피 한 잔 마실 수 있을까요?

B. පුලුවන්. සීනි දාලාද? 뿔루완. 씨-니 달-라-더?

가능해요, 설탕 넣을까요?

A. ඔව්, දාන්න. 오우, 단-너.

예, 넣어주세요.

B. තව මොනවා හරි ඕනේද?
따워 모너와- 하리 오-네-더?

더 뭐 필요하세요?

A. නෑ, හරි. ස්තුතියි. 내-, 하리. 쓰뚜-띠이.

아니요, 됐어요. 고마워요.

3

**A.** කරුණාකර ලුණු දෙනවාද?
까루나-꺼*러* 루누 데너와-더?

실례지만, 소금 좀 주세요.

**B.** ආ, මෙන්න. 아-, 멘너.

아, 여기요.

**A.** විනෝන්, ඔයා කොරියානු කෑම කාලා තියෙනවාද?
위논-, 오야- 꼬*리*야-누 깨-머 깔-라-

띠예너와-더?

위논, 당신은 한국 음식을 먹어본 적이 있나요?

**B.** ඔව්, මේ දෙවෙනි වතාව. 오우, 메- 데웨니 와따-워.

예, 이번이 두번째 기회예요.

**A.** හොඳයි. මේක කිම්චී. 혼다이, 메- 낌치-.
හැබැයි ටිකක් සැරයි. 해배이 티깎 쌔*러*이ㄷ.

좋아요, 이것은 김치예요.
하지만, 조금 매워요.

**B.** මම දන්නවා. ටිකක් කමු.
마머 단너와-. 티깎 까무.

저 알아요. 조금만 먹지요.

**A.** බත් ටිකක් එක්ක කෑවා නම් රසයි.
밧 티깎 엒꺼ㄹ 깨-와- 남 *라*싸이.

밥 조금이랑 먹으면 맛있어요.

**B.** ටිකක් සැරයි. හැබැයි රසයි.
티깎 쌔*러*이. 해배이 *라*싸이.

조금 맵네요. 하지만, 맛있어요.

**A.** අපි හැමදාම වගේ කිම්චී කනවා.
아삐 해머다-머 와게- 낌치-까너와-.

우리는 매일 같이 김치 먹어요.

---

**☆ 더 배워 봐요!**

㉠ **스리랑카 사람들은 누군가의 집을 방문할 때** 미리 전화해서 약속을 하고 방문하는 경우도 있지만, 그렇지 않은 경우도 많습니다. 갑자기 사람들이 집을 찾아올 때는 시간을 방해 받았다고 생각하지 않고, 따뜻하게 환영하는 것이 여기 문화입니다. 식사 시간에 예기치 않은 손님이 왔는데, 밥이 모자르면, 주인이 안먹고 먼저 손님을 대접하는 좋은 문화가 있습니다.

㉡ **තව බත් ටිකක් බෙදන්නද? 따워 밧 티깎 베단너더** 집을 방문해서 식사를 하게 되면, 집 주인은 식사를 더 하라고 강하게 권합니다. 손님이 많이 먹어줘야 주인은 좋아합니다. 그래서, 많이 먹지 못하는 사람은 처음에 밥을 조금 떠서 먹으면 주인이 한번 더 먹으라고 권할 때 더 먹을 수 있는 좋은 방법이겠죠! 충분히 먹었으면, **ඇති, ස්තූති 애띠, 쓰뚜-띠** '충분합니다. 감사합니다' 라고 말하며 정중히 거절하면 됩니다.

㉢ **සැරයි 쌔*러*이(맵다)** 음식에 사용되는 맛의 표현을 익혀 보세요.
짜다 **ලුණු වැඩියි** 루누 왜*디*이, 달다 **සිනි වැඩියි** 씨-니 왜*디*이, 싱겁다 **ලුණු මදි** 루누 마디, 안달다 **සිනි මදි** 씨-니 마디, 쓰다 **තිත්තයි** 띧따이, 시다 **ඇඹුල්** 앰불, 뜨겁다 **උෂ්ණයි** 우쉬나이, 차다 **ශීතලයි** 씨-떨라이.

㉣ **එක්ක 엒꺼**는 '~와 함께, ~랑'라는 뜻입니다.
'나와 함께 가자'는 **මා එක්ක යමු 마 엒꺼 야무**입니다.

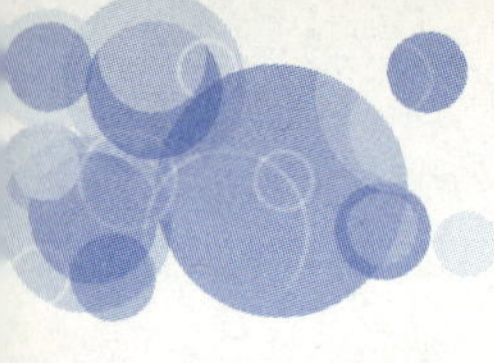

4

A. කොහොමද? කරුණාකරලා ඇතුලට එන්න.
꼬호머더? 까루나-꺼룰라 - 애뚤러터 엔너.

안녕하세요? 실례지만, 안으로 들어오세요.

B. කොහොමද ජීවිතේ?
꼬호머더 지-위떼-?

어떻게 지내세요?

A. මේ මගේ අම්මා. 메- 마게- 암마 -.

이 분은 제 어머니 예요.

C. ආයුබෝවන්. කරුණාකර ඇතුලට එන්න.
아-유보-완, 까루나-꺼러 애뚤러터 엔너.

안녕하세요. 실례지만, 안으로 들어오세요.

ඔයාට සිංහල කතා කරන්න පුලුවන්ද?
오야-터 씽할러 까따 - 꺼러너 뿔루완더?

당신 씽할러로 말할 수 있나요?

B. ඔව්, මට ටිකක් පුලුවන්.
오우, 마터 티깎 뿔루완ㄱ.

예, 저 조금 할 수 있어요.

C. බොහෝම හොඳයි.
보호-머 혼다이.

아주 좋아요.

මගේ නම දිලිනි. ඔයාගේ නම මොකක්ද?
마게- 나머 딜리니. 오야-게- 나머 모깎더?

내 이름은 딜리니예요.
당신의 이름은 뭐예요?

B. මම ක්ලාරා. 마머 끌라 -라 -.

저는 클라라 예요.

C. ඔයා කොහෙ ඉඳලාද ආවේ?
오야- 꼬헤 인덜라-더ㄴ 아-웨-?

당신은 어디서 왔나요?

B. මම කොරියාවෙන් ආවා.
마머 꼬리/야-웬 아-와-.

저는 한국에서 왔어요.

C. ඔයා සිංහල හොඳට කතා කරනවා.
/සිංහල කතා කරනවා ගොඩාක් හොඳයි.
오야- 씽할러 혼더터 까따 - 꺼러너와 -.
/ 오야- 씽할러 까따- 꺼러너와- 고닦- 혼다이.

당신은 씽할러를 아주 잘 말해요.
/당신의 씽할러는 아주 좋아요.

B. නෑ, තාම හොඳට බෑ.
내-, 따-머 혼더터 배-.

아니예요, 아직 잘 못해요
(서툴러요).

C. මාස කීයක් මෙහෙ ඉන්නවාද?
마-써 끼-얖 메헤 인너와-더?

몇 개월 여기에 있을 건가요?

B. මාස 9 ක් විතර.
마 -써 나머얖 위떠러.

9개월 정도요.

C. ඔයාට වයස කීයද?
오야-터 와여써 끼-여더?

당신은 몇 살 이예요?

B. මට 25 යි. ඔයාට වයස කීයද?
마터 위씨 빠하이. 오야-터 와여써 끼-여더?

저는 25살 이예요. 당신은 몇 살 이예요?

C. මට අවුරුදු 58 යි.
마터 아우루두 빠나쓰 아타이.

나는 58살 이예요.

B. ඇත්තට වයස අවුරුදු 50 ක පෙනුමක්
තමයි තියෙන්නේ.
앨떠터 와여써 아우루두 빠너하꺼 뻬누막

따마이 띠엔네-.

정말로 50살로 보여요.

C. බොරු නැතුව තේ එකක් බොමුද?
보루 내뚜워 떼- 에깎 보무더?

거짓말. 차(밀크 티) 한 잔 마실까
요?

B. ස්තූතියි. 쓰뚜-띠이.

감사합니다.

C. කමක් නෑ. 까막 내-.

별말씀을요.

5

A. කොහොමද නිමාලි ? 꼬호머더 니말-리-?
කරුණාකර ඇතුලට ඇවිත් වාඩිවෙන්න.
까루나-꺼러 애뚤러터 애윋 와-디 웬너.

잘 지내요, 니말-리?
실례지만, 안으로 들어와 앉아요.

B. සමාවෙන්න, මට ටිකක් පරක්කුයි.
싸마-웬너, 마터 티깎 빠럮꾸이.

죄송합니다, 조금 늦었습니다.

A. කමක් නෑ. 까막 내-.
කොහොමද ඔයාගේ ජීවිතේ/සැප සනීප?
꼬호머더 오야-게- 지-위떼-/ 쌔뻐 싸니-뻐?

괜찮아요.
삶은 / 건강은 어때요?

B. මම හොඳින් ඉන්නවා.마머 혼딘 인너와-.
ඔය ඇඳුම ඔයාට ගොඩාක් ලස්සනයි.
오여 앤두머 오야-터 고닦- 랐싸나이.

저는 잘 지내요.
그 옷이 잘 어울리네요.

A. ස්තූතියි. 쓰뚜-띠이.

감사합니다.

B. හෙලන්, මට තිබහයි. 헬런, 마터 띠버하이.
බොන්න මොනවා හරි දෙන්න පුලුවන්ද?
본너 모너와- 하리 덴너 뿔루완더?

헬런, 갈증나요.
마실 것 뭐 좀 줄 수 있나요?

A. අනිවාර්යයෙන්. විනාඩියක් ඉන්න.
아니와-르여엔. 위나-디얔 인너.

그럼요, 1분만 있어요
(조금만 기다려요).



㉠ මට ටිකක් පුලුවන්마터 티깎 뿔루완에서 가능을 나타내는 동사 පුලුවන් 뿔루완의 주어는 늘
ට 터조사가 붙는 형태를 취합니다. මම ටිකක් පුලුවන් 마머 티깎 뿔루완 '나 조금 할 수 있어
요'는 잘못된 표현이다. පුලුවන් 뿔루완의 부정형태인 බෑ 배도 주어에 ට 터 조사가 붙습니
다. '나 못해요'는 මම බෑ 마머 배-가 아니라 මට බෑ 마터 배-로 사용되어야 합니다.

㉡ කොහෙ ඉඳලාද 꼬헤 인덜라-더 여기서 ඉඳලා 인덜라-는 '~으로 부터'의 뜻으로 시작, 출발
을 뜻합니다. '~으로 부터, ~에서'는 '명사의 소유격 + ඉඳලා 인덜라-'의 형태를 취합니 다. '~
까지, ~로'는 명사+ ට 터를 붙입니다.
예를 들어 '1에서 5까지'는 එකේ ඉඳලා පහට 에께- 인덜라- 빠하터입니다.

## 13 찾기 හොයා ගැනීම

**1**

A. අනුර මහත්මයා මෙහෙ ඉන්නවාද?
　아누*라* 마핱머야- 메헤 인너와-더?

아누러 씨 여기 계신가요?

B. නෑ, එයා මෙහෙ නෑ.
　내-, 에야- 메헤 내-.

아니요, 그 분 여기 없어요.

A. එයා කොහෙද? 에야- 꼬헤더?

그 분 어디 계세요?

B. එයා ගෙදර/ ගෙදර ඉන්නවා.
　에야- <u>게더*러*/ 게더*러*</u> 인너와-.

그 분 어디 계세요?
그 분 집에 계세요.

**2**

A. කොහොමද? 꼬호머더?
　ඔයා මොනවාද හොයන්නේ?
　오야- 모너와-더 호얀네-?

안녕하세요? 무엇을 찾으세요?

B. මම පර්ස් එකක් හොයනවා.
　마머 뻐(르)쓰 에깎ㄱ 호여너와 -.

저는 지갑을 찾고 있어요.

A. ඔයාගේ පර්ස් එක කලු පාට එකක්ද?
　오야-게- 뻐(르)쓰 에꺼 깔루 빠-터 에깎더?

당신의 지갑은 검정색 입니까?

B. හරියට හරි. ඔයා දැක්කාද?
　하*리*/여터 하*리*. 오야- 댂까더?

맞아요. 당신 봤나요?

A. ආ, ඒක මෙහෙ තියෙනවා.
　아, 에-꺼 메헤 띠예너와-.

아, 그것 여기 있어요.

B. බොහෝම ස්තූතියි.
　보호-머 쓰뚜-띠이.

대단히 감사합니다.

**3**

A. මේක ඔයාගේ පෑනද?
　메-꺼ㄴ 오야-게- 빼-너더?

이것은 당신 펜입니까?

B. මේක මගේ නෙමෙයි. මගේ නංගිගේ පෑන.
　메-꺼 마게- 네메이. 마게- 낭기게- 빼-너.

이것은 제 것이 아니예요.
제 여동생의 펜이예요.

A. මේක එයාගේ ඇඳුම් බෑගයද?
　메-꺼 에야-게- 앤둠 배-거여더?

이것은 그 사람의 옷가방 이나 요?

B. ඔව්, ඒක එයාගේ.
　오우, 에-꺼 에야-게-.

예, 그것은 그 사람 거예요.

A. මේ කාර් එක ඔයාගේද?
   메- 까-(르) 에꺼ⓒ 오야-게-더?

B. නෑ, මේක මගේ නෙමෙයි.
   내-, 메-꺼 마게- 네메이

   අපේ ලොකු අක්කාගේ.
   아뻬- 로꾸 앆까-게-.

이 승용차는 당신 것입니까?

아니요, 이것은 제 것이 아니예요.

우리 큰 누나 것입니다.



ⓐ පර්ස් එකක් 뻐(르)쓰 에깎와 ඔයාගේ පර්ස් එක 오야-게- 뻐(르)쓰 에꺼의 차이
   씽할러에서 지정된 단어 즉 한정 명사는 단어의 기본형태를 취합니다. '지갑'은 පර්ස් එක 뻐(르)
   쓰 에꺼이고, 지정된 '너의 지갑'도 같은 형태 ඔයාගේ පර්ස් එක 오야-게- 뻐(르)쓰 에꺼를
   띱니다. 하지만, 지정되지 않은 불특정(부정명사)의 '지갑'은 පර්ස් එකක් 뻐(르)쓰 에깎로 표현
   되어집니다. 영어식으로 말하면 පර්ස් එක 뻐(르)쓰 에꺼는 The purse이고, පර්ස් එකක් 뻐
   (르)쓰 에깎는 A purse입니다. 지정되지 않은 명사 형태(부정명사)는 단어의 기본 형태 + 받침
   -ක් ㄲ을 붙여주면 됩니다. 이해를 위해서, '책'은 පොත 뽀떠이고, '이 책' මේ පොත 메- 뽀떠
   에서도 같은 형태가 사용되어집니다. 하지만, 불특정의 '책 한권'은 받침 -ක් ㄲ가 붙어 පොතක්
   뽀땎로 사용됩니다. '책 한권 주세요'는 පොතක් දෙන්න 뽀땎 덴너이고, 복수형태인 '책 두권
   주세요'는 පොත් දෙකක් දෙන්න 뽈 데깎 덴너로 표현됩니다.

ⓑ මේක 메-꺼는 '이것', ඕක 오-꺼는 '저것(멀리 있지 않음)', අරක 아러꺼 저것(보다 조금 더
   멀리 있음)', ඒක 에-꺼 '그것'입니다. 어근을 이루는 '지시부사' 이 මේ 메-, 저 ඕ 오-, 저 අර
   아러, 그 ඒ 에-는 다른 단어들과 합해져 또 다른 단어들을 만듭니다.
   장소를 만드는 단어인 -හෙ 헤, -තන 떠너와 결합하여, 여기 මෙහෙ 메헤, 저기 ඔහෙ 오헤,
   저기 අරහෙ 아러헤, 거기 එහෙ 에헤로 만들어지면서, 장음들이 모두 단음으로 바뀝니다.

ⓒ කාර් එක 까-(르) 에꺼 씽할러 언어에는 영어에서 온 단어들이 많이 있습니다. 또, 영어를 섞
   어서 많이 쓰기도 합니다. 영어에서 온 단어들은 - එක 에꺼를 붙여주면 됩니다. '버스'는 බස්
   එක 바쓰 에꺼, '가방'은 බෑග් එක 백- 에꺼로 쓰여집니다.

## 1

**A.** මේ මම ඉල්ලා ගත්ත සඟරාව.
메- 마머 일라- 갇떠 싸거*라*-워.

**බොහෝම ස්තුතියි.**
보호-머 쓰뚜-띠이.

**B.** ආ, හරි. ඒක පත්තරයක්ද?
아-, 하*리*. 에-꺼 빧떠*러*얶더?

**A.** ඔව්, ඒක පත්තරයක්.
오우, 에-꺼 빧떠*러*얶.

**B.** ඔයා ඒක බලනවාද?
오야- 에-꺼 발러너와-더?

**A.** නෑ. බලන්නේ නෑ. ඔයාට ඕනේද?
내-. 발란네- 내-. 오야-터 오-네-더?

**B.** මම ටිකක් කියවලා දෙන්නද?
마머 티깎 끼여월라- 덴너더?

**A.** හරි, කියවලා දෙන්න.
하*리*, 끼여월라- 덴너.

**B.** ස්තුතියි.
쓰뚜-띠이.

**A.** කිසි ප්‍රශ්නයක් නෑ.
끼씨 쁘*러*쉬너얶 내-.

이 것은 제가 빌린 잡지이예요.

대단히 감사합니다.

아, 좋아요. 그 것은 신문입니까?

예, 그 것은 신문이예요.

당신은 그 것을 보나요?

아니요, 보지 않아요. 당신에게 필요하나요?
제가 좀 읽고 드려도 될까요?

OK, 읽고 줘요.

감사합니다.

별말씀을요.

## 2

**A.** මට මේ සිංහල ශබ්ද කෝෂය පාවිච්චි කරන්න පුලුවන්ද?
마터 메- 씽할러 샵더 꼬-셔여 빠-윛치 꺼*러*너 뿔루완더?

**B.** සමාවෙන්න. මට දැන් ඒක ඕනේ.
싸마-웬너. 마터 댄 에-꺼 오-네-.
**හවසට දෙන්න පුලුවන්.**
하워써터 덴너 뿔루완.

**A.** හා හරි. 하-, 하*리*.

제가 이 씽할러 사전을 사용할 수 있을까요?

죄송합니다. 제게 지금 그 것이 필요해요.
오후에 드릴 수 있어요.

아, 알겠어요.

A. මට පොතක් ගන්න යන්න ඕන.
마터 뽀딲 간너 얀너 오-너㉠.

나 책을 사러 가야 해.

ඔයා මාත් එක්ක එනවාද?
오야- 맏-엒꺼 에너와-더?

너 나랑 함께 갈래?

B. හරි, යමු.
하리, 야무.

좋아. 가자.

මේ ටවුමේ ප්‍රසිද්ධ පොත් සාප්පුවක්
ඔයා දන්නවාද?
메- 타우메- 쁘러씯더 뽇 쌒-뿌왁
오야- 단너와-더?

이 타운에 유명한 서점 너 알아?

A. මොකක්ද? මට ඇහුන් නෑ.
모깎더? 마터 애훈 내-.

뭐라고? 안들려.

ටිකක් හයියෙන් කියනවාද?
티깎 하이옌 끼여너와-더?

좀 크게 이야기 할래?

B. ඔයා දන්නවාද මේ ටවුමේ තියෙන
ලොකුම පොත් සාප්පුව කොහෙද
තියෙන්නේ කියලා?
오야- 단너와-더 메- 타우메- 띠예너 로꾸머
뽇 쌒-뿌워 꼬헤더 띠엔네- 끼열라 -㉡?

너 아니? 이 타운에 있는 가장 큰
서점 어디에 있는지.

A. ඔව්. මම දන්නවා.
오우, 마머 단너와 -.

응, 알아.

B. ඔයා මොනවද ගන්න යන්නේ?
오야- 모너워더 간너 얀네-?

너 뭐 사러 가니?

A. සිංහල පොතක්.
씽할러 뽀딲.

씽할러 책.

B. සමාවෙලා, ටිකක් හෙමින් කතා කරනවාද?
싸마-웰라-, 티깎 헤민 까따 - 꺼러너와-더?

미안, 조금 천천히 말해줄래?

A. හා, සිංහල පොතක්.
하, 씽할러 뽀딲.

알았어. 씽할러 책.

ඔයා මට විහිලු කරනවා නේද?
오야- 마터 위힐루 꺼러너와- 네-더?

너 나에게 농담하지 그치?

B. සොරි, මාත් එක්ක තරහා වෙන්න එපා.
쏘리, 맏- 엒꺼 따러하- 웬너 에빠 -.

미안, 화내지 마.

4

A. මට උදව් කරන්න පුලුවන්ද?
마터 우다우 꺼*러*너 뿔루완더?

저를 도와 주실 수 있나요?

B. අනිවාර්යෙන්. මොනවාද වෙන්න ඕනේ?
아니와-*르*옌, 모너와-더 웬너 오-네-?

물론이죠. 뭘 도와 드릴까요?

A. මගේ වාහනය පොඩ්ඩක් තල්ලු කරන්න
පුලුවන්ද?
마게- 와-하너여 뽀*듁* 딸루 꺼*러*너 뿔루완더?

제 차를 조금 밀어줄 수 있나요?

B. හරි.
하*리*.

좋아요.

• දොර අරින්න පුලුවන්ද?
도*러* 아*리*너 뿔루완더?

문을 열어 줄 수 있나요?

• ජනේලය වහන්න පුලුවන්ද?
자넬-러여 와한너 뿔루완더?

창문을 닫아 줄 수 있나요?

• ඔයාගේ සපත්තු ගලවනවාද?
오야-게- 싸빨뚜 갈러워너와-더?

당신의 신발을 벗어 주실래요?

• මට පෑනකුයි කොලයකුයි දෙනවාද?
마터 빼-너꾸이 꼴러여꾸이ⓒ 데너와-더?

제게 펜과 종이를 주실래요?



㉠ මට යන්න ඕනේ 마터 얀너 오-네- 여기서 사용된 ඕනේ 오-네-는 주어가 여격, 즉 –ට 터 가 붙어 있으므로 뜻이 '~해야 한다'입니다. 즉 '가야 한다'는 당위성, 의무를 말합니다. 하지만, 주어가 주격으로 쓰일 때는 '~하고 싶다'라는 뜻으로 됩니다. 위의 문장 주어를 මම 마머로 바꾸면 මම යන්න ඕනේ 마머 얀너 오-네- '나는 가고 싶다'라는 뜻이 됩니다. 주어에 따라 ඕනේ 오-네- 는 뜻이 달라집니다. ඕනේ 오-네- 대신에 ඕන 오-너도 사용됩니다.

㉡ - කියලා 끼열라-는 '~라고, ~는 것이라고'의 뜻으로, 문장으로 된 목적어를 가질 때 문장 목적어 뒤에 붙습니다. 생각이나 의견의 인용문에서 사용됩니다. '나는 당신이 좋은 사람이라고 생각합니다'는 මම හිතන්නේ ඔයා හොඳ කෙනෙක් කියලා 마머 히딴네- 오야- 혼더 께넼 끼열라-이고, '너 집에 가라고 엄마가 말했어'는 ආම්මා කිව්වේ ඔයා ගෙදරට යන්න කියලා 암-마 끼우웨- 오야- 게더*러*터 얀너 끼열라-.

㉢ පෑනකුයි කොලයකුයි 빼-너꾸이 꼴러여꾸이에서 –කුයි 꾸이는 '~와, ~과'의 뜻으로, 지정되지 않은 대상(부정명사)을 열거할 때 사용됩니다. 위 뜻은 '펜 하나와 종이 한장'을 말합니다. 지정된 것들(한정명사)을 말할 때는 –යි 이를 사용하여 열거합니다. '우리 누나와 형'은 අපේ අක්කායි අයියායි 아뻬- 앆까이 아이야이라고 사용합니다.

1

A. ඔයාට දැන් වැඩක්ද?
오야-터 댄 왜듀 더?

당신 지금 일하고 계신가요?

B. නෑ, නිකං ඉන්නේ.
내-, 니깡 인네-.

아니요, 그냥 있어요.

A. මාත් එක්ක කෝපි බොන්න යමුද?
맡- 엒까 꼬-삐 본너 야무더?

저와 커피 마시러 갈래요?

B. හරි, කීයටද?
하리, 끼-여터더?

좋아요, 몇 시에요?

A. දැන් එක හමාරයි. දෙකට විතර යමුද?
댄 에꺼 하마-라이. 데꺼터 위떠러 야무더?

지금 1시 반이예요, 2시 정도에 갈 까요?

B. හරි, යමු.  하리, 야무ㄴ.

좋아요, 갑시다.

2

A. අද හවස මොනවා හරි වැඩක් තියෙනවාද?
아더 하워써 모너와- 하리 왜듀 띠에너와-더?

오늘 오후에 무슨 일이 있습니까?

B. නෑ, මොනවත් නෑ. අද මට නිවාඩු.
내-, 모너왈 내-. 아더 마터 니와-두 .

아니요, 아무 것도 없어요.
오늘 전 휴일이예요.
영화보러 갈까요?

A. චිත්‍රපටියක් බලන්න යමුද?
치뜨러빠티얔 발란너 야무더?

B. හරි මොකක්ද? 하리, 모깎더?

좋아요, 뭔데요?
그거 한국 영화예요.

A. ඒක කොරියන් චිත්‍රපටියක්.
에-꺼 꼬리얀 치뜨러빠티얔

B. නියමයි. කීයටද?/කීයටද යන්නේ?
니여마이. 끼-여터더?/ 끼-여터더 얀네-?

아주 좋아요, <u>몇 시예요?/</u>
<u>몇 시에 가요?</u>
8시 어때요?

A. අටට හරිද?
아터터 하리더?

B. හරි, මම හත හමාරට විතර
අපේ ගෙදර ඉන්නම්.
하리, 마머 하떠 하마-러터 위떠러

아뻬- 게더러 인남.

좋아요, 저는 7시 반 정도에 우리 집에 있을게요.

අපි කාර් එකේ යමු.
아삐 까-르 에께- 야무.

우리 승용차로 가요.

3

A. සමාවෙන්න. මම පරක්කු වුනා.
싸마-웬너. 마머 빠*륵*꾸 우나 -.
죄송해요. 늦었습니다.

B. ඒකට කමක් නෑ. 에-꺼터 까막 내-.
괜찮아요.

A. ඔයා කොච්චර වෙලා බලන් හිටියද?
오야- 꽃처*러* 웰라- 발란 히티여더?
당신 얼마나 오래 기다렸나요?

B. පැය බාගයක් විතර.
빼여 바-거약 위떠*러*ㄷ.
반 시간 정도요.

ඇයි ඔයා පරක්කු වුනේ?
애이 오야- 빠*륵*꾸 우네-?
왜 당신은 늦었나요?

A. මම ප්‍රමාද වෙලා නැගිට්ටේ.
마머 쁘*러*마-더 웰라- 내긷테-.
저 늦게 일어났어요.

බස් එකෙත් සෙනග. 바쓰 에껟 쎄너거.
버스에도 사람이 많았어요.

තරහා වෙන්න එපා, හොඳේ.
따*러*하- 웬너 에빠-, 호데-.
화내지 마세요, 알았죠?

B. හරි, කමක් නෑ. 하*리*, 까막 내-.
좋아요, 괜찮아요.

ඊළඟ සැරේ වෙලාවට එන්න.
일-렁거 쌔*레*- 웰라-워터 엔너.
다음 번엔 정시에 오세요.

A. හරි, මම පොරොන්දු වෙනවා.
하*리*, 마머 뽀론두 웨너와 -.
좋아요, 약속할게요.

---



㉠ 스리랑카 사람들은 보편적으로 여유가 있습니다. 이것은 약속에도 적용됩니다. 스리랑카 사람 치고 시간에 대해서 명확한 개념을 가지고 있는 사람은 많지 않다는 말이기도 합니다. 약속 시간 에 30분 정도 더 기다린다고 생각하면, 얼굴 붉히지 않으면서 스리랑카에서 여유를 가지고 살 수 있습니다. 심한 사람들은 1시간 늦기도 합니다. 스리랑카 사람들은 시간을 지키지 않는다고 한국 사람들은 말하지만, 시간에 대한 개념이 다른 것뿐입니다. 지금은 많이 변했지만, 이전 한국 사 람들도 30분 정도 늦었다고 화내지 않았지요.

이해를 위해서 더 적자면, 스리랑카 버스들이 도중에 많이 고장이 납니다. 그리고, 사전 알림없이 버스 운행이 중단되는 경우도 많아서 사람들이 늦을 수 밖에 없는 상황도 많다는 것을 염두해 두 시시 바랍니다.

㉡ යමු 야무 '갑시다'로 권유형태입니다. '~하자'는 동사의 - නවා 너와- 대신에 -මු 무를 넣으 면 됩니다. 예를 들면 '먹자'는 කනවා 까너와-에서 නවා 너와-를 빼고 මු 무를 넣으면 됩니다. කියනවා 끼여너와- 말하다- කියමු 끼여무 말하자, බලනවා 발러너와- 보다 බලමු 발러 무 보자, කරනවා 꺼*러*너와- 하다- කරමු 꺼*러*무 하자.

㉢ විතර 위떠*러* 는 '정도, 쯤'의 뜻입니다.

4

**A.** ඇයි ඊයේ රෑ කාලෙබ්ගේ ගෙදර ගියේ
නැත්තේ?

애이 이-예- *래*-ㄱ 깔-렙게- 게더*러* 기예- 낻떼-?

왜 어제 저녁 갈렙 집에 가지
않았지요?

**B.** මට අමතක වුනා. අනේ මට සමාවෙන්න.

마터 아머떠끼 우나-. 아네- 마터 싸마-웬너.

제가 잊어버렸어요.
정말 죄송합니다.

**A.** ඔයා එනකම් අපි ගේට්ටුව ලග
පැය භාගයක් විතර හිටියා.

오야- 에너깜ⓒ 아삐 겥-투워 랑거

빼여 바-거얔 위떠*러* 히티야-.

당신 오기까지 우리 대문 곁에서
30분 정도 있었어요.

**B.** අනේ ඇත්තට මට සමාවෙන්න.

아네-ⓒ 앹떠터 마터 싸마-웬너.

මට ඒ ගැන අමතක වුනා.

마터 에- 개너 아머떠끼 우나-.

මාත් එක්ක තරහා වෙන්න එපා.

맡- 엒꺼 따*러*하- 웬너 에빠-.

제발 정말로 저를 용서해 주세요.

제가 그 것에 대해서 잊어 버렸어
요.
제게 화내지 마세요.

5

**A.** මේ සෙනසුරාදා මොනවා හරි විශේෂ
වැඩක් තියෙනවාද? 메- 쎄너쑤*라*-다- 

모너와- 하*리* 위쉐-셔 왜댝 띠예너와-더?

이번 토요일에 무슨 특별한 것이라
도 있습니까?

**B.** නෑ, එහෙම නෑ. ඇයි?

내-, 에헤머 내-. 애이?

아니요, 그런것 없어요. 왜요?

**A.** මා ලග ටිකට් 2 ක් තියෙනවා.

말- 랑거 티껱 데깎 띠예너와-.

제게 표 2장이 있어요.

සෙනසුරාදා ක්‍රිකට් මැච් එක බලන්න
මාත් එක්ක යමුද? 쎄너쑤*라*-다- 끄리껱

매치 에꺼 발란너 맡- 엒꺼 야무더?

토요일 크리켓 경기 보러
나와 함께 갈래요?

**B.** අනිවාර්යෙන්ම එනවා.

아니와-*르*엔머 에너와-.

මම ක්‍රිකට්වලට හරි ආසයි නේ.

마머 끄*리*껱월러터 하*리* 아-싸이 네-ⓔ.

මොකක්ද තරගය? 모깎더 따*러*거여?

물론 가지요.

저는 크리켓을 아주 좋아해요.

경기는 뭐예요?

**A.** ලංකාවයි දකුණු අප්‍රිකාවයි.

랑까-와이 다꾸누 아쁘*리*까-와이.

අපි කීයටද හමුවෙන්නේ?

아삐 끼-여터더 하무웬네-?

스리랑카와 남아프리카 공화국이
예요.
우리 몇 시에 만나지요?

B. මැච් එක පටන්ගන්නේ හතට.
매츠 에꺼 빠탄간네- 하떠터.
හැබැයි රෑ කෑම කාලා ගියොත් හොඳයි.
해배이 래- 깨-머 깔-라- 기욧 혼다이.
පහට විතර යමුද?
빠하터 위떠러 야무더?

경기가 7시에 시작해요.

하지만, 저녁 식사를 먹고 가면
좋아요.
5시쯤에 갈까요?

A. හරි එහෙම හොඳයි. 하리 에헤머 혼다이.
කොහෙද හමුවෙන්නේ?
꼬헤더 하무웬네-?

예, 그것 좋아요.
어디서 만나지요?

B. අපේ ගෙදර රෑ කෑම කමු.
아뻬- 게더러 래- 깨-머 까무.
අපේ ගෙදර ඉඳලා පිට්ටනියට ළඟයි.
아뻬- 게더러 인덜라- 삗터니여터 랑가이.

우리 집에서 저녁 먹지요.

우리 집에서 경기장이 가까워요.

A. නියමයි. ආරාධනා කලාට ස්තූතියි.
니여마이. 아-라-더나 껄라-터 쓰뚜-띠이.

훌륭해요, 초대해주셔서 감사해요.

B. ඕක සුළු දෙයක්. 오-꺼 쑬루 데약.
මට සතුටුයි ඔයා එන එක ගැන.
마터 싸뚜투이 오야- 에너 에꺼 개너.

별말씀을요.
당신이 오는 것이 제게 기쁨 이예
요.

A. එහෙනම්, මේ සෙනසුරාදා ඔයාගේ ගෙදර
අපි හමුවෙමු.
에헤남, 메- 쎄너쑤라-다-
오야-게- 게더러 아삐 하무웨무.

그러면, 이번 토요일에 당신 집에서
우리 만납시다.

---



㉠ 하루의 시간
아침 උදේ 우데-, 점심 හවස 하워써, 저녁 රෑ 래-, 새벽 පාන්දර 빤-더러,
오전 උදේ වරුව 우데- 와루워, 오후 හවස් වරුව 하워쓰 와루워,
정오 ඉර මුදුන 이러 무두너, 자정 රෑ දෙගොඩහරිය 래- 데고더하리여.
㉡ එනකං 에너깡 '올 때까지'의 뜻으로, කං 깡은 '~할때 까지'의 의미입니다.
කං 깡은 නවා 너와-로 끝나는 동사의 වා 와-가 떨어진 형태, 즉 동사의 형용사적 용법 + කං
깡의 형태로 사용되어 집니다. 예를 들면, '갈 때까지' යනකං 야너깡, '할 때까지' කරනකං 꺼
러너깡입니다. 문어체에서는 දක්වා 닦와-나 තුරු 뚜루를 사용합니다. '갈 때까지' යනතුරු
야너뚜루, '5 까지' පහ දක්වා 빠하 닦와-입니다.
㉢ අනේ 아네- '제발'의 뜻으로, 부탁, 간구할 때 쓰는 감탄사입니다.
㉣ නේ 네-는 앞 문장을 강조하기 위해서 문장의 끝에 붙습니다.
예를 들면, අපි යනවා නේ 아삐 야너와-네- '우리 갑니다'입니다.

### 1

**A.** අද හවස ඔයාට වැඩක් තියෙනවාද?
아더 하워써 오야-터 왜듀 띠예너와-더?

오늘 오후 일있어요?

**B.** නෑ. 내-.

아니요.

**A.** ඔයාට මගේ ගෙදර එන්න පුලුවන්ද?
오야-터 마게- 게더*러* 엔너 뿔루완더?㉠

당신은 저희 집에 오실 수 있나요?

**B.** හරි, කීයටද? 하*리*, 끼-여터더?

좋아요, 몇시예요?

**A.** හතයි කාලට විතර කමක් නැද්ද?
하따이 깔-러터 위떠*러* 까막 낻더?

7시 15분 정도 문제 없어요?

**B.** ඔව්, ප්‍රශ්නයක් නෑ.
오우, 쁘*러*쉬너약 내-.

예, 문제 없어요.

### 2

**A.** කොහොමද? මම කැමතියි සෙනසුරාදා
රෑ කෑමට ඔයාට ආරාධනා කරන්න.
꼬호머더?㉡ 마머 깨머띠이 쎄너쑤*러*-다-
*래*- 깨-머터 오야-터 아-*러*-더나- 꺼*러*너.

안녕하세요? 전 토요일 저녁 식사
에 당신을 초대하고 싶어요.

එන්න පුලුවන්ද? 엔너 뿔루완더?

올 수 있어요?
정말로 가고 싶어요.

**B.** ඇත්තටම මම එන්න කැමතියි.
앹떠터머 마머 엔너 깨머띠이.
හැබැයි මට සෙනසුරාදා හවසට වැඩක්
තියෙනවානේ.
해배이 마터 쎄너쑤*러*-다- 하워써터 왜듀
띠예너와- 네-.

하지만, 제게 토요일 오후에 일이
있어요.

**A.** එහෙනම් ඉරිදාට පුලුවන්ද?
에헤남 이*리*다-터 뿔루완더?

그러면, 일요일은 올 수 있어요?

**B.** ඒක හොඳයි. මම ෂුවර් එකට එනවා.
에-꺼 혼다이. 마머 슈워*르* 에꺼터 에너와-.

그것 좋아요. 저 어쨌든 갈게요.

කීයටද එන්න ඕනේ?
끼-여터더㉢ 엔너 오-네-?

몇시에 가야 하나요?

**A.** හවස හතට විතර.
하워써 하떠터 위떠*러*.

오후 7시쯤요.

ඔයාගේ නෝනාත් එයිද?
오야-게 노-낱- 에이더?

당신 부인도 올까요?

| | |
|---|---|
| **B.** එයාටත් පුළුවන්. | 그 사람도 가능해요(데리고 올게요). |
| 에야-탈 뿔루완. | |
| එයා ඔයාලාව බලන්න ආසාවෙන් ඉන්නේ. | 그 사람 당신들을 보고 싶어 해요. |
| 에야- 오얄-라-워 발란너 아-싸-웬 인네-. | |
| **A.** නියමයි. 니여마이. | 훌륭해요. |

3

| | |
|---|---|
| **A.** අද රෑ ඔයා නිදහසේද ඉන්නේ? | 오늘 저녁 당신 시간 있어요? |
| 아더 *래*- 오야- 니더하쎄-더 인네-? | |
| **B.** ඇයි ඒ? | 무슨 일이예요? |
| 애이 에-? | |
| **A.** මට ඔයත් එක්ක කතා කරන්න පුළුවන්ද? | 제가 당신과 이야기 할 수 있을 까요? |
| 마터 오얄 엒꺼 까따- 꺼*라*너 뿔루완더? | |
| **B.** කණගාටුයි. අද නම් බෑ. | 죄송한데, 오늘은 할 수 없어요. |
| 까너가-투이. 아더 남 배-. | |
| කෙනෙක් මුණගැහෙන්න තියෙනවා. | 사람을 만나야 해요. |
| 께넦 무너개헨너 띠예너와-. | |
| **A.** ඒකට කමක් නෑ, පස්සේ කතා කරමු. | 괜찮습니다, 나중에 이야기 하지요. |
| 에-꺼터 까막 내-, 빳쎄- 까따- 꺼*러*무. | |

**☆ 더 배워 봐요!**

㉠ 스리랑카에서 초청은 또 하나의 중요한 문화입니다.
예약도 없이 생각나면 불쑥 불쑥 집에 찾아오는 동양의 문화를 가지고 있지만, 450년 서양의 식민지 지배를 받아서 초청의 문화가 발달되어 있습니다. 초청받은 사람이 아무리 친한 사람이라 할지라도 초청을 받지 않은 사람은 친구가 가니까 친하다고 함께 따라가지 않습니다. 한국도 마찬가지 이지만, 초청에는 관계의 의미가 담겨있으므로, 관계를 중시하는 스리랑카 사람들에게 초대를 받았느냐 안받았느냐는 굉장히 중요합니다. 그리 중요하지 않는 모임에도 초청장을 만들어 초대하는 경우도 많습니다.

㉡ කොහොමද 꼬호머더 '어떻게' 씽할러에 자주 사용되는 의문 부사를 익혀보세요.
කවුද 까우더 누가   කවදාද 까워다-더 언제   කොහෙද 꼬헤더 어디서
මොකක්ද 모깎더 무엇을   ඇයි 애이 왜   කීයද 끼-여더 얼마

㉢ කීයටද 끼-여터더 '몇시에(언제)'는 약속 시간을 물을 때 사용하고, 날짜를 물을 때는 කවදාද 까워다-더 '몇일에(언제)'를 씁니다. 우리말의 '언제'는 문맥에 따라 '몇시'인지 '몇일' 인지 구별해야 하지만, 씽할러에서는 시간과 날짜에 다른 단어를 사용합니다. 혼동되지 않도록 구별해서 사용해야 합니다.

1

A. අද කාලගුණය කොහොම වෙයිද?
아더 깔-러구너여㉠ 꼬호머 웨이더?

오늘 날씨가 어떨까요?

B. වහින්නයි යන්නේ. හුලඟත් තියෙනවා.
와힌나이 얀네-. 훌렁갇 띠예너와-.

비가 올 거예요. 바람도 있어요.

A. සීතල වැඩි වෙයිද? 씨-떨러 왜*디* 웨이더?

추위가 더 할까요?

B. ඊයෙට වඩා අද ටිකක් සීතලයි.
이-예터 와*다* – 아더 티깎 씨-떨라이.

어제 보다 오늘 조금 추워요.

A. හුලඟ ගොඩක් තදට එයිද?
훌렁거 고*닦* 따더터 에이더?

바람이 아주 세게 불까요?

B. නොවැම්බර් මාසේ හුලඟ ගොඩක් තදයි.
노왬버르 마-쎄- 훌렁거 고*닦* 따다이.

11월에 바람은 아주 세요.

2

A. නුවර-එළිය සීතල කාලෙට ගොඩක් සීතලද?
누워*러*-엘리여㉡ 씨-떨러 깔-레터 고*닦* 씨-떨러더?

'누워러-엘리여'는 추운 기간 (겨울)에 아주 춥나요?

B. ගොඩක් සීතලයි. සමහර වෙලාවට හිම වැටෙනවා.
고*닦* 씨-떨라이. 싸머하*러* 웰라-워터 히머 왜테너와-.

아주 추워요. 어떤 때는 눈까지 내려요.

A. උෂ්ණ කාලයට කොහොමද?
우쉬너 깔-러여터 꼬호머더?

더운 기간(여름)은 어때요?

B. මාර්තු අප්‍රේල් මාස නම් ගොඩක් රස්නෙයි.
마-르뚜 아쁘*렐*- 마-써 남 고*닦* *라*쓰네이.

3월 4월은 아주 더워요.

A. හොඳම කාලය කවදාද?
혼더머 깔-러여 까워다-더?

가장 좋은 기간은 언제예요?

B. ජනවාරි ඉඳලා පෙබරවාරි වෙන කං.
자너와-*리* 인덜라- 뻬버*러*와-*리* 웨너깡

1월부터 2월까지예요.



㉠ 스리랑카의 날씨는 열대성 기후로, 우기와 건기로 나누어집니다. 우기는 지역에 따라 다르지만, 콜롬보와 캔디 중심으로 5-6월, 10-12월 초까지이지만, 요즘은 변화가 심합니다.

㉡ 누워러 엘리여(빛의 도시)는 스리랑카에서 선선한 날씨를 경험할 수 있는 해발 1899미터 로 스리랑카 최대의 홍차 생산지입니다. 하루에도 몇번씩 밝았다가 흐렸다가 비오는 등 날씨가 너무나도 변화 무쌍합니다. 그래서, "여자의 마음은 누워러 엘리여 날씨와 같다"란 스리랑카 속담도 있습니다.

**3**

A. මේ දවස්වල උෂ්ණාත්වය කොහොමද?
메- 다워쓰월러 우쉬낱워여 꼬호머더?㉠

요즘 온도는 어때요?

B. දැන් 25 °C යි.
댄 쎌씨여쓰 앙써꺼 위씨 빠하이.

지금 섭씨 25도 예요.

A. මේ උෂ්ණ කාලයද?
메- 우쉬너 깔-러여더?

지금 더운 기간(건기)인가요?

B. නෑ, මේ වැස්ස කාලය.
내-, 메- 왰써 깔-러여.

아니요, 지금 몬순기예요.

A. හැබැයි, අද ගොඩක් රස්නෙයි.
해배이 아더 고듞 라쓰네이㉡.

하지만, 오늘 아주 더워요.

මට දාඩියත් දානවා.
마터 다-디얕 다-너와-.

저 땀나요.

B. ඇත්ත. හවසට වහියි.
앹떠. 하워써터 와히이.

맞아요. 오후에는 비올 거예요.

එළියට යනවා නම් කුඩයක් අරගෙන යන්න.
엘리여터 야너와- 남 꾸더 앾 아러게너 얀너.

밖으로 나가면 우산을 가지고 가세요.

**4**

A. අද හරිම ලස්සන දවසක් නේද?
아더 하리머 랐써너 다워싺 네-더?㉢

오늘 아주 아름다운 날이네요, 그렇지요?

B. ඔව්. මම ආසයි පායන දවස්වලට.
오우, 마머 아-싸이 빠-여너 다워쓰월러터.

예, 저는 해뜬 날을 좋아해요.

A. ඊයේ කාලගුණය කොහොමද?
이-예- 깔-러구너여 꼬호머더?

어제 날씨는 어땠어요?

ඊයේ වැස්ස තිබුණාද?
이-예- 왰써 띠부나-더?

어제 비 왔어요?

B. ඔව්, වැස්ස හොඳට තිබුණා.
오우, 왰써 혼더터 띠부나-㉣.

예, 비가 많이 왔어요.

A. හෙට කාලගුණය කොහොම වෙයිද
දන්නේ නෑ නේද?
헤터 깔-러구너여 꼬호머 웨이더 단네- 내- 네-더?

내일 날씨가 어떨지 모르겠네요.

B. කාලගුණ වාර්තාවට අනුව නම්
හොඳින් තියෙයි.
깔-러구너 와-르따-워터 아누워 남
혼딘 띠예이.

일기 예보에 따르면 좋을 거예요.

A. හෙට කාලගුණය හොඳට තිබුණොත් මම මගේ පවුලත් එක්ක එලියට යනවා.

헤터 깔-러구너여 혼더터 띠부뇿

마머 마게- 빠울랕 엒꺼 엘리여터 야너와-.

ඔයත් එනවාද?

오얕 에너와-더?

B. අනිවාර්යෙන්ම එනවා/මමත් එනවා.

아니와-르옌머 에너와-/ 마맏 에너와 -.

내일 날씨가 좋으면, 저는 제 가족과 함께 밖으로 나갈 거예요.

당신도 함께 갈래요?

꼭 갈게요/ 나도 갈게요.



㉠ 스리랑카 더위는 직사광선이 아주 강하기 때문에 열사병에 조심해야 합니다. 하루 중 1시-3시는 가장 뜨거운 시간이므로, 가능하면 걷는 다던지, 직사광선을 맞는 일을 피해야 합니다. 햇빛에 많이 노출되었을 경우, 샤워할 때 물로 몸을 식혀주는 지혜가 필요합니다. 1년 중 관광객들이 가장 많이 오는 시기는 1-2월입니다. 바람도 적고, 햇볕이 강열해서 열대성 기후를 한층 나타나기 때문에 자연의 열대 해변가를 찾는 사람들이 이때 많이 옵니다.

㉡ 날씨, 기후 표현들

덥다 රස්නේ 라쓰네-/උෂ්ණයි 우쉬나이, 뜨겁다 වවුවයි 아우와이, 춥다 ශීතලයි 씨-떨라이, 땀이 난다 දාඩිය දානවා 다-디여 다-너와, 밝다 එලියයි 엘리야이, 어둡다 කරුවලයි 까루월라이, 습하다,축축하다 තෙතයි 떼따이, 우중충하다 අඳුරුයි 안두루이, 바람이 많이 분다 හුලං තදයි 훌랑 따다이.

㉢ නේද 네-더는 '안그렇습니까? 그렇지요?'의 뜻으로, 부가의문문의 형태로 앞 문장을 강조하기 위해서 문장의 끝에 붙습니다. 예 අපි යනවා නේද 아삐 야너와-네-더 '우리 갑니다, 그렇지요?'

㉣ වැස්ස හොඳට තිබුනා 왰써 혼더터 띠부나-는 ලොකු වැස්සක් තිබුනා 로꾸 왰쌱 띠부나-로도 씁니다.

비의 종류 : 소나기 වැහි කුණාටුව 왜히 꾸나-투워, 보슬비 පොද වැස්ස 뽀더 왰써

㉤ 날씨와 관련된 단어는,

해 ඉර 이러, 달 හඳ 한더, 구름 වලාකුළු 왈라-꿀루, 비 වැස්ස 왰써, 바람 හුලං 훌랑.

**1**

A. හෙලෝ,මට අනුරට කතා කරන්න පුලුවන්ද?
   헬로-, 마터 아누*러*터 까따 - 꺼*러*너 뿔루완더?

여보세요, 저 아누러씨와 전화 통화
할 수 있을까요?

B. කවුද කතා කරන්නේ?
   까우더 까따- 꺼*러*네-?

누구세요?

A. හශාන්ත කතා කරන්නේ.
   하샨-떠 까따- 꺼*러*네-.

하샨떠예요.

B. විනාඩියක් ඉන්න. 위나-*디*약 인너.
   මම අනුරට කතා කරන්නම්.
   마머 아누*러*터 까따- 꺼*러*남.

1분만 계세요(잠깐만요).
제가 아누러씨를 부를게요.

**2**

A. හෙලෝ, කරුණාකර මට ලමින්දට කතා
   කරන්න පුලුවන්ද? 헬로-, 까루나-꺼*러*
   마터 라민더터 까따 - 꺼*러*너 뿔루완더?

여보세요, 실례지만,라민더씨와
전화 통화 할 수 있나요?

B. කවුද කතා කරන්නේ? 까우더 까따- 꺼*러*네-?

누구세요?

A. මම ස්තේපනී. 마머 쓰떼-빠.

저는 스데반입니다.

B. විනාඩියක් ඉන්න. 위나-*디*약 인너.
   එයා දැන් එනවා. 에야- 댄 에너와 -.

잠깐만요.
그 사람 지금 오고 있어요.

**3**

A. හෙලෝ. 헬로-.

여보세요.

B. හෙලෝ. රාජා, මම උෂානි.
   헬로-, *라*-자-, 마머 우샤-니.

여보세요, 라자, 나 우샤니예요.

A. කොහොමද උෂානි? 꼬호머더 우샤-니?

안녕하세요, 우샤니.

B. භාවන් ඉන්නවාද? 하-원 인너와-더?

하원 있어요?

A. තප්පරයක් ඉන්න. 땁뻐*러*약 인너.
   එයා දැන් නම් නැහැ. 에야- 댄 남 내해.
   මොකක් හරි පණිවිඩයක් තියෙනවාද?
   모깎 하*리* 빠니위*더*약 띠예너와-더?

1초만 있어요(잠깐만요).
그 사람 지금 없어요.
무슨 전할 말이 있나요?

B. නෑ, කමක් නෑ. 내-, 까맠 내-.
   මම පස්සේ කතා කරන්නම්.
   마머 빳쎄- 까따- 꺼*러*남.

아니요, 괜찮습니다.
제가 나중에 전화 할게요.

A. හා හොඳයි, බායි. 하- 혼다이, 바-이.

예, 좋아요. 바이

4

*A.* හෙලෝ, මේ හෙලන්ද කතා කරන්නේ?
헬로-, 메- 헬런더 까따- 꺼*러*네-?
මම ශාරොන්.
마머 샤-*론*-.

*B.* කාටද කතා කරන්න ඕනේ?
까-터더 까따- 꺼*러*너 오-네-?

*A.* මට හෙලන්ට කතා කරන්න ඕනේ.
마터 헬런터 까따-꺼*러*너 오-네-.

*B.* එහෙම කෙනෙක් නම් නෑ.
에헤머 께넦 남 내-.
සමහර විට වැරදි නොම්මරයක්
වෙන්න ඇති.
싸머하*러* 위터 왜*러*디 놈머*러*얔 웬너 애띠.

*A.* සමාවෙන්න.
싸마-웬너.

여보세요, 헬렌이예요?

나 샤론이예요.

누구와 통화하고 싶으세요?

저 헬렌과 통화하고 싶어요.

그런 사람 없어요.

아마 잘못된 번호일 거예요.

죄송합니다.


5

*A.* මට කෝල් එකක් ගන්න පුලුවන්ද?
마터 꼴- 에깎 간너 뿔루완더?

*B.* ඕව් පුලුවන්. නොම්මරය මොකක්ද?
오우 뿔루완. 놈머*러*여 모깎더?

*A.* දෙසීය අසූ හයයි තිස්අටයි අසූහතර
(2863884).
데씨여 아쑤- 하야이 띠쓰 아타이 아쑤- 하떠*러*ⓛ.

*B.* මේක නුවර නොම්මරයක්ද?
메-꺼 누워*러* 놈머*러*얔더?

*A.* නෑ, කොළඹ නොම්මරයක්.
내-, 꼴럼버 놈머*러*얔.

*B.* එහෙනම්, කොළඹට 011 නොම්මරය
ගහන්න ඕනේ.
에헤남, 꼴럼버터 빈두와이 에까이 에까이 놈머*러*여
가한너 오-네-.

*A.* ස්තූතියි.
쓰뚜-띠이.

제가 전화 한 통 할 수 있을까요?

예, 가능해요. 번호가 뭐예요?

286-3884 입니다.

이것 캔디 번호인가요?

아니요, 콜롬보 번호입니다.

그러면, 콜롬보로는 011을 눌러야
합니다.

감사합니다.

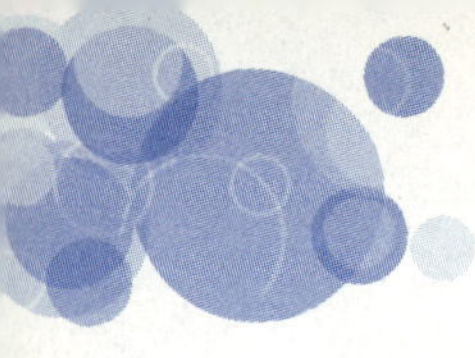

6

*A.* හෙලෝ. 헬로-.

여보세요?

*B.* හෙලෝ. ටොමිට කතා කරන්න පුලුවන්ද?
헬로-, 톰터 까따- 꺼*러*너 뿔루완더?

여보세요, 톰과 통화할 수 있나요?

*A.* කණගාටුයි. එයා මේ වෙලාවේ නෑ.
까너가-투이. 에야- 메- 웰라-웨- 내-.

죄송해요, 그 분 이 시간에 없어요.

කවුද කතා කරන්නේ?
까우더 까따- 꺼*러*네-?

누구세요?

*B.* මම පූජා. එයාගේ යාලුවෙක්.
마머 뿌-자-. 에야-게- 얄-루웩.

전 뿌자예요. 그 사람 친구예요.

එයා කීයට විතර එයිද?
에야- 끼-여터 위떠*러* 에이더?

그 사람 몇 시쯤 오나요?

*A.* පැයකින් විතර එයි. 빼여낀 위떠*러* 에이.
පණිවිඩයක් කියන්න ඕනේද?
빠니위*더*얕 끼얀너 오-네더?

1시간 정도 안에 올 거예요.
메시지 남기실 건가요?

*B.* එයාට කියන්න, අද හවස මට
කතා කරන්න කියලා.
에야-터 끼얀너 아더 하워써 마터 까따- 꺼*러*너
끼열라-.

그 사람에게 말해 주세요, 오늘 오
후에 저한테 전화해 달라고

*A.* හරි කියන්නම්. 하*리* 끼얀남.
ඔයාගේ ෆෝන් නොම්බරය කියනවාද?
오야-게- 폰- 놈버*러*여 끼여너와-더?

예, 말할게요.
당신의 전화 번호를 말해 주시겠어
요?

*B.* ලියාගන්න. බිඳුවයි හතේ ඊවා දෙකයි
තිහයි හැට නමයයි හයසීය එක(077-
3069601). ස්තූතියි.
리야-간너. 빈두와이 하떼- 에-와- 데까이 띠하이
해터 나머야이 하여씨여 에까. 쓰뚜-띠이.

적으세요. 077-3069601 입니다.
감사합니다.

*A.* හරි, තියන්නම්. 하*리*, 띠얀남.

예, 끊겠습니다.



㉠ 스리랑카에서 전화를 할 경우 "Communication shop" 간판을 단 곳에 가면됩니다. 쉽게 찾을
수 있고, 국제 전화(IDD), 팩스, 코팅, 복사, 제본 까지도 가능한 곳도 많습니다. 한국으 로 전화
하면, 1분에 40루피정도 입니다. 휴대폰 중에서는 071로 시작하는 '모비텔 Mobitel'이 1분에 집
전화로는 8루피, 핸드폰은 12루피 정도 됩니다.

㉡ දෙසිය අසූ හයයි තිස්අටයි අසුහතර 데씨여 아쑤- 하야이 띠쓰 아타이 아쑤- 하떠*러*
전화번호를 말할때 방법은 여러가지가 있는데, 제일 쉬운 방법은 한자리씩 불러주는 것입니다.
전화번호가 238-6194면, 데까이 뚜나이 아타이 하야이 에까이 나머야이 하떠*러*도 쓰입니다.

**1**

*A.* මට දුම්රිය පොලට යන පාර කියනවද?
마터 둠*리*여 뽈러터 야너 빠-*러* 끼여너워더?㉠

*B.* සමාවෙන්න. මම දන් නෑ.
싸마-웬너. 마머 단 내-.

මම මේ පැත්ත ගැන වැඩිය දන්නේ නෑ.
마머 메- 뺃떠 개너 왜*디*여 단네- 내-.

제게 기차역 가는 길을 말해 주시겠
어요?
죄송해요, 저 몰라요.

저 이 지역에 대해서 잘 몰라요.

**2**

*A.* මේ ළඟ බස් නැවතුම් පොලක් තියෙනවාද?
메- 랑거 바쓰 내워뚬 뽈락 띠여너와-더?

*B.* අනිත් පැත්තේ තියෙන පලතුරු කඩේ
ඉස්සරහ තියෙනවා.
아닐 뺃떼- 띠여너 빨러뚜루 까*데*- 있써*러*하

띠여너와-.

여기 근처에 버스 정류장이 있나
요?
건너편에 있는 과일 가게 앞에 있어
요.

*A.* දුම්රිය පොලට මෙහෙ ඉඳලා
කොච්චර දුරද?
둠*리*여 뽈러터 메헤 인덜라- 꽃처*러* 두*러*더?㉡

*B.* එච්චර දුර නෑ.
엧처*러* 두*러* 내-.

기차역은 여기서부터 얼마나 머나
요?

얼마 멀지 않아요.

*A.* මෙහෙ ඉඳලා දුම්රිය පොලට යනවා නම්
කොච්චර වෙලා යයිද?
메헤 인덜라- 둠*리*여 뽈러터 야너와- 낭

꽃처*러* 웰라- 야이더?

*B.* විනාඩි 5 ක් විතර යයි.
위나-*디* 빠확 위떠*러* 야이.

*A.* ස්තූතියි. 쓰뚜-띠이.

여기서부터 기차 역으로 가면 얼마
나 걸리나요?

5분 정도 걸려요.

감사합니다.

**3**

*A.* සමාවෙන්න, මම තැපැල් කන්තෝරුවක්
හොයනවා.
싸마-웬너, 마머 때뺄 깐또-루왁 호여너와 -.

මේ ළඟ තැපැල් කන්තෝරුවක් තියෙනවාද?
메- 랑거 때뺄 깐또-루왁 띠여너와-더?

*B.* ඔව්, තියෙනවා. 오우, 띠여너와-.

죄송합니다, 제가 우체국을 찾고 있
습니다.

여기 근처에 우체국 있나요?

예, 있어요.

A. මම කොහොමද එතනට යන්නේ?
마머 꼬호머더 에떠너터 얀네-?

제가 어떻게 그 곳에 가지요?

B. කඩවල් දෙකක් එහාට යන්න.
까*더*왈 데깎 에하-터 얀너.

가게 두 개 지나서 가세요.

ගිහිල්ලා හමුවෙන හරස් පාරෙන් දකුණට
හැරෙන්න. වම් පැත්තේ තියෙයි.
기힐라- 하무웨너 하*라*쓰 빠-*렌* 다꾸너터 해*런*너.

가서 맞이하는 횡단 보도에서 오른
쪽으로 도세요. 왼쪽에 있을 거예
요.

왐 빧떼- 띠예이.

A. මට පයින් යන්න පුලුවන් වෙයිද?
마터 빠인 얀너 뿔루완 웨이더?

제가 걸어서 갈 수 있을까요?

B. ඔව්, විනාඩි 10 කින් ගිය හැකි.
오우, 위나-*디* 다하여낀 기여 해끼.

예, 10분 안에 갈 수 있어요.

A. බොහෝම ස්තූතියි. 보호-머 쓰뚜-띠이.
ඔයා හරිම කරුණාවන්තයි.
오야- 하*리*머 까루나-완따이.

대단히 감사합니다.
당신은 굉장히 친절합니다.

B. ස්තූතියි. 쓰뚜-띠이.

감사해요.



㉠ 스리랑카에서 길을 물을 때 조심해야 할 것이 있습니다. 한 사람에게만 길을 물으면 길을 못찾고 이상한 곳으로 갈 수도 있습니다. 길을 가르쳐주는 사람들이 물어보는 장소를 잘 몰라도 아는 것처럼 대답을 해주기 때문입니다. 따라서, 2-3명에게 길을 물어봐야 합니다. 특별히, 택시(삼륜차) 운전기사들에게 물어보면 길을 쉽게 찾을 수 있습니다.

㉡ 스리랑카 지명
찾아가려고 하는 곳의 씽할러 지명을 정확하게 알아야 합니다. 한국말로 된 지명이 아니어서, 대충 듣고 대충 지명을 이야기 하면 사람들이 알아 듣지 못합니다. 한국 사람들은 지명을 가르쳐줄 경우 이상하게 발음하는 경우가 많습니다. 따라서, 어떤 장소를 찾아갈 경우에, 씽할러로 가는 곳의 지명과 주소를 적어가는 것이 헤메지 않는 가장 좋은 방법입니다. 예를 들어 남쪽의 큰도시 මාතර 마-떠*러*와 캔디 주변 도시 මාතලේ 마-떨레-의 발음이 비슷합 니다. මාතලේ 마-떨레-로 가야 하는데 මාතර 마-떠*러*로 잘못 발음해, 9시간 이상을 더 여행하느라 고생한 사람도 있습니다.

㉢ කොච්චර දූර 꽃처*러* 두*러*에서 කොච්චර는 '얼마나, 얼마'의 뜻으로, 양이나 수를 물을 때 모두 사용됩니다. කොච්චර ද? 꽃처러*더* '얼마나 많이 있나요?' 같이 혼자 쓰이기도 하고, 위에서 같이 명사 앞에 나와 '얼마의 거리', කොච්චර වේලා 꽃처*러* 웰-라- '얼마의 시간' 뜻으로, 명사를 수식하기도 합니다. 수를 물을 때는 කීයක් ද? 끼-얖더 '몇 개입니까?'를 사용 합니다.

4

A. මේක බස් හෝල්ට් එකට යන පාරද?
메-꺼 바쓰 홀-트 에꺼터 야너 빠-*러*더?

이 길은 버스 정류장으로 가는 길인가요?

B. ඔව්, ඔයා පයින්ද යන්නේ?
오우, 오야- 빠인더 얀네-?

예, 당신 걸어서 가나요?

A. පයින් යන්න පුලුවන්ද? 빠인 야너ㄱ 뿔루완더?

걸어서 갈 수 있나요?

B. මං හිතන්නේ නෑ. 망 히딴네- 내-.
පයින් යන්න දුර වැඩියි.
빠인 얀너 두*러* 왜*디*이.

전 그렇게 생각하지 않아요.
걸어 가기에는 너무 멀어요.

ටැක්සියෙන් යන එක හොඳයි.
땍씨옌 야너 에꺼 혼다이.

택시로 가는 것이 좋아요.

A. කොච්චර වෙලාවක් යයිද?
꽃처*러* 웰라-왁 야이더?

얼마나 가야 하나요?

B. විනාඩි 10 ක් විතර. 위나-*디* 다하얔 위떠*러*.

10분 정도요.


5

A. මට බයයි, පාර වැරදිලා.
마터 바야이 빠-*러* 왜*러*딜라-.

두려워요, 길을 잃었어요.

අපි මේ කොහේද ඉන්නේ?
아삐 메- 꼬헤-더 인네-?

우리 여기 어디에 있어요
(여기 어디예요)?

B. සිටි හෝල් එක ලග.
씨티 홀- 에꺼 랑거.

시티홀(시청) 근처예요.

A. කොහේද සිටි හෝල් එක තියෙන්නේ?
꼬헤-더 씨티 홀- 에꺼 띠엔네-?

시티홀 어디에 있어요?

B. අර උස බිල්ඩිමට එහා පැත්තේ.
아*러* 우써 빌*디*머터 에하- 뺃떼-.

저기 높은 빌딩 저편에 있어요.

A. බොහෝම ස්තූතියි.
보호-머 쓰뚜-띠이.

대단히 감사합니다.


6

A. සමාවෙන්න,වැසිකිලිය කොහේද තියෙන්නේ?
싸마-웬너, 왜씨낄리여 꼬헤-더 띠엔네-?

실례합니다만, 화장실 어디에 있어요?

B. ඔයාගේ වම් පැත්තේ කොනේම ඇති.
오야-게- 왐 뺃떼- 꼬네-머 애띠.

당신의 왼쪽 코너에 있어요.

A. ස්තූතියි. 쓰뚜-띠이.

감사합니다.

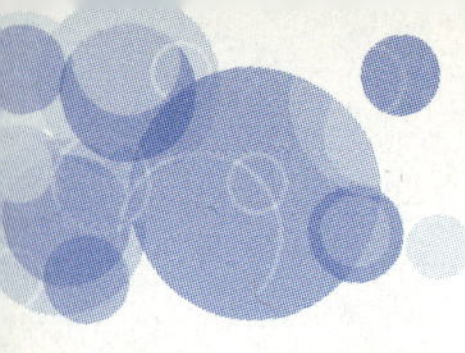

**A.** කරුණාකරලා මට කියන්න පුලුවන්ද
ජේරාදෙණියට යන්නේ කොහොමද කියලා?

까루나-꺼*러*라-, 마터 끼얀너 뿔루완더

빼-*라*-데니여ㄴ터 얀네- 꼬호머더 끼열라 -?

실례지만, 뻬라데니여에 어떻게 가
는지 말해 줄 수 있어요?

**B.** ඔය කෙලින්ම ඉස්සරහට ගිහිල්ලා
ඊළඟ වංගුවෙන් දකුණට හැරෙන්න.

오여 껠린머 있써*러*하터ㄷ 기힐라 -

일-렁거 왕구웬 다꾸너터 해*러*너.

거기는 직진으로 앞으로 가서 다음
커브에서 오른쪽으로 돌아요.

**A.** මේ පාර ජේරාදෙණියටද?

메- 빠-*러* 뻬-*라*-데니여터더?

이 길은 뻬라데니여로 가나요?

**B.** නෑ. ඔය නගරය පහු කරගෙන ඇවිල්ලා.

내-, 오여 나거*러*여 빠후 꺼러게너 애윌라 -.

아니요, 그 도시 지나 왔어요.

ආපහු ගිහිල්ලා පෙට්‍රල් ෂෙඩ් එක ලඟින්
වමට හැරෙන්න.

아-빠후 기힐라 - 뻬트럴 쉘 에꺼 랑긴 와머터 해*러*너.

다시 가서 주유소 근처에서 왼쪽으
로 도세요.

**A.** මේ ජේරාදෙණියද?

메- 뻬-*라*-데니여더?

여기 뻬라데니여 인가요?

**B.** නෑ, තව ටිකක් ඉස්සරහට යන්න.

내, 따워 티깎 있써*러*하터 얀너.

아니요, 조금 더 앞으로 가세요.

---

# 20 운동 ක්‍රීඩා

I

| | |
|---|---|
| A. ඊයේ හවස ඔයා කොහෙද ගියේ?<br>이-예- 하워써 오야- 꼬헤더 기예-? | 어제 오후 당신은 어디에 갔나요? |
| B. මම ක්‍රිකට් තරඟයක් බලන්න ගියා.<br>마머 끄리껕㉠ 따랑거약 발란너 기야-. | 저는 크리켓 경기 보러 갔어요. |
| A. මොන කන්ඩායම්ද තරඟ කලේ?<br>모너 깐다-얌더 따랑거 깔레-? | 어떤 팀이 경기 했어요? |
| B. ශ්‍රී ලංකාවයි ඉන්දියාවයි.<br>쓰리- 랑까-와이 인디야-와이. | 스리랑카와 인도예요. |
| A. ලංකා කණ්ඩායම ඉන්දියානු කන්ඩායම පැරදුවාද?<br>랑까- 깐다-여머 인디야-누 깐다-여머<br>빼러두와-더? | 스리랑카 팀이 인도 팀을 이겼나요? |
| B. නෑ, ලංකා කන්ඩායම පැරදුනා.<br>내-, 랑까- 깐다-여머 빼러두나 -. | 아니요, 스리랑카 팀이 졌어요. |
| A. ලකුණු කීයක් ගත්තාද?<br>라꾸누 끼-약 갇따-더? | 몇 점 쳤어요? |
| B. ලකුණු තුන්සීයට දෙසිය අසූවයි.<br>라꾸누 뚠씨-여터 데씨여 아쑤-와이. | 점수는 300대 280 이예요. |
| A. ඔයත් ක්‍රිකට් ගහන්න කැමතිද?<br>오얃 끄리껕 가한너 깨머띠더? | 당신도 크리켓하는 것 좋아해요? |
| B. මම ආස දැල්පන්දුයි, පාපන්දුයි.<br>마머 아-써 댈빤두이, 빠-빤두이. | 저는 농구와 축구를 좋아해요. |
| A. සමහර දවස්වල මම ක්‍රිකට් සෙල්ලම් කරනවා.<br>싸머하러 다워쓰월러 마머 끄리껕<br>쩰람 꺼러너와 -. | 어떤 날은 저 크리켓을 해요. |
| B. මට ක්‍රිකට් හොඳට ගහන්න බෑ.<br>마터 끄리껕 혼더터 가한너 배-. | 전 크리켓을 잘 못해요. |
| ඔයාට පුලුවන්ද මට උගන්වන්න?<br>오야-터 뿔루완더 마터 우간완너? | 제게 가르쳐 줄 수 있나요? |

2

A. බාස්කට් බෝල් කණ්ඩායමේ හොඳම
එක්කෙනා කවුද?
바-쓰껱 볼- 깐*다*-여메- 혼더머ⓛ 엑께나- 까우더?

농구 팀에서 가장 뛰어난 사람은 누구예요?

B. සුරේෂ් තමයි හොඳම.
쑤*레*-쉬 따마이 혼더머.

쑤레쉬가 가장 뛰어나요.

A. ඇත්තට මම හිතන්නේ සුරේෂ්ට වඩා
වරුණ හොඳයි.
앹떠터 마머 히딴네- 쑤*레*-쉬터 와*다*-ⓒ
와루너 혼다이.

정말로 나는 쑤레쉬 보다
와루너가 낫다고 생각해요.

B. ඇයි ඔයා එහෙම හිතන්නේ?
애이 오야 에헤머 히딴네-?

왜 당신은 그렇게 생각해요?

A. දන්නවාද වරුණ තමයි
වැඩිම ලකුණු ගන්නේ ?
단너와-더 와루너 따마이 왜*디*머 라꾸누 간네-?

아시나요 와루너가 가장 많이 점수를 따는 것을?

B. ඇත්ත, හැබැයි හැමකෙනාම
උපරිමයෙන් සෙල්ලම් කළා.
앹떠, 해배이 해머 께나-머 우뻐*리*/머옌 쎌람 껄라 -.

맞아요, 하지만 모든 사람이 최선을 다해 경기를 했어요.

A. කොහොමහරි අපේ කණ්ඩායම
පහුගිය තරගය දිනුවා.
꼬호머하*리*/ 아뻬- 깐*다*-여머 빠후기여
따*렁*거여 디누와.

어쨌든 우리 팀이 지난 경기에서 이겼어요.

---

**✫ 더 배워 봐요!**

ⓛ 스리랑카에서 가장 인기가 있는 운동은 '크리켓 Cricket'입니다. 이 운동은 영국에서 시작되어 영연방에 속해 있는 나라들(인도, 호주, 남아공, 뉴질랜드, 파키스탄, 방글라데시 등)을 중심으로 인기가 있습니다. 한팀이 공격하고 한팀이 방어합니다. 한팀 보통 4시간 이상 공격을 합니다. 스리랑카 팀 경기가 있는 날이면 사람들이 TV앞에 모여 시간가는 줄 모르고, 회사나 관공서의 일도 늦어지는 경우가 허다합니다. 축구 월드컵 때 한국팀 경기를 보는 한국 사람을 생각하면 이해하기가 쉽습니다.

ⓒ හොඳම 혼더머는 최상급의 표현으로, 최상급은 '형용사+ ම 머'의 형태를 가집니다.
'가장 아름다운' 은 ලස්සනම 랏써너머 입니다.

ⓒ ට වඩා 터 와*다*-는 비교급 문장을 만들 때 사용됩니다. A ට වඩා 터 와*다*-B는 'B는 A보다 ~하다'는 뜻을 가집니다.
'나는 너보다 크다'는 ඔයාට වඩා මම උසයි 오야-터 와*다*- 마머 우싸이 입니다.

**1**

**A.** මම මේ සති අන්තේ ජපානෙට යනවා.
마머 메- 싸띠 안떼- 자빠-네터 야너와-.

ඔයා ජපානෙට ගිහිල්ලා තියෙනවාද?
오야- 자빠-네터 기힐라- 띠예너와-더?

**B.** නෑ, ඔයා ගියපු රටවල් මොනවාද?
내-, 오야- 기여뿌 *라*터왈 모너와-더?

**A.** මම කැනඩාවටයි ඉන්දියාවටයි ගිහිල්ලා තියෙනවා.
마머 깨너*다*-워타이 인디야-워타이 기힐라-
띠예너와-.

**B.** ඔයා හරි වාසනාවන්තයි.
오야- 하*리* 와-써나-완따이.

ඊළඟ අවුරුද්දේ ලංකාවෙන් යන්න හිතන්
ඉන්නවාද?
일-렁거㉠ 아우룯데- 랑까-웬 얀너 히딴 인너와-더?

**A.** නෑ,මම තව අවුරුදු එක හමාරක් ඉන්නවා.
내-, 마머 따워 아우루두 에꺼 하마-*러* 인너와-.

**B.** අහන්නත් සතුටුයි.아한날 싸뚜투이.
ඔයා මේ පින්තූර දැක්කාද?
오야- 메- 삔뚜-*러* 땍까-더?

බදුල්ලේ ප්‍රියන්ත තමයි ගත්තේ.
바둘레- 쁘리얀떠 따마이 갇떼-.

**A.** හරිම ලස්සනයි. 하*리*머 랐써나이.

**2**

**A.** මාලදිවයිනේ කොච්චර කල් හිටියාද?
말-러디워이네- 꽃처*러* 깔 히티야-더?

**B.** සති 2 ක් විතර. 싸띠 데깎 위떠*러*.

**A.** එහෙ හිටපු කාලේ සතුටින්ද හිටියේ?
에헤 히터뿌 깔-레- 싸뚜틴더 히티예-?

**B.** ඔව්, ඇත්තට මම ප්‍රසිද්ධ තැන්
ගොඩාක් බලන්න ගියා.
오우, 앹떠터 마머 쁘러씯더 땐 고*닦*- 발란너 기야-.

나는 이번 주말에 일본에 가요.

당신 일본에 가본 적이 있나요?

아니요, 당신이 갔던 나라는 어디예
요?
저는 캐나다와 인도에 다녀 왔어요.

당신은 매우 운이 좋네요.

내년에 랑카를 떠나려고 생각하고
있나요?

아니요, 저는 1년 반 더 있을 거예
요.
듣기에도 좋네요.
당신 이 사진 봤어요?

쁘리얀떠가 바둘러에서 찍었어요.

아주 아름다워요.

몰디브에 얼마나 있었어요?

2주 정도요.
거기 있었던 시간에 즐겁게 있었나
요?
예, 정말로 나는 유명한 곳들을 많
이 보러 갔어요.

A. ඔයා නේපාලයට ගිහිල්ලා තියෙනවාද?
오야- 네-빨-러여터 기힐라- 띠예너와-더?

당신은 네팔에 가봤나요?

B. ඔව්, මම දෙපාරක් ගිහිල්ලා තියෙනවා.
오우, 마머 데빠-룩 기힐라- 띠예너와-.

예, 나는 두 번 가봤어요.

A. තව කොහෙද ගිහිල්ලා තියෙන්නේ?
따워 꼬헤더 기힐라- 띠옌네-?

더 어디 다녀 왔나요?

B. මම බංගලාදේශයටත් ගිහිල්ලා තියෙනවා.
마머 방걸라-데-셔여탇 기힐라- 띠예너와-.

나는 방글라데시도 다녀 왔어요.

A. ඔයා එහෙ සතුටින් හිටියද?
오야- 에헤 싸뚜틴 히티여더?

당신에게 좋은 시간이었나요?

B. ඔව්, මම මගේ පවුලේ අය එක්ක
සතුටින් හිටියා.
오우, 마터 마게- 빠울레- 아여 엒꺼 싸뚜틴 히티야-.

예, 제 가족과 함게 좋은 시간을 가
졌어요.


3

A. රංජුල, කොහොමද යාපනේට ගිය ගමන?
랑줄러 꼬호머더, 야-뻐네-터 기여 가머너?

란줄러, 자프나에 간 여행 어땠어
요?

B. නියමයි, හරිම ප්‍රීතිමත් කාලයක් තිබුනා.
니여마이, 하리머 쁘리-띠맏 깔-러얖 띠부나-.

멋졌어요, 아주 즐거운 시간 이었어
요.

A. ඔයා කොච්චර කාලයක් හිටියද?
오야- 꽃처러 깔-러얖 히티여더?

당신은 얼마나 있었나요?

B. දවස් දහයක් විතර හිටියා.
다워쓰 다하얖 위떠러 히티야-.

10일 정도 있었어요.

A. නියමයි, ත්‍රිකුණාමලයේත් ගියාද?
니여마이, 뜨리꾸나-말러옏- 기야-더?

멋져요. 트링코말리에도 갔나요?

B. ඔව්, හරි ලස්සන නගරයක්.
오우, 하리 랐써너 나거러얖.

예, 아주 예쁜 도시예요.

A. ඔයා එහෙ මොනවාද කළේ?
오야- 에헤 모너와-더 껄레-?

당신은 거기서 뭐했어요?

B. මුහුද වෙරළට ගියා.무후두 웨럴러터 기야-,
කොටුව බලන්නත් ගියා.꼬투워 발란낟 기야-.

해변가에 갔어요,
성 보러도 갔어요.




㉠ ඊළඟ 일-렁거 '그 다음', ලබන 라버너 '다음', මේ 메- '이번', ගිය 기여 '지난' 입니다.
지난주는 ගිය සතිය 기여 싸띠여, 이번주 මේ සතිය 메- 싸띠여, 다음주 ලබන සතිය 라버
너 싸띠여, 그 다음주 ඊළඟ සතිය 일-렁거 싸띠여입니다.

1

**A.** ඔයා හිතනවද එයා එයි කියලා?
오야- 히떠너워더 에야- 에이 끼열라-?

너 그가 오리라고 생각해?

**B.** නෑ, මම හිතන් නෑ. දැන් අපි යමු.
내-, 마머 히딴 내-. 댄 아삐 야무.

아니, 생각하지 않아.
지금 우리 가자.

**A.** මොකද කලබලේ, තව වෙලා තියෙනවානේ.
모꺼더 깔러벌레-, 따워 웰라- 띠예너와-네-.

무슨 일이야. 더 시간이 있잖아.

**B.** චිත්‍රපටිය පටන්ගන්න යන්නේ,
치뜨러빠티여 빠탄간너 얀네-⊙,

영화가 시작할거야.

අපි දැනටමත් පරක්කුයි.
아삐 대너터맡 빠뤀꾸이.

우리 지금도 늦었어.

**A.** හරි, යමු. 하리, 야무.

좋아, 가자.

2

**A.** පන්තියේ හැමෝම ආවාද?
빵띠예- 해모-머 아-와-더?

반에 (학생) 모두 왔나요?

**B.** නෑ, තවම නැහැ.
내-, 따워머 내해.

아니요, 아직 안왔어요.

**A.** කවුද තවම ආවේ නැත්තේ?
까우더 따워머 아-웨- 낻떼-?⊙

누가 아직도 안왔나요?

**B.** අනුරයි නිශාන්තයි.
아누라이 니샨-따이.

아누라와 니샨떠예요.

**B.** අනුර එනවා. ඉක්මනට එන්න.
아누러 에너와-. 이끄머너터 엔너.

아누러가 와요. 빨리 오세요.

අපි ඔයා එනකම් බලාගෙන හිටියා.
아삐 오야- 에너깜 발라-게너 히티야-.

우리 당신이 오기까지 기다렸어요.

**C.** සමාවෙන්න, මම ප්‍රමාදයි.
싸마-웬너, 마머 쁘러마-다이.

죄송해요, 늦었네요.

**A.** ඇයි නිශාන්ත ආවේ නැත්තේ?
애이 니샨-떠 아-웨- 낻떼-?

왜 니샨떠 오지 않았죠?

**C.** එයාට අසනීප වෙලා.
에야-터 아써니-뻐 웰라-.

그 사람은 아파요.

**B.** අයියෝ, පන්තියෙන් පස්සේ එයා බලන්න යමු.
아이요-, 빵띠엔 빳쎄- 에야- 발란너 야무.

어쩌나! 수업 후에 그 사람 보러 가
요.

ⓘ පටන්ගන්න යන්නේ 빠탄간너 얀네-는 '시작할 것이다'의 뜻으로, 기본형태는 '동사의 명령형 + යනවා 야너와- '로 미래를 뜻합니다. 씽할러 기본 동사는 현재와 미래의 의미를 가지고 있지만, 더 확실한 미래를 표시할 때는 '동사의 명령형 + යනවා 야너와- ' 형태를 사용합니다(동사의 명령형은 기본동사의 නවා 너와-를 빼고 න්න ㄴ너를 붙이면 됩니다). '나는 책을 살 것이다'는 මම පොතක් ගන්නවා 마머 뽀딱 간너와로도 쓰지만, 더 정확하게 මම පොතක් ගන්න යනවා 마머 뽀딱 간너 야너와-로 쓰입니다.

ⓛ නැත්තේ? 낻떼는 නෑ 내-의 의문문 형태입니다. 의문사가 있는 문장의 부정문을 만들 때 사용됩니다. '왜 안 옵니까?'는 ඇයි එන්නේ නැත්තේ? 애이 엔네-낻떼-로 사용됩니다.

**1**

**A.** උදේ කීයටද ඔයා නැගිටින්නේ?
우데- 끼-여터더 오야- 내기틴네-?

아침 몇 시에 당신은 일어나요?

**B.** මම හැමදාම උදේ හතයි කාලට නැගිටිනවා.
마머 해머다-머 우데- 하따이 깔-러터 내기티너와-.

저는 매일 아침 7시 15분에 일어나 요.

**A.** උදේ නැගිටලා මොකද කරන්නේ?
우데- 내기털라- 모꺼더 꺼러네-?

아침에 일어나서 무엇을 하나요?

**B.** මම උදේ හතයි තිහට කෑම කාලා අටට ස්කූල් බස් එකේ ඉස්කෝලේ යනවා.
마머 우데- 하따이 띠허터 깨-머 깔-라-
아터터 쓰꿀 바쓰 에께- 이쓰꼴-레- 야너와-.

저는 아침7시 30분에 밥을 먹고, 8 시에 스쿨버스로 학교에 가요.

**2**

**A.** වෙලාව කීයද?
웰라-워 끼-여더?

몇 시예요?

**B.** අට හමාරයි.
아터 하마-라이.

8시 반이예요.

**A.** හැමදාම උදේට පන්ති තියෙනවාද?
해머다-머 우데-터 빤띠 띠예너와-더?

매일 아침에 수업이 있나요?

**B.** මට හැමදාම උදේට පන්ති නමයට පටන් අරන් එකොලහයි පනහට ඉවර වෙනවා.
마터 해머다-머 우데-터 빤띠 나머여터 빠탄 아란
에꼴러하이 빠너하터 이워러 웨너와-.

저는 매일 아침 수업이 9시에 시작 되어 11시 50분에 끝나요.

**A.** ඔයාට හවස පන්ති තියෙනවාද?
오야-터 하워써 빤띠 띠예너와-더?

당신은 오후에 수업이 있나요?

**B.** නෑ.
내-.

아니요.

**A.** පන්ති ඇරුනට පස්සේ මොකද කරන්නේ?
빵띠 애루너터 빠쎄⌐ 모꺼더 꺼러네-?

수업 끝난 후 뭐 하세요?

**B.** පුස්ථකාලෙට යනවා.
뿌쓰떠깔-레터 야너와-.

도서관에 가요.

**A.** ඔයා හවසට මොකද කරන්නේ?
오야- 하워써터 모꺼더 꺼러네-?

당신은 오후에 뭐 하세요?

B. සමහර වෙලාවට මගේ යාලුවාගේ ගෙදර
ගිහිල්ලා, එයත් එක්ක සිංහලෙන් කතා
කරනවා.
싸머하*러* 웰라-워터 마게- 얄-루와-게- 게더*러*
기힐라- 에얕 엒꺼ⓛ 씽할렌 까따- 꺼*러*너와-.

어떤 때는 내 친구 집에 가서
그 애랑 씽할러로 이야기 해요.

නැත්නම්, පවුලේ අයටයි යාලුවන්ටයි
ලියුම් ලියනවා.
내뜨남, 빠울레- 아여타이 얄-루완타이
리윰 리여너와-.

아니면, 가족과 친구들에게 편지를
써요.

එකොළහට විතර තමයි නිදා ගන්නේ.
에꼴러하터 위떠*러* 따마이 니다- 간네-.

11시 정도에 잠을 자요.

## 1

**A.** මේ කළු පාට ඔරලෝසුව ඔයාගේද?
메- 깔루 빠-터㉠ 오를로-쑤워 오야-게-더?

이 검은 색 시계 당신 거예요?

**B.** නෑ, ඒක මෙයාගේ.
내-, 에-꺼 메야-게-.

아니요, 그 것은 이 사람 거예요.

**A.** ඔයාගේ වෑන් එකේ පාට මොකක්ද?
오야-게- 왠- 에께- 빠-터 모깍더?

당신의 밴 색깔은 뭐예요?

**B.** අළු පාටයි. 알루 빠-타이.

회색이예요.

## 2

**A.** මොන පාට මල් වලටද ඔයා කැමති?
모너 빠-터 말 월러터더 오야- 깨머띠?

어떤 색깔의 꽃을 당신은 좋아해요?

**B.** මම රෝස පාට මල් වලට ආසයි.
마머 로-써 빠-터 말월러터 아-싸이.

저는 분홍색 꽃을 좋아해요.

**A.** ඔයා කැමතිම පාට මොකක්ද?
오야- 깨머띠머 빠-터 모깍더?

당신이 가장 좋아하는 색깔은 뭐예요?

**B.** කහ පාට. 까하 빠-터.

노랑색 이예요.

**A.** මෙහෙ හරිම ලස්සනයි.
메헤 하리머 랐써나이.

여기 아주 아름다워요.

නිල් පාට අහස, සුදු වලාකුළු, කොළ පාට
අතු අතරේ රතු පාට මල් පිපිලා.
닐 빠-터 아하써, 쑤두 왈라-꿀루, 꼴러 빠-터
아뚜 아떠레- 라뚜 빠-터 말 삐삘라-.

파란색 하늘과 하얀 구름,
푸른 가지 사이에 빨간 꽃이 피었어요.

**B.** හරිම ලස්සනයි.
하리머 랐써나이.

아주 아름다워요.



㉠ 색깔

빨강 රතු පාට 라뚜 빠-터, 주황 තැඔිලි පාට 땜빌리 빠-터/දොඩම් පාට 도담 빠-터, 노랑 කහ පාට 까하 빠-터, 초록색 කොළ පාට 꼴러 빠-터, 파랑 නිල් පාට 닐 빠-터, 남색 ඉන්දිගෝ පාට 인디고- 빠-터, 보라 දම් පාට 담 빠-터, 갈색 දුඹුරු පාට 둠부루 빠-터, 검은색 කළු පාට 깔루 빠-터.

1

A. මට මෙතන සිකරට්ටිඑකක් බොන්න පුලුවන්ද?
마터 메떠너 씨꺼렅 에깎 본너 뿔루완더?

저 여기서 담배 피울 수 있나요?

B. හෝල් එක ඇතුලේ සිකරට් බොන්න බැහැ,
홀- 에꺼 애뚤레- 씨꺼렅 본너 배해,

홀 안에서 담배 피울 수 없어요.

ඔ්නේනම් එලියෙන් බොන්න පුලුවන්.
오-네-남, 엘리옌 본너 뿔루완.

원하시면, 밖에서 피울 수 있어요.

2

A. මට මෙතන වාහනය නවත්වන්න පුලුවන්ද?
마터 메떠너 와-하너여 나왈완너 뿔루완더?

저 여기에 차를 세울 수 있나요?

B. බැහැ, කරුණාකර දොරටුව අවහිර
කරන්න එපා.
배해, 까루나-꺼러 도러투워 아워히러 꺼런너 에빠-.

안되요, 제발 입구를 막지 말아주세
요.

A. එහෙනම්, කොහෙන්ද පාර්ක් කරන්න පුලුවන්?
에헤남, 꼬헨더 빠- 꺼런너 뿔루완?

그러면, 어디에 주차할 수 있죠?

B. බිල්ඩින් එකට පිටිපස්සේ
නවත්වන්න පුලුවන්.
빌딩 에꺼터 삐티빲쎄- 나왈완너 뿔루완.

빌딩 뒤에 세울 수 있어요.

3

A. මට මෙතන පින්තුරයක් ගන්න පුලුවන්ද?
마터 메떠너 삔뚜-러얔 간너 뿔루완더?

저 여기서 사진을 찍을 수 있나요?

B. බෑ, මෙතන ගන්න බෑ.
배-, 메떠너 간너 배-.

아니요, 여기서 찍을 수 없어요.

- දුම්බීම තහනම් 둠 비-머 따하남.
- කෑගහන්න එපා. 깨- 가한너 에빠-.
- නිශ්ශබ්ද වන්න. 닛쌰브터 완너
- ඇතුල්වීම තහනම්. 애뚤위-머 따하남.
- දැන්වීම් ඇලවීම තහනම්.
댄윔- 앨러위-머 따하남.

금연.
소리지르지 마세요.
조용히 하세요.
출입 금지.
벽보(포스터) 부착 금지

1

A. මට හොඳ කාලයක් තිබුනා.
마터 혼더 깔-러약 띠부나-.

제게 좋은 시간이었어요.

B. ඔව්, මටත් එහෙමයි. ප්‍රවේශම් වෙන්න.
오우, 마탙 에헤마이. 쁘*라*웨-샴 웬너.

예, 제게도 그래요. 조심하세요.

2

A. මට දැන් යන්න ඕන. පසුව හමුවෙමු.
마터 댄 얀너 오-너. 빠쑤워 하무웨무.

저 지금 가야해요. 나중에 만나요.

B. හරි පස්සේ හමුවෙමු. හොඳ සති අන්තයක්.
하*리*, 빠쎄- 하무웨무. 혼더 싸띠 안떠약.

예, 나중에 만나요. 좋은 주말 되세요.

3

A. වෙලාව කීයද? 웰라-워 끼-여더?

몇 시예요?

B. නමය හමාරයි, ඇයි? 나머여 하마-*라*이, 애이?

9시 반이예요, 왜요?

A. මම දැන් ගියොත් හොඳයි.
마머 댄 기욜 혼다이

저 지금 가면 좋을 것 같아요.

B. තව වෙලා තියෙනවානේ.
따워 웰라- 띠예너와-네-.

시간이 더 있잖아요!

A. නෑ, ඇත්තටම මට දැන් යන්න ඕනේ.
내-, 앹떠터머 마터 댄 얀너 오-네-.

아니요, 정말로 저 지금 가야 해요.

දහයට ගෙදර ඉන්න පොරොන්දු වුනා.
다하여터 게더*라* 인너 뽀*론*두 우나-.

10시에 집에 있기로 약속했어요.

ආරාධනා කලාට ස්තුතියි.
아-*라*-더나- 껄라-터 쓰뚜-띠이

초대해 주셔서 감사합니다.

B. ආවට ස්තුතියි. 아-워터 쓰뚜-띠이.

와 주셔서 감사합니다.

A. මේ හැන්දෑව ගොඩාක් හොඳයි.
메- 핸대-워 고돢- 혼다이.

이 저녁 아주 좋았어요.

රෑ කෑමත් රසයි. *래*- 깨-맡 *라*싸이.

저녁 식사도 맛있었어요.

B. අපි ආයෙත් හමුවෙමු.
아삐 아-옡 하무웨무.

우리 다시 만납시다.

A. මම කැමතියි
මම කැමතියි
ඔයාට පස්සේ ආරාධනා කරන්න.
마머 깨머띠이㉠ 오야-터 빠쎄- 아-*라*-더나- 꺼*러*너.

제가 다음에 당신을 초청하고 싶어요.

B. බලමු, අද ආවට ගොඩාක් ස්තූතියි.
  발러무. 아더 아-워터 고닦- 쓰뚜띠이.

A. සුභ රාත්‍රියක්. 쑤버 *라*-뜨리얔.

B. ස්තූතියි. 쓰뚜-띠이.

봅시다. 오늘 와 주셔서 아주
감사해요.
잘자요.
감사합니다.

4
A. දැනටමත් වෙලාව අටයි.
  대너터맡 웰라-워 아타이.

  මට බයත් හිතෙනවා. මම දැන් යන්න ඕනේ.
  마터 바얕 히떼너와-. 마머 댄 얀너 오-네-.

B. බොහෝම ස්තූතියි,
  අද අපිත් එක්ක එකතු වුණාට.
  보호-머 쓰뚜-띠이, 아더 아삗 엒꺼 에꺼뚜 우나-터.

  අපි අද දවස හොඳින් ගත කලා.
  아삐 아더 다워써 혼딘 가떠 껄라-.

  මෙන්න ඔයාගේ බෑගය. 멘너 오야-게- 배-거여.

A. ස්තූතියි. 쓰뚜-띠이.

지금 시간이 8시예요.

저 두렵네요(늦었어요).
지금 가 봐야 겠어요.
대단히 감사합니다, 오늘 우리와 함
께 해 주셔서.

우리 좋은 시간 가졌어요.

여기 당신의 가방요.
감사합니다.

5
A. දෙකයි දහය කෝච්චිය දැන් පිටත් වෙයි.
  데까이 다하여 꽃-치여 댄 삐탈 웨이.

  කරුණාකරලා නගින්න. 까루나-꺼럴*라*- 나긴너.

B. බොහෝම ස්තූතියි. ගිහින් එන්නම්.
  보호-머 쓰뚜-띠이. 기힌 엔남.

A. ඔයා එහෙ ගිය ගමන් මට ලියුමක් එවන්න.
  오야- 에헤 기여 가만ㄴ 마터 리유맦 에완너.

B. මම අනිවාර්යෙන්ම ඔයාට ලියන්නම්.
  마머 아니와-르엔머 오야-터 리얀남.

  පරිස්සම් වෙලා හොඳින් යන්න.
  빠맀/쌈 웰라- 혼딘 얀너.

2시 10분 기차가 지금 출발합니다.

실례지만, 올라 타세요.
정말 감사합니다. 또 봐요.

당신 거기 가자 마자 저에게 편지
보내 주세요.
제가 꼭 당신께 쓰겠습니다.

조심해서 잘 가세요.



㉠ කැමතියි깨머띠이는 '~ 좋아한다, 하고 싶다'의 뜻을 가지고, 명사를 목적어로 가질 때는 + ට
  කැමතියි 깨머띠이가 되고, 동사가 붙을 때는 동사의 명령형 + කැමතියි 깨머띠이 형태로 씌
  여집니다. 비슷한 의미와 같은 형태를 취하는 '~하고 싶다' ආසයි 아-싸이도 있습니다.
㉡ ගිය ගමන් 기여 가만은 "하자마자"의 뜻으로, 동사의 형용사적 과거 형태(2부 7과 문법 설
  명 참조) + ගමන් 가만을 취합니다. ගියපු ගමන් 기여뿌 가만으로도 쓰입니다. '먹자 마자'는
  කාපු ගමන් 까-뿌 가만으로 쓰입니다.

| | | | | | |
|---|---|---|---|---|---|
| 1 | එක<br>에꺼㉠ | 2 | දෙක<br>데꺼 | 3 | තුන<br>뚜너 |
| 4 | හතර<br>하떠*라*㉣ | 5 | පහ<br>빠하 | 6 | හය<br>하여 |
| 7 | හත<br>하떠 | 8 | අට<br>아터 | 9 | නම(ව)ය<br>나머(워)여 |
| 10 | දහය<br>다하여 | 11 | එකොළහ<br>에꼴러하 | 12 | දොළහ<br>돌러하 |
| 13 | දහ තුන<br>다하뚜너 | 14 | දහ හතර<br>다하 하떠*라* | 15 | පහළොව<br>빠할로워 |
| 16 | දහසය<br>다하써여 | 17 | දහ හත<br>다하 하떠 | 18 | දහ අට<br>다하 아터 |
| 19 | දහ නමය<br>다하 나머여 | 20 | විස්ස<br>윘써 | 21 | විසි එක<br>위씨 에꺼 |
| 22 | විසි දෙක<br>위씨 데꺼 | 23 | විසි තුන<br>위씨 뚜너 | 24 | විදි හතර<br>위씨 하떠*라* |
| 25 | විසි පහ<br>위씨 빠하 | 26 | විසි හය<br>위씨 하여 | 27 | විසි හත<br>위씨 하떠 |
| 28 | විසි අට<br>위씨 아터 | 29 | විසි නමය<br>위씨 나머여 | 30 | තිහ<br>띠허 |
| 31 | තිස් එක<br>띠쓰 에꺼 | 32 | තිස් දෙක<br>띠쓰 데꺼 | 33 | තිස් තුන<br>띠쓰 뚜너 |
| 34 | තිස් හතර<br>띠쓰 하떠*라* | 35 | තිස් පහ<br>띠쓰 빠하 | 36 | තිස් හය<br>띠쓰 하여 |
| 37 | තිස් හත<br>띠쓰 하떠 | 38 | තිස් අට<br>띠쓰 아터 | 39 | තිස්නමය<br>띠쓰 나머여 |
| 40 | හතලිහ<br>하뗄리허 | 41 | හතලිස් එක<br>하뗄리쓰 에꺼 | 42 | හතලිස්දෙක<br>하뗄리쓰데꺼 |
| 43 | හතලිස් තුන<br>하뗄리쓰 뚜너 | 44 | හතලිස්හතර<br>하뗄리쓰하떠*라* | 45 | හතලිස්පහ<br>하뗄리쓰빠하 |
| 46 | හතලිස්හය<br>하뗄리쓰 하여 | 47 | හතලිස් හත<br>하뗄리쓰 하떠 | 48 | හතලිස්අට<br>하뗄리쓰아터 |

| 49 | හතලිස්නමය<br>하뜰리쓰나머여 | 50 | පනහ<br>빠너하 | 51 | පනස් එක<br>빠나쓰에꺼 |
|---|---|---|---|---|---|
| 52 | පනස් දෙක<br>빠나쓰 데꺼 | 53 | පනස් තුන<br>빠 나쓰 뚜너 | 54 | පනස්හතර<br>빠나쓰하떠러 |
| 55 | පනස් පහ<br>빠나쓰 빠하 | 56 | පනස් හය<br>빠나쓰 하여 | 57 | පනස් හත<br>빠나쓰 하떠 |
| 58 | පනස් අට<br>빠나쓰 아터 | 59 | පනස් නමය<br>빠나쓰 나머여 | 60 | හැට<br>해터 |
| 61 | හැට එක<br>해터 에꺼 | 62 | හැට දෙක<br>해터 데꺼 | 63 | හැට තුන<br>해터 뚜너 |
| 64 | හැට හතර<br>해터 하떠러 | 65 | හැට පහ<br>해터 빠하 | 66 | හැට හය<br>해터 하여 |
| 67 | හැට හත<br>해터 하떠 | 68 | හැට අට<br>해터 아터 | 69 | හැටනමය<br>해터나머여 |
| 70 | හැත්තෑව<br>핻때-워 | 71 | හැත්තෑ එක<br>핻때- 에꺼 | 72 | හැත්තෑදෙක<br>핻때-데꺼 |
| 73 | හැත්තෑ තුන<br>핻때-뚜너 | 74 | හැත්තෑහතර<br>핻때-하떠러 | 75 | හැත්තෑපහ<br>핻때-빠하 |
| 76 | හැත්තෑ හය<br>핻때-하여 | 77 | හැත්තෑ හත<br>핻때- 하떠 | 78 | හැත්තෑඅට<br>핻때-아터 |
| 79 | හැත්තෑනමය<br>핻때-나머여 | 80 | අසුව<br>아쑤-워 | 81 | අසූ එක<br>아쑤- 에꺼 |
| 82 | අසූ දෙක<br>아쑤- 데꺼 | 83 | අසූ තුන<br>아쑤- 뚜너 | 84 | අසූහතර<br>아쑤-하떠러 |
| 85 | අසූ පහ<br>아쑤- 빠하 | 86 | අසූ හය<br>아쑤- 하여 | 87 | අසූ හත<br>아쑤- 하떠 |
| 88 | අසූ අට<br>아쑤- 아터 | 89 | අසූ නමය<br>아쑤- 나머여 | 90 | අනුව<br>아누-워 |
| 91 | අනූ එක<br>아누- 에꺼 | 92 | අනූ දෙක<br>아누- 데꺼 | 93 | අනූ තුන<br>아누-뚜너 |
| 94 | අනූ හතර<br>아누- 하떠러 | 95 | අනූ පහ<br>아누- 빠하 | 96 | අනූ හය<br>아누-하여 |
| 97 | අනූ හත<br>아누- 하떠 | 98 | අනූ අට<br>아누- 아터 | 99 | අනූනමය<br>아누-나머여 |

| | | | | | |
|---|---|---|---|---|---|
| 100 | (එක)සීය<br>(에꺼)씨-여 | 101 | එකසිය එක<br>에꺼씨여 에꺼 | 116 | එකසිය දහසය<br>에꺼씨여 다하씨여 |
| 200 | දෙසීය<br>데씨-여 | 202 | දෙසිය දෙක<br>데씨여 데꺼 | 228 | දෙසිය විසිඅට<br>데씨여 위씨아터 |
| 300 | තුන්සීය<br>뚠씨-여 | 303 | තුන්සිය තුන<br>뚠씨여 뚜너 | 331 | තුන්සිය තිස් එක<br>뚠씨여 띠쓰 에꺼 |
| 400 | හාරසීය<br>하-러씨-여 | 404 | හාරසියහතර<br>하-러씨여 하떠러 | 445 | හාරසියහතලිස්පහ<br>하-러씨여 하떨리쓰빠하 |
| 500 | පන්සීය<br>빤씨-여 | 505 | පන්සිය පහ<br>빤씨여 빠하 | 557 | පන්සිය පනස්හත<br>빤씨여 빠나쓰 하떠 |
| 600 | හයසීය<br>하여씨-여 | 606 | හයසිය හය<br>하여씨여 하여 | 662 | හයසිය හැටදෙක<br>하여씨여 해터데꺼 |
| 700 | හත්සීය<br>핱씨-여 | 707 | හත්සිය හත<br>핱씨여 하떠 | 773 | හත්සියහැත්තෑතුන<br>핱씨여 핻때-뚜너 |
| 800 | අටසීය<br>아터씨-여 | 808 | අටසිය අට<br>아터 씨여 아터 | 884 | අටසිය අසූහතර<br>아터씨여 아쑤-하떠러 |
| 900 | නමසීය<br>나머씨-여 | 909 | නමසිය නමය<br>나머씨여 나머여 | 999 | නමසිය අනුනමය<br>나머씨여 아누- 나머여 |
| 1000 | (එක්)දාහ<br>(엑)다-하 | 1001 | එක්දාස් එක<br>엑다-쓰 에꺼 | 2000 | දෙදාහ<br>데다-하 |
| 2001 | දෙදාස් එක<br>데다-쓰 에꺼 | 3000 | තුන්දාහ<br>뚠다-하 | 3001 | තුන්දාස් එක<br>뚠다-쓰 에꺼 |
| 4000 | හාරදාහ<br>하-러다-하 | 4001 | හාරදාස් එක<br>하-러다-쓰 에꺼 | 5000 | පන්දාහ<br>빤다-하 |
| 5001 | පන්දාස් එක<br>빤다-쓰 에꺼 | 6000 | හයදාහ<br>하여 다-하 | 6001 | හයදාස් එක<br>하여다-쓰 에꺼 |
| 7000 | හත්දාහ<br>핱다-하 | 7001 | හත්දාස් එක<br>핱다-쓰 에꺼 | 8000 | අටදාහ<br>아터다-하 |
| 8001 | අටදාස් එක<br>아터다-쓰 에꺼 | 9000 | නමදාහ<br>나머다-하 | 9001 | නමදාස් එක<br>나머다-쓰 에꺼 |
| 10000 | දහ දාහ<br>다하 다-하 | 10001 | දහදාස් එක<br>다하다-쓰 에꺼 | 11000 | එකොළොස් දාහ<br>에꼴로쓰 다-하 |
| 11001 | එකොළොස්දාස්එක<br>에꼴로쓰다-쓰에꺼 | 12000 | දොළොස් දාහ<br>돌로쓰 다-하 | 12001 | දොළොස්දාස් එක<br>돌로쓰다-쓰 에꺼 |
| 13000 | දහතුන් දාහ<br>다하뚠 다-하 | 13001 | දහතුන්දාස් එක<br>다하뚠다-쓰 에꺼 | 14000 | දහහතර දාහ<br>다하하떠러 다-하 |

| | | | | | |
|---|---|---|---|---|---|
| 14001 | දහහතරදාස් එක<br>다하하떠*러*다-쓰 에꺼 | 15000 | පහළොස් දාහ<br>빠할로쓰 다-하 | 15001 | පහළොස්දාස් එක<br>빠할로쓰다-쓰 에꺼 |
| 16000 | දහසය දාහ<br>다하써여 다-하 | 16001 | දහසයදාස් එක<br>다하써여다-쓰 에꺼 | 17000 | දහහත් දාහ<br>다하핟 다-하 |
| 17001 | දහහත්දාස් එක<br>다하핟다-쓰 에꺼 | 18000 | දහඅට දාහ<br>다하아터 다-하 | 18001 | දහඅටදාස් එක<br>다하아터다-쓰 에꺼 |
| 19000 | දහනම දාහ<br>다하나머 다-하 | 19001 | දහනමදාස් එක<br>다하나머다-쓰에꺼 | 20000 | විසි දාහ<br>위씨 다-하 |
| 30000 | තිස් දාහ<br>띠쓰 다-하 | 40000 | හතලිස් දාහ<br>하떨리쓰 다-하 | 50000 | පනස් දාහ<br>빠나쓰 다-하 |
| 60000 | හැට දාහ<br>해터 다-하 | 70000 | හැත්තෑ දාහ<br>핻때- 다-하 | 80000 | අසු දාහ<br>아쑤- 다-하 |
| 90000 | අනු දාහ<br>아누- 다-하 | 십만 | (එක)ලක්ෂය<br>(에꺼)띾셔여 | 100001 | එක් ලක්ෂ එක<br>엒 띾셔 에꺼 |
| 이십만 | දෙලක්ෂ<br>데띾셔 | 삼십만 | තුන්ලක්ෂ<br>뚠띾셔 | 사십만 | හාරලක්ෂ<br>하-*러*띾셔 |
| 백만 | දසලක්ෂ<br>다써띾셔 | 천만 | (එක්)කෝටිය<br>(엒) 꼬-티여 | 억 | දසකෝටිය<br>다써꼬-티여 |



㉠ 돈이나 물건의 숫자를 셀 때, 시간을 말할 때는 서술조사 යි 이를 붙여 씁니다.
  1 එකයි 에까이 2 දෙකයි 데까이 3 තුනයි 뚜나이 15 පහළොහයි 빠할로하이

㉡ 1-20까지 숫자와 백 සීය 씨-여, 천 දාහ 다-하, 십만 ලක්ෂ 띾셔의 단위가 연결될 때는 '숫자+단어'형태의 දෙනා 데나-가 붙을 때(6.가족)와 같은 형태로 변합니다. 예로, 13000은 දහතුන් දාහක් 다하뚠 다핰이 됩니다. 10단위, 100단위, 1000단위의 숫자가 뒤에 오는 숫자와 연결될 때 숫자의 끝발음이 약간씩 변하니 숙지하시면 좋습니다. 예로, 52는 පනස් දෙක 빠나쓰 데꺼 -, 1052는 එක් දාස් පනස් දෙක 엒 다-쓰 빠나쓰 데꺼입니다.

㉢ 1 එක 에꺼는 백에서는 එක 에꺼 그대로 사용되고, 천과 십만, 천만 앞에서는 එක් 엒로 변화합니다. 100은 එක සීය 에꺼 씨-여이고, 1000은 එක් දාහ 엒 다-하입니다.

㉣ 4는 හතර 하떠*러*이지만, 뒤에 백, 천 등 단위가 붙으면 හාර- 하-*러* -로 변합니다. 하지 만, 14 දහ හතර 다하 하떠*러*는 변하지 않습니다. 예로, 4,000은 හාර දාහ 하-*러* 다-하이고, 14,000은 දහ හතර දාහ 다하 하떠*러* 다-하입니다.

㉤ සීය 씨-여 100 의 복수는 සීය 씨여입니다. 복수 형태는 뒤에 단위가 붙을 때 사용됩니다. 예를 들면, 105는 එක සීය පහ 에꺼 씨여 빠하이고, 205는 දෙසීය පහ 데 씨여 빠하입니다.

# 2부

අවස්ථාව අනුව කතාබහ

## 상황별 회화

Ⅰ

**A.** හෙලෝ, උදව්වක් ඕනේද?
헬로- 우다우워 오-네-더?

안녕하세요. 도움이 필요하시나요?

**B.** ඔව්, මට හෙට වෙන්කර ගැනීමක් කරන්න අවශ්‍යයි.
오우, 마터 헤터 웬꺼러 개니-막 꺼러너 아웟쉬야이㉠.

예, 저 내일 예약 하고 싶은데요.

**A.** ඔයාට මොනවගේ කාමරද අවශ්‍ය?
오야-터 모너워게- 까-머러/더 아웟쉬여?

당신 어떤 방을 원하십니까?

**B.** මට ඩබල් රූම් දෙකක් වෙන්කර ගන්න පුලුවන්ද?
마터 더블 룸- 데깎 웬꺼러 간너 뿔루완더?

저 더블룸 두 개 예약할 수 있을까요?

**A.** කී දවසකටද?
끼- 다워써꺼터더?㉡

몇 일 원하십니까?

**B.** දවස් දෙකකට.
다워쓰 데꺼꺼터.

2일 원합니다.

**A.** හරි, ඔයාට කාමර 504, 505 ගන්න පුලුවන්
하리, 오야-터 까-머러 빠씨여하따라이, 빠씨여 빠하이 간너 뿔루완.

좋습니다. 당신 504,505호 사용하실 수 있습니다.

**B.** ආ, හරි ස්තූතියි. 아-, 하리 쓰뚜-띠이

아, 정말 감사합니다.

**A.** හොඳයි. 혼다이

별말씀을요.

---

**단어집**
- උදව්ව 우다우워 도움 (복수) උදව් 우다우
- වෙන්කර ගැනීම 웬꺼러 개니-머 예약
- කරනවා 꺼러너와-하다 (과거) කළා 껄라-
- අවශ්‍ය 아웟쉬여 필요한
- කාමර 까-머러 방들 කාමරය 까-머러여의 복수
- වෙන්කර ගන්නවා 웬꺼러 간너와- 예약하다 (과거) වෙන්කර ගත්තා 웬꺼러 같따-
- කී 끼- 얼마, 몇
- දවස 다워써 일, 날 (복수) දවස් 다워쓰
- ගන්නවා 간너 와- 가지다, 사다, 취하다 (과거) ගත්තා 같따-

2

A. හෙලෝ, ශ්‍රී ලංකන් ගුවන් සේවය. ඔබගේ අවශ්‍යතාවය කුමක්ද?

헬로-, 쓰리- 랑깐 구완 쎄-워여.
오버게- 아웟쉬여따-워여 꾸막더?

여보세요, 스리랑칸 에어 라인 입니
다. 당신의 필요는 무엇입니까?

B. මට සොඳල්ට යන ටිකට් වෙන්කර ගැනීමක් කරන්න පුලුවන්ද?

마터 쏘울터 야너 티껠 웬꺼러 개니-막 꺼런너 뿔루완더?

서울로 가는 티켓을 예약할 수 있을
까요?

A. ටිකට් කීයක් වෙන්කරගන්න අවශ්‍යද?

티껠 끼-약 웬꺼러간너 아웟쉬여더?

표 몇 개 예약하기를 원하세요?

B. මට ටිකට් 3ක් අවශ්‍යයි.

마터 티껠 뚜낙 아웟쉬야이.

표3개 필요해요.

A. කවදාටද ටිකට් වෙන්කරගන්න ඕනේ, සර්?

까워다-터더 티껠 웬꺼러간너 오-네-, 써(르)?

몇 일에 표를 예약하기를 원하세요,
손님?
다음 금요일에요.

B. ඊළඟ සිකුරාදාට. 일-렁거 씨꾸라-다-터.

A. හරි සර්, උදේ දහයයි හතලිහට පිටත්

하리 써(르), 우데- 다하야이 하떨리허터 삐탈

예 손님, 아침 10시 40분에 출발하
는 비행기가 있습니다.

වෙන ගුවන් යානයක් තියෙනවා.

웨너 구완 야-너약 띠에너와-.

ඒක ඔයාට ප්‍රශ්නයක් නැද්ද?

에-꺼 오야-터 쁘러쉬너약 낻더?

그것 당신에게 문제 없나요(그 것
괜찮으시겠어요)?
예, 그것 괜찮아요.

B. හරි, ඒකට කමක් නැහැ.

하리, 에-꺼터 까막 내해.

A. ඔයාගේ පිටත් වීමට පැය දෙකකට කලින් ගුවන් තොටුපොළට එනවානම් හොඳයි.

오야-게- 삐탈 위-머터 빼여 데꺼꺼터 깔린
구완 또투뽈러터 에너와-남ⓒ 혼다이.

출발 2시간 전에 공항에 오시는 것
이 좋습니다.

3

**A.** සුභ උදෑසනක්. ලේක් සයිඩ් ඉස්පිරිතාලේ.
쑤버 우대-써낚. 렠-싸이드 이쓰삐리/딸-레-.

안녕하세요. 레이크 싸이드
(Lake Side) 병원입니다.

**B.** හාලෝ, මේ ශාරොන් කතාකරන්නේ.
할-로-, 메- 샤-론 까따-꺼란네-.

여보세요, 저는 샤론입니다.

මට ඩොක්ටර් හමුවෙන්න වෙලාව
වෙන්කර ගැනීමක් කරන්න පුලුවන්ද?
마터 듀터(르) 하무웬너 웰라-워

웬꺼러 개니-맊 꺼란너 뿔루완더?

저 의사 선생님 만나는 시간 예약
할 수 있을까요?

**A.** මොකක්ද අසනීපය? 모깎더 아싸니-뻐여?

어디가 아프세요?

**B.** මට උණ ගැනිලා. 마터 우너 개닐라-.

저 열병 걸렸습니다.

**A.** ඔයාට වෛද්‍ය හේරත් මුණගැහෙන්න
වෙනවා. 오야터 와읻디여 헤-란 무너개헨너
웨너와-ㄹ.

당신 헤랄 의사를 만나야 합니다.

මම බුක් කරන්නද? 마머 붂 꺼란너더?

제가 예약할까요?

**B.** හා හොඳයි. ඩොක්ටර් කීයටද එන්නේ?
하- 혼다이. 듀터르 끼-여터더 엔네-?

예 좋습니다. 닥터 몇 시에 오시나
요?

**A.** එයා හතර හමාරෙ ඉඳන් හය හමාර
වෙනකං ඉන්නවා. 에야- 하떠러 하마-레 인단
하여 하마-러 웨너깡 인너와-.

그 분 4시 반부터 6시 반까지 계세
요.

**B.** බොහෝම ස්තූතියි. 보호-머 쓰뚜-띠이.

대단히 감사합니다.

---



- ඉස්පිරිතාල ය 이쓰삐리/딸-러여 병원 (문어체) රෝහල 로-할러
- කතා කරනවා 까따- 꺼러너와- 말하다, 대화하다 (과거) කතා කළා 까따- 껄라-
- වෙලාව(වේලාව) 웰라-워(웰-라-워) 시간
- අසනීපය 아싸니-뻐여 병, 아픔    • උණ 우너 열병, 열
- ගැනිලා 개닐라- 걸리고 ගැනෙනවා 개네너와- '걸리다'의 과거분사
  (과거) ගෑනුණා 개누나-
- වෛද්‍ය 와읻디여 의료의
- මුණ ගැහෙනවා 무너 개헤너와- 만나다, 직면하다
  (과거) මුණ ගැහුණා 무너 개후나-
- බුක් කරනවා 붂 꺼러너와- 예약하다    • ඉන්දන් 인단 ~부터, 에서
- ඉන්නවා 인너와- 있다 (과거) හිටියා/උන්නා 히티야-/운나-
- බොහෝ보호- 많은, 다량의.

---

㉠ පුළුවන් 뿔루완, අවශ්‍ය 아읏쉬여 가 있는 문장의 주어는 여격조사 –ට 터가 붙은 여격의 형태를 취합니다. 예를 들면, '나는 할 수 있다 මට පුළුවන් 마터 뿔루완'에서 주어는 주격 මම 마머가 아니라 여격 මට 마터로 써야 합니다.

㉡ දවසකට 다워써꺼터더는 '몇일을'의 뜻으로, 부정명사 දවසක් 다워쌓 + ට 터의 형태입니다. 부정명사의 격변화 중 여격은 단어에 + කට 꺼터가 붙고, 소유격은 + ක 꺼가 붙습니다. 따라서, 소유격은 දවසක 다워써꺼 '몇일의'가 됩니다(2부 8과 문법설명 참조).

㉢ එනවානම් 에너와-남은 '온다면'의 뜻으로, –නම් 남은 가정법 문장을 만듭니다. '준다면'은 දෙනවානම් 데너와-남이 됩니다. 더 자세한 것은 2부 9과 문법설명을 보세요.

㉣ මුණගැහෙන්න වෙනවා 무너 개핸너 웨너와-는 '만나야 합니다'의 뜻으로, '동사의 To부정사 형태+ වෙනවා 웨너와-' 는 여기서 '~해야 한다'는 당위의 뜻으로 사용됩니다. 더 예를 들면, යන්න වෙනවා 얀너 웨너와-는 '가야 한다'는 뜻입니다.

〈아름다운 야자수 풍경〉

씽할러어는 한국어와 문법과 문장 구조에 있어서 한글과 아주 흡사하다.
문장 구조가 같으며, 명사와 형용사가 분명하게 구별되고, 조사가 발달되어 있으며, 의문문을 만드는 구조도 한글과 흡사하다.
하지만, 한글과 다른 면도 많이 있다.
우선, 주어의 인칭과 수, 시제에 따라 동사의 어미가 변하는 것, 명사가 격에 따라 변화하는 것, 단수와 복수가 분명하게 구별되는 것이 한글과 특이하게 다른 면이다.


## 1. 씽할러어의 문장 구조

씽할러어의 문장 구조는 한글의 구조와 거의 같다.
하지만, 150년의 영국 지배로 영어 문법의 영향을 받은 모습도 찾아 볼 수 있다.


### 1) 문장은 주어 + 목적어 + 동사의 형태로 구성된다.

① 내가 밥을 먹는다 මම බත් කනවා 마머 받 까너와-
여기서 주어는 මම 마머 '나' 이고, 목적어는 බත් 받 '밥을', 동사는 කනවා 까너와- '먹다'
이다.
② 그 사람이 가게에 간다 එයා කඩයට යනවා 에야- 까더/여터 야너와-
이 문장에서 주어는 එයා 에야- '그 사람', කඩයට 까더/여터 '가게에' 이고, 동사는 යනවා
야너와- '간다'이다.


### 2) 한국어와 같이 조사, 접미사, 후치사가 발달 되어 있다.

① 나는 그를 돌보고 있다 මම එයාව බලාගෙන ඉන්නවා 마머 에야-워 발라-게너 인너와-
이 문장에서 එයාව 에야-워 '그를'에서 워 는 조사이다.
② 비 때문에 늦었다 වැස්ස නිසා මම පරක්කු වුනා 왰써 니싸- 마머 빠류/꾸 우나-
이 문장에서 නිසා 니싸- '~때문에'는 후치사이다.

3) 영어의 영향으로 문장의 구조가 영어 구조를 따르기도 한다.

영어는 주어 + 동사 + 목적어 순으로 문장이 이루어진다. 말할 때 사람들이 영어의 형식을 따라 말하는 경우도 종종 볼 수 있다.

정식 문장 : 그 사람이 가게에 간다 එයා කඩයට යනවා 에야- 까ඩ여터 야너와-.
영어식 문장 : 그 사람이 간다 가게에 එයා යනවා කඩයට 에야- 야너와- 까ඩ여터.


## 2. 인칭 대명사

씽할러어에서 인칭 대명사는 영어와 같이 격변화가 있지만, 영어에 없는 여격과 조격이 있다. 한국어에서와 마찬가지로 단어의 뒤에 접미사 또는 후치사가 붙어 격변화를 하게 된다. 영어에서는 전치사를 붙임으로 이 역할을 대신한다.


### 1) 단수

| 격 | 1인칭 | 2인칭 | | 3인칭 | | |
|---|---|---|---|---|---|---|
| | 나 | 너 | 당신 | 그 | 그녀 | 동물 |
| 주격 | මම/මං<br>마머/망 | ඔයා<br>오야- | ඔබ<br>오버 | ඔහු<br>오후 | ඇය<br>애- | ඌ<br>우- |
| 소유격 | මගේ<br>마게- | ඔයාගේ<br>오야-게- | ඔබගේ,ඔබේ<br>오버게-,오베- | ඔහුගේ<br>오후게- | ඇගේ<br>애게- | ඌගේ<br>우게- |
| 여격 | මට<br>마터 | ඔයාට<br>오야-터 | ඔබට<br>오버터 | ඔහුට<br>오후터 | ඇට<br>애-터 | ඌට<br>우-터 |
| 대(목적)격 | මා(ව)<br>마-(워) | ඔයා(ව)<br>오야-(워) | ඔබ(ව)<br>오버(워) | ඔහු(ව)<br>오후(워) | ඇ(ව)<br>애-(워) | ඌ<br>우- |
| 조격 | මගෙන්<br>마겐 | ඔයාගෙන්<br>오야-겐 | ඔබගෙන්<br>오버겐 | ඔහුගෙන්<br>오후겐 | ඇගෙන්<br>애겐 | ඌගෙන්<br>우-겐 |

① 소유격은 '~의'의 뜻으로, - ගේ 게- 접미사가 붙는다. මගේ 마게-는 '나의'의 뜻이다.
② 여격은 '~에게'의 뜻으로, - ට 터 접미사가 붙는다. මට 마터는 '나에게'의 뜻이다.
③ 대격은 목적격으로도 불리며, - ව 워가 접미사로 붙고, '~을, 를'의 뜻을 가진다.
   ව워는 사람에게만 붙지, 동물이나 무생물 명사에게는 붙지 않는다.

많은 경우 - ව워가 떨어져 주격과 같은 모양으로대격으로 사용된다.

මාව 마-워, මා 마- '나를'

④ 조격은 '소유격 + න ㄴ' 의 형태를 가지며, 수단, 방법(~으로부터,~에게서) 이나 장소의 출발지(~로 부터, ~에서)를 뜻한다.

මගෙන් 마겐은 '나에게서, 나로부터'의 출발지를 뜻한다.

බස් එකෙන් 바쓰 에껜은 '버스로'의 뜻으로 수단, 방법을 말한다.

⑤ ඔයා 오야-는 동급이거나 윗 사람이 아랫 사람에게 쓰는 말이고, ඔබ 오버는 윗 사람이나 하나님, 회중, 다수의 사람들에게 사용하는 표현이다.

⑥ ඇ 애-는 ඇය 애여로도 쓰인다. ඔහු 오후/ඇ 애-는 문어체에서 많이 쓰이고, 구어체에서는 통칭으로 එයා 에야- '그 사람' 가 많이 쓰인다.

## 2) 복수

| 격 | 1인칭 | 2인칭 | 3인칭 |
|---|---|---|---|
| | 우리 | 너희들 | 그들 |
| 주격 | අපි<br>아삐 | ඔයා(ලා)<br>오야-(오얄-라) | ඔවිහු/ඔවුහු<br>오우후 |
| 소유격 | අපේ/අපගේ<br>아뻬-/아빠게- | ඔයාලාගේ<br>오얄라-게- | ඔවුන්ගේ<br>오운게- |
| 여격 | අපිට/අපට<br>아삐터/아빠터 | ඔයාලාට<br>오얄라-터 | ඔවුන්ට<br>오운터 |
| 대격 | අපිව/අප<br>아삐워/아빠 | ඔයාලා(ව)<br>오얄라-(워) | ඔවුන්(ව)<br>오운(워) |
| 조격 | අපෙන්/අපගෙන්<br>아뻰/아빠겐 | ඔයාලාගෙන්<br>오얄라-겐 | ඔවුන්ගෙන්<br>오운겐 |

① 2인칭 주격 ඔයා 오야-는 단수와 복수가 같은 형태로 사용되지만, 복수를 명확히 하기 위해서 - ල 라를 붙여 ඔයාලා 오얄-라로도 쓴다. ඔබ 오버는 단수와 같은 형태로도 사용된다.

② 1인칭 복수 소유격 අපගේ 아빠게-, 여격 අපට 아빠터 와 대격 අප 아빠는 문어체에서 많이 사용된다.

③ ඔවිහු/ඔවුහු 오우후는 문어체에서 주로 사용되고, 구어체에서는 එයාලා 에얄-라-, එගොල්ලෝ 에골로-, ඔගොල්ලෝ 오골로-가 많이 사용되어진다.

**1**

A. ඔයා මොනවාද ඕඩර් කරන්න කැමති /මොනවාද ඕඩර් කරන්නේ සර්?
오야- 모너와-더 오-더(르) 꺼러너 깨머띠
/모너와-더 오-더(르) 꺼러네- 써(르) ?㉠

무엇을 주문 하시길 원하십니까/
무엇을 주문 하시겠습니까, 손님?

B. මම බුරියානි ගන්නම්/මට බුරියානි දෙන්න.
마머 부리/야-니 간남/ 마터 부리/야-니㉡ 덴너.

저 부리야니 먹을게요/ 제게 부리
야니 주세요.

A. බොන්න මොනවා හරි ඕනේද?
본너 모너와- 하리/ 오-네-더?

뭐 마시겠습니까?

B. කරුණාකරලා ඔරේන්ජි ජූස් එකක් දෙන්න.
까루나-꺼럴라- 오렌-지 주-쓰 에깎 덴너.

실례지만, 오렌지 주스 한 잔 주세
요.

---

**단어집**

• ඕඩර් කරනවා 오-더르 꺼러너와- 주문하다
• කැමති 깨머띠 좋아하는
• දෙන්න 덴너 주세요, 주라 දෙනවා 데너와- '주다'의 명령형
  (과거) දුන්නා 둔나- (과거분사) දීලා 딜-라- 주고
• බොන්න 본너 마시기 위하여 බොනවා 보너와- '마시다' 의 To부정사 형태
  (과거) බීවුවා 비우와- (과거분사) බීලා 빌-라- 마시고
• මොනවා හරි 모너와- 하리/ 어떤 것, 무엇

---

**2**

C. මෙන්න මෙනු එක, මොනවාද ගන්නේ?
멘너 메누 에까, 모너와-더 간네-?

메뉴입니다, 뭘 드시겠습니까?

A. මොනවද කන්න කැමති?
모너워더 깐너 깨머띠

뭐 먹을래요?

B. ඔයා කැමති දෙයක් ගේන්න.
오야- 깨머띠 데약 겐너.

당신이 좋은 것 주세요.

A. මේ ඩිෂ් එක කොහොමද?
메- 디쉬 에까 꼬호머더?

이 반찬 어떠세요?

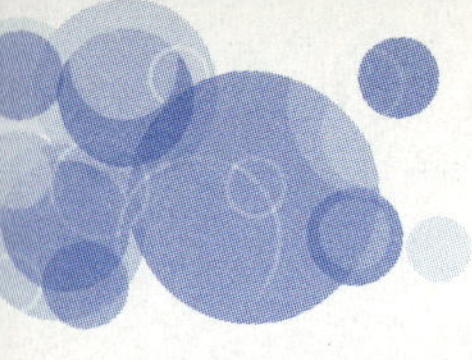

B. හොඳයි. 혼다이
A. ඔයා මොනවාද බොන්න කැමති?
오야- 모너와-더 본너 깨머띠?

B. මම මිදි යුෂ එකක් ගන්නම්.
마머 미디 유셔 에깎 간남(르)

A. ජින්ජර් බියර් එකකුත් ගේන්න ප්ලීස්.
진저(르) 비여(르) 에꺼꾿㉠ 겐-너 쁠리-쓰.

B. ඔයා අතුරුපස මොනවාහරි ගන්නවද?
오야- 아뚜루빠써 모너와-하리 간너워더?

A. ඔව්, මට යෝගට් එකක් දෙන්න.
오우, 마터 요-걸 에깎 덴너

좋아요.
당신 뭐 마시고 싶으세요?

저는 포도 주스 한 잔 마실게요

진저비어 하나도 가져다 주세요.

후식 뭐 하시겠어요?

예, 제게 요거트 하나 주세요.

---

**단어집**
- මෙන්න 멘너 여기요
- කනවා/කෑවා 먹다 (과거) කෑවා 깨-와- (과거분사) කාලා 깔-라- 먹고
- මොනවාහරි 모너와-하리 어떤 것, 아무 것
- දෙය 데여 것
- මිදි 미디 포도
- ජින්ජර් බයර් 진저(르) 비여(르) 생강 음료수
- ගේනවා 게-너와 가져오다 (과거)ගෙනාවා 게나-와-
- අතුරුපස 아뚜루빠써 후식

- මෙනු එක 메누 에꺼 메뉴
- කෑම 깨-머 (과거분사) කාලා 깔-라- 먹고
- ඩිෂ් එක ㅁ/쉬 에꺼 반찬
- යුෂ 유셔 쥬스
- ඔව් 오우 예

---

3
A. මට ඔයාලාගේ ඕඩර් එක ගන්න පුලුවන්ද?
마터 오얄-라-게- 오-더르 에꺼 간너 뿔루완더?

B. ඔව්, මම කැමතියි රයිස් ඇන්ඩ් කරි.
오우, 마머 깨머띠이 라이쓰 앤드 꺼리.

A. රයිස් ඇන්ඩ් කරි නම් ටිකක් සැරයි.
라이쓰 앤드 꺼리 남 티깎 쌔라이.
ඔයා කැමතිද? 오야- 깨머띠더?

B. ඔව්, ඒකට කමක් නැහැ.
오우 에-꺼터 까맠내해

A. හරි, කරි/ව්‍යංජන මොනවාද ඕනේ?
하리, 꺼리/ 위양저너 모너와-더 오-네-?

제가 주문 받을 수 있을까요?

예, 저 라이스 앤 커리(밥과 카레)
좋습니다.
라이스 앤 커리는 약간 매워요.

좋습니까?
예, 그거 괜찮아요.

좋아요, 카레 뭘 원하세요?

B. මොනවාද තියෙන්නේ?
모너와-더 띠엔네?

හරක් මස් තියෙනවාද?
하*루* 마쓰 띠예너와-더?

뭐 있나요?

쇠고기(카레) 있나요?

A. හරක් මස් නම් නෑ, සර්.
하*루* 마쓰낭 내-, 써(르).

අපි ළඟ තියෙන්නේ කුකුල් මසුයි මාළුයි විතරයි.
아삐 랑거 띠엔네- 꾸꿀 마쑤이 말-루이 위떠*라*이.

쇠고기(카레)는 없어요. 손님.

우리에게 닭고기와 생선만 있어요.

B. එහෙනම් මාළු දෙන්න.
에헤낭 말-루 덴너.

그러면, 생선 주세요.

A. මොනවාහරි බොන්න ගන්නවාද?
모너와-하*리* 본너 간너와-더?

뭐 마시겠어요?

B. අලියා ලෙමනේඩ් එකක් දෙන්න.
알리야- 레머네-드 에깎 덴너.

코끼리표 레몬에이드 하나 주세요.

A. හරි, විනාඩි දෙකෙන් දෙනවා.
하*리*, 위나-*디* 데껜 데너와-.

좋아요, 2분 안에 드릴게요(잠깐 기다리세요).

---

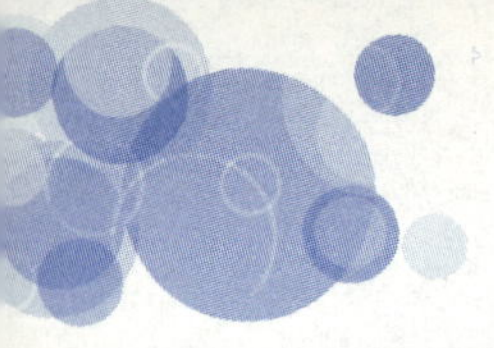



㉠ 스리랑카의 주식은 밥과 카레입니다. 아침과 저녁에 밥대신에 빵을 많이 먹기도하고, 다양한 음식이 있습니다. 카레는 오른손으로 먹고, 먹기전에는 보통 손을 씻을 물을 가져다 줍니다. 일반 식당을 හෝටලය 호-털러여라고 부르는데, 이곳에서 식사를 한 후에는 팁(식사비의 5%정도)을 꼭 줘야 합니다.

㉡ 음식은 더운지역이라 땀을 많이 흘리는 것을 감안하여 조금 짜고, 칠리가루를 사용하여 요리를 하기때문에 좀 맵습니다. 향신료가 발달하여 때론 먹기 힘든 경우도 있습니다.

㉢ 어떤 식당에서는 주문하지도 않은 것들을 많이 가져다 줄 때가 있습니다. 필요한 만큼 먹으면, 먹은 만큼 계산하니까 당황하지 않아도 됩니다. 더 많이 팔려는 상술이라고 봐야죠.

㉣ ගන්නම් 간남 '가질게요, 살게요'는 ගන්නවා 간너와- '가지다,사다'에 '1인칭 현재 단수 어미' න්නම් ㄴ남이 붙어진 형태입니다. 보통 화자의 의지를 표현하고자 할 때 사용하며, 동사 어근에 동사 어미 නවා 너와-가 떨어지고, 대신에 න්නම් ㄴ남이 붙습니다. 예를 들어, '먹다' කනවා 까너와- 의 1인칭 현재 단수 어미가 붙은 형태는 කන්නම් 깐남 '먹을게'로 표현됩니다.

㉤ එකකුත් 에꺼꿋 '하나도'라는 뜻으로, 받침으로 끝나는 명사에 '~도'의 ත් ㄷ을 붙일 때는 받침에 ද 우를 붙입니다. එකක් 에깎+ ද 우+ ත් ㄷ이 එකකුත් 에꺼꿋이 됩니다.

〈스리랑카 주식 – 카레〉

4

A. හෙලෝ, වතුර ටිකක් ගන්න පුලුවන්ද?
헬로-, 와뚜러 티깎 간너 뿔루완더?

여기요, 물 좀 주실 수 있어요?

B. ඔයාට මිනරල් වෝටර් ද ඕනේ?
오야-터 미너럴 오터(르) 더 오-네-?

당신 생수를 원하세요?

A. නෑ, නිකන්/ටැබ් වතුර ටිකක් දෙන්න.
내-, 니깡/ 탭 와뚜러 티깎 덴너.

아니요, <u>그냥 물/수돗물</u> 조금 주세요.

B. කුල්ද හොටිද?/ සීතල වතුරද රස්නේ වතුරද?
꿀-더 홀더?/ 씨떨러 와뚜러더 라쓰네- 와뚜러 더?

<u>찬 거요, 뜨거운 거요?/ 찬 물요, 뜨거운 물요?</u>

A. කුල් /සීතල වතුර.
꿀-/씨-떨러 와뚜러.

찬 물요.

අයිස් කැටත් ටිකක් දාලා ගේන්න.
아이쓰 깨탙 티깎 달-라- 겐-너.

얼음도 조금 넣어 가져다 주세요.

---

**단어집**

- වතුර 와뚜러 물
- මිනරල් වෝටර් 미너럴 오터(르) 생수
- නිකං 니깡 그냥
- සීතල 씨-떨러 찬
- රස්නේ *라*쓰네- 뜨거운
- අයිස් කැට 아이쓰 깨터 얼음
- දාලා 달-라- 넣어, 두어 දානවා 다-너와- '넣다, 두다' 의 과거분사
- ගේන්න 겐너 가져와라 ගේනවා 게-너와- '가져오다'의 명령형
  (과거) ගෙනාවා 게나-와-

---

5

A. හෙලෝ, අපි කාලා ඉවරයි, බිල ගේනවාද?
헬로-, 아삐 깔-라- 이워라이, 빌러 게-너와-더?

여기요, 우리 식사 끝났어요.
영수증 가져 오시겠어요?

B. ආ, මෙන්න බිල.
아-, 멘너 빌러.

아, 여기 영수증요.

A. මම හිතන්නේ බිලේ පොඩි වැරදීමක් වෙලා වගේ.
마머 히딴네- 빌레- 뽀*디* 왜*러*디-깎 웰라- 와게-ㄱ.

제가 생각하기는 영수증에 조그만 실수가 있는 것 같은데.

B. මොකක්ද? 모깎더?

뭐지요?

<table>
<tr><td>A. අපි මේ වර්ගය ඕඩර් කළේ නැහැ.<br>아삐 메- 와르거여 오-더르 껄레- 내해.</td><td>우리 이 종류 주문하지 않았어요.</td></tr>
<tr><td>A. ආ, එහෙමද? කෝ බලන්න/ඉන්න බලමු.<br>아-, 에헤머더? 꼬- 발란너/ 인너 발러무.</td><td>아, 그래요? 어디 보지요</td></tr>
</table>

**단어집**

- කාලා 깔-라-먹고- කනවා 까너와- '먹다'의 과거분사
- ඉවරයි 이워라이 끝이다
- බිල 빌러 영수증
- හිතනවා 히떠너와- 생각하다 (과거) හිතුවා 히뚜와-
- පොඩි 뽀디 작은
- වැරදීම 왜라디-머 잘못, 실수 වරදිනවා 와라디너와- '실수하다'의 명사형
- වෙලා 웰라- 되고, 되어 වෙනවා 웨너와- '되다'의 과거분사
- වගේ 와게- ~과 같은
- වර්ගය 와르거여 종류
- කො 꼬 어디
- බලන්න 발란너 보라 බලනවා 발러너와-'보다'의 명령형
- ඉන්න 인너 ඉන්නවා 인너와- '(사람, 생물)있다'의 명령형
- බලමු 발러무 봅시다 බලනවා 발러너와-'보다'의 권유형

---

6

<table>
<tr><td>A. ඔයාලා ළඟ කෑම පාර්සල් තියෙනවද?<br>오얄-라- 랑거 깨-머 빠-르썰 띠예너워더?</td><td>당신들에게 도시락 있어요?</td></tr>
<tr><td>B. ඔව් තියෙනවා. මොනවාද ඕනේ?<br>오우 띠예너와-. 모너와-더ㄴ 오-네-?</td><td>예, 있어요. 뭘 원하세요?</td></tr>
<tr><td>A. මාළු කෑම තියෙනවාද?<br>말-루 깨-머 띠예너와-더?</td><td>생선(도시락) 있나요?</td></tr>
<tr><td>B. ඔව්, තියෙනවා. සර්ට කීයක් ඕනේද?<br>오우, 띠예너와-. 써르터 끼-약 오-네-더?</td><td>예, 있어요. 손님께 몇 개 필요하세요?</td></tr>
<tr><td>A. මට පාර්සල් 5ක් දෙන්න. එකක් කීයද?<br>마터 빠-르썰 빠확 덴너. 에깎 끼-여더?</td><td>제게 도시락 5개 주세요.<br>하나 얼마지요?</td></tr>
<tr><td>B. එකක් රුපියල් සීයයි. 에깎 루삐얄 씨-야이.</td><td>하나에 100루피예요.</td></tr>
</table>

- කෑම පාර්සල් 까-머 빠(르)썰 도시락　　　• කෑම 까-머 음식
- සර් 써(르) 손님, 윗사람
- රුපියල් 루삐얄 루피들 රුපියල 루삐얄러 '루피(스리랑카 화폐 단위)'의 복수

〈간식 – Short eats〉



㉠ වෙලා වගේ 웰라- 와게- '된 것 같은'에서 වගේ 와게-는 '~같은'의 뜻으로, 여기서는 생각이나 추측을 나타내는 표현으로 '~라고 생각하다'의 뜻으로 사용되어졌습니다. 생각이나 인용을 나타낼 때 쓰는 후치사인 කියලා 끼열라-를 대신해서 사용해도 됩니다.

㉡ මොනවා ද 모너와- 더 '무엇들'은 මොනව ද 모너워 더로도 씁니다. 단어 끝이 장음 + ා 아-로 끝나는 단어에 조사가 붙으면 ා 아-가 떨어진 형태로도 사용 되어 집니다.

㉰ '와 주셔서 감사합니다'는 ආවාට ස්තුතියි 아-와-터 쓰뚜띠이와 ආවට ස්තුතියි 아-워터 쓰뚜띠이로도 쓰입니다.

# 문법설명(동사의 과거)

일이 이미 발생한 것을 말할 때 동사의 과거를 사용한다. 동사의 과거에는 규칙 변화와 불규칙 변화가 있다.

## 1. 규칙 변화

1) ' අ 아'나 'ආ 아-'로 끝나는 어근은 'ඇ 애'와 'ඈ 애-'로 바뀌고, 어근의 마지막 글자에는 'උව 우와-'가 붙는다.

| 뜻 | 기본형 | 과거형 |
| --- | --- | --- |
| 보다 | බලනවා 발러너와- | බැලුවා 밸루와- |
| 바느질하다 | මහනවා 마하너와- | මැහුවා 매후와- |
| 파다 | හාරනවා 하-러너와- | හෑරුවා 해-루와- |
| 돌보다 | සලකනවා 쌀러꺼너와- | සැලකුවා 쌜래꾸와- |

2) 'උ 우'나 'ඌ 우-'로 시작하는 어근은 'ඉ 이'와 'ඊ 이-'로 바뀌고, 어근의 마지막 글자에는 'උව 우와-'가 붙는다.

| 뜻 | 기본형 | 과거형 |
| --- | --- | --- |
| 빨다 | උරනවා 우러너와- | ඉරුවා 이루와- |
| 달리다 | දුවනවා 두워너와- | දිවුවා 디우와- |
| 벗기다(껍질) | සුරනවා 쑤-러너와- | සීරුවා 씨-루와- |

3) 'ඔ 오'나 'ඕ 오-'로 시작하는 어근은 'එ 에'와 'ඒ 에-'로 바뀌고, 어근의 마지막 글자에는 'උව 우와-'가 붙는다.

| 뜻 | 기본형 | 과거형 |
| --- | --- | --- |
| 찾다 | හොයනවා 호여너와- | හෙවුවා 헤우와- |
| 씻다 | හෝදනවා 호-더너와- | හේදුවා 헤-두와- |
| 감동을 주다 | පොළොඹනවා 뽈롬버너와- | පෙළඹුවා 뻴렘부와- |

4) 'ꕆ 애'나 'ꔉ(ꔊ) 이(이-)'로 끝나는 글자뒤에 'ꕊ 에'로 끝나는 어근은 어근의 마지막 글자에는 'ꕋ 우나-'가 붙는다.

| 뜻 | 기본형 | 과거형 |
|---|---|---|
| 돌다 | හැරෙනවා 해레/너와- | හැරුනා 해루나- |
| 죽다 | මැරෙනවා 매레/너와- | මැරුනා 매루나- |
| 차다, 채워지다 | පිරෙනවා 삐레/너와- | පිරුනා 삐루나- |

5) 이 밖에도 많은 변형들이 있지만, 그것들은 대화를 하고 문장을 암기하면서 익히면 더 빠르게 이해할 수 있다.


## 2. 불규칙 변화

씽할러에서 가장 많이 사용되는 동사들은 대부분 불규칙에 들어간다. 암기하는 것 외에는 방법이 없다.

| 뜻 | 기본형 | 과거형 |
|---|---|---|
| 가다 | යනවා 야너와- | ගියා 기야 |
| 오다 | එනවා 에너와- | ආවා 아-와- |
| 먹다 | කනවා 까너와- | කෑවා 깨-와- |
| 하다 | කරනවා 꺼러/너와- | කළා 껄라 |
| 사다, 가지다 | ගන්නවා 간너와- | ගත්තා 갇따- |
| 주다 | දෙනවා 데너와- | දුන්නා 둔나- |
| 알다 | දන්නවා 단너와- | දැනගත්තා 대너갇따- |
| 보다 | දකිනවා 다끼너와- | දැක්කා 댁까- |
| 되다 | වෙනවා 웨너와- | වුනා 우나- |
| 되(이)다 | වනවා 워너와- | වුවා 우와- |
| 있다(생물) | ඉන්නවා 인너와- | උන්නා/හිටියා 운나-/히티야- |
| 있다(무생물) | තියෙනවා 띠에너와- | තිබුනා 띠부나- |
| 두다 | දානවා 다-너와- | දැම්මා 댐마- |
| 가져오다 | ගේනවා 게-너와- | ගෙනාවා 게나-와- |
| 닿다 | වදිනවා 와디너와- | වැදුනා 왜두나- |

## 1) 버스 බසය

Ⅰ

**A.** නුවරට බස් එකක් අල්ලගන්න ඔයා
දන්නවාද?

누워*러*터 바쓰㉠ 에깎 알러간너 오야– 단너와–더?

**B.** අර පලතුරු කඩේට ඉස්සරහා
බස් නැවතුමක් තියෙනවා.

아*러* 빨러뚜루 까데*리*–터 있써*러*하–

바쓰 내워뚜맊 띠예너와–.

**A.** කොච්චර වෙලාවකින් බස් එකක් එයිද
දන්නෑ නේද?

꽃처*러* 웰라–워낀㉡ 바쓰 에깎 에이더 단내– 네–더?㉢

**B.** විනාඩි විස්සෙන් විස්සට බස් තියෙනවා.

위나–*디* 윘쎈 윘써터㉣ 바쓰 띠예너와–.

**A.** මට සිංහල කියවන්න බෑ. බස් එකක්
ආවොත් කියනවාද?

마터 씽할러 끼여완너 배–.

바쓰 에깎 아–올 끼여너와–더?

**B.** හා හරි. 하– 하*리*.

**A.** උදව්වට ස්තූතියි. 우다우워터 쓰뚜–띠이.

캔디로 가는 버스 잡는 거
알아요 (캔디 가는 버스 어디서 타
요)?

저 과일가게 앞에 버스 정류장이 있
어요.

얼마 만에 버스 오는 지 알아요?

20분 마다 버스 있어요.

저는 씽할러를 읽을 수 없어요. 버
스가 오면 말씀해 주시겠어요?

좋아요.
도와 주셔서 감사합니다.

---

**단어집**

- අල්ල ගන්නවා 알러 간너와– 붙잡다, 잡다
- පල තුරු 빨러뚜루 과일
- බස් නැවතුම 바쓰 내워뚜머 정류장
- කියවනවා 끼여워너와– 읽다 (과거) කියුවා 끼여우와–
- ආවොත් 아–올 오면, 온다면. එනවා 에너와– '오다'의 가정법 형태
- කියනවා 끼여너와– 말하다

2

A. සමාවෙන්න, මේ බස් එක කොළඹ යන
එකක්ද?
싸마-웬너 메- 바쓰 에꺼 꼴롬버 야너 에깎더?

B. ඔව්, නගින්න.
오우, 나긴너.

A. කොළඹට යන්න පැය කීයක් විතර යයිද?
꼴럼버터 야너 빼여 끼-약 위떠*러* 야이더?

B. පැය තුන හමාරක් විතර යයි.
빼여 뚜너 하마-*락* 위떠*러* 야이.

A. බස් ගාස්තුව කීයද?
바쓰 가-쓰뚜워 끼-여더?

B. ඔයා විතරද?
오야- 위떠*러*더?

A. නෑ. අපි තුන්දෙනෙක් ඉන්නවා.
내-, 아삐 뚠데넦 인너와-.

B. එක්කෙනෙකුට රුපියල් දෙසිය පනහයි.
엒께네꾸터 루삐얄 데씨여 빠너하이.

A. ආ, මෙන්න සල්ලි.
아, 멘너 쌀리.

B. මෙන්න ටිකට්.
멘너 티껟.

A. සමාවෙන්න, කැළණියෙන් අපිව
බස්සවන්න.
싸마-웬너, 깰러니옌 아삐워 밨써완너.

B. හා, හරි.
하-, 하*리*.


3

A. මේ කොහේද?
메- 꼬헤-더?

B. මේ මාතලේ.
메- 마-떨레-.

A. නුවර යන්න තව කොච්චර වෙලාවක්
යයිද?
누워*러* 야너 따워 꽂처*러* 웰라-왁 야이더?

B. තව විනාඩි 40 ක් යයි.
따워 위나-*디* 하떨리왁 야이.

죄송합니다. 이 버스 콜롬보 가는
것인가요?

예, 타세요.

콜롬보 가는데 몇 시간 정도 걸리나
요?

3시간 반 정도 가요.

버스 요금은 얼마예요?

당신 혼자인가요?

아니요, 우리 세 사람이예요.

한 사람에 250루피예요.

아, 여기요 돈.

여기요 티켓.

실례지만, 깰러니여에서 우리를 내
려주세요.

아, 좋아요.


여기 어디예요?

여기는 마-떨레예요.

캔디 가려면 더 얼마 동안 가나요?

40분 더 가요.

4

A. කරුණාකරලා ඉතුරු සල්ලි දෙනවාද?
까루나-꺼를라- 이뚜루 쌀리 데너와-더?ㅁ

실례지만, 잔돈 주세요.

B. ඉතිරි ගාන ලියලා දුන්න ටිකට් එක දෙනවාද?
이띠리/ 가-너 리열라- 둔너 티껠 에꺼 데너와-더?

거스름 돈 적어 준 표 주시겠 어요?

A. ආ, මෙන්න. 아, 멘너.

아, 여기요.

B. මෙන්න ඉතුරු සල්ලි.
멘너 이뚜루 쌀리.

여기요 거스름 돈.

---

## 단어집

- සමාවෙන්න 싸마-웬너 용서해 주세요 සමාවෙනවා 싸마-웨너와- '미안하다, 죄송하다' 의 명령형
- නගින්න 나긴너 타라 නගිනවා 나기너와- '오르다, 타다'의 명령형 (과거) නැග්ගා 낵가-
- යයි 야이 걸리다 යනවා 야너와- '가다'의 미래형
- ගාස්තුව 가-쓰뚜워 요금
- විතර 위떠러 혼자, ~정도
- එක්කෙනෙක් 엒 께넦 한사람
- සල්ලි 쌀리 돈
- බස්සවන්න 밧써완너 내려 주라 බස්සවනවා 밧써워너와- '내려 주다'의 명령형 (과거) බැස්සුවා 뱃쑤와-
- තව 따워 더
- කොච්චර 꽃처러 얼마나 많은
- ඉතිරි 이띠리/ 남은
- ගාන 가-너 가격
- ලියලා 리열라- 적어, 써 ලියනවා 리여너와- '적다, 쓰다' 의 과거분사
- දුන්න 둔너 준 දෙනවා 데너와- '주다' 의 동사의 형용사적 과거 용법 형태(2부 7과 문법 설명 참조) (과거) දුන්නා 둔나-
- ඉතුරු 이뚜루 남은

㉠ 스리랑카에서 가장 보편적인 교통수단은 버스입니다. 일반 버스는 에어콘이 없고, 도시를 연결하는 개인사업자 직행–고속버스에만 에어콘이 설치되어 있습니다.

㉡ වෙලාවකින් 웰라-워낀은 부정 명사 වෙලාවක් 웰라-왁의 조격 형태입니다. 조격은 '수단이나 장소의 출발지'를 나타내는데 사용되지만 여기서는 시간의 경과를 나타냅니다. 한정 명사 වෙලාව 웰라-워의 조격 형태는 වෙලාවෙන් 웰라-웬으로 사용됩니다. 뜻은 '얼마나' 입니다.

㉢ දන්නෑ නේද? 단내- 네-더?는 직역하면 '모르지요, 그렇지요?'로 긍정의 대답을 기대할 때 사용됩니다. 예를 들면, යනවා ද? 야너와-더? '가나요?'의 문장을 긍정의 대답을 기대하는 문장으로 만들면 යනවා නේද? 야너와- 네-더? '가지요, 그렇지요?'가 됩니다.

㉣ විස්සෙන් විස්සට 윘센 윘써터 은 직역하면 '20분에서 20분으로', 20분 마다를 뜻합니다. 조격과 여격의 형태를 취했습니다. 10분 마다는 දහයෙන් දහයට 다하엔 다하여터로 사용됩니다.

㉤ ඉතුරු සල්ලි දෙනවාද? 이뚜루 쌀리 데너와-더? '실례합니다. 잔돈 주시겠어요?' 이 상황은 버스를 탔을 때 자주 발생합니다. 조수가 잔돈이 부족할 때 거스름 돈을 바로 주지 않고 표 뒤에 잔액을 적어줍니다. 잔돈이 생기면 조수가 알아서 주기도 하지만, 어떤 때는 내리기 전에 잔돈을 받아야 합니다. 종종 버스에서 내린 후 잔돈을 받아야 하는 것을 기억한 적이 있습니다.

〈시민의 발 – 버스〉

## 2) 기차 දුම්රිය

**I**

**A.** නුවරට ටිකට් එකක් දෙන්න පුලුවන්ද?
누워르/터 티껠 에깎 덴너 뿔루완더?㉠

캔디 표 한장 줄 수 있나요?

**B.** කවදාටද ඕනේ? 까워다-터더 오-네-?

무슨 요일로 원하세요?

**A.** ඉරිදාට ඕනේ. 이리/다-터 오-네-.

일요일로 원해요.

**B.** ටිකට් කීයක් ඕනේද? 티껠 끼-얔 오-네-더?

표 몇 장 원하세요?

**A.** මට ටිකට් දෙකක් ඕනේ. 마터 티껠 데깎 오-네-.

저 표 2장 필요해요.

**B.** ඔයාට යන ටිකට් එක විතරද ඕනේ?
오야-터 야너 티껠 에꺼 위떠러/더 오-네-?

당신, 가는 표(편도)만 필요하시나요?

**A.** නෑ, යන එන දෙකටම දෙන්න ප්ලීස්.
내-, 야너 에너 데꺼터머 덴너 쁠리-스.

아니요, 가고 오는 것(왕복)으로 주세요.

**B.** මොන පන්තියටද ඔයා කැමති?
모너 빵띠여터더 오야- 깨머띠?

몇 등석을 원하시나요?

**A.** පළවෙනි පන්තිය. 빨러웨니 빵띠여.
කෝච්චිය කීයටද යන්නේ?
꽃-치여 끼-여터더 얀네-?

일등석요.
기차 몇 시에 가지요?

**B.** දවල් දොලහ හමාරට. 다왈 돌러하 하마-러/터.

오후 12시 반에요.

**A.** ඊළඟ කෝච්චිය කීයටද තියෙන්නේ?
일-렁거 꽃-치여 끼-여터더 띠옌네-?

다음 기차는 몇 시에 있나요?

**B.** ඒක හවස තුන හමාරට.
에-꺼 하워써 뚜너 하마-러/터.

그 것은 오후 3시 30분에요.

**A.** නුවර යන කෝච්චිය කීවෙනි
වේදිකාවෙන්ද පිටත් වෙන්නේ?
누워러/ 야너 꽃-치여 끼-웨니
웨-디까-웬더 삐탈 웬네-?

캔디가는 기차 몇번 승강장에서 출발하나요?

**B.** ඒක යන්නේ පළවෙනි වේදිකාවෙන්.
에-꺼 얀네- 빨러웨니 웨-디까-웬.

그 거 1번 승강장에서 가요.

---

**단어집**

- ටිකට් එක 티껠 에꺼 표 한장
- විතර 위떠러/ '정도'와 '오직'의 뜻 중 '오직'으로 사용 되었음
- මොන 모너 어떤
- පන්තිය 빵띠여 등석, 반, 클래스
- පළවෙනි 빨러웨니 첫번째
- කෝච්චිය 꽃-치여 기차
- හවස/සවස 하워써/ 싸워써 오후
- කීවෙනි 끼-웨니 몇번째
- වේදිකාවෙන් 웨-디까웬 승강장에서 වේදිකාව 웨-디까-워 '승강장' 의 조격 형태
- පිටත් වෙනවා 삐탈 웨너와- 출발하다 (과거) පිටත් වුනා 삐탈 우나-

2

A. මේ කෝච්චිය කොළඹට යනවාද?
메- 꽃-치여 꼴럼버터 야너와-더?

이 기차 콜롬보 가나요?

B. නෑ, මේක යන්නේ නෑ.
내-, 메-꺼 얀네- 내-.

아니요, 이것 안가요.

ඔයා යන්න ඕනේ එහා පැත්තේ ට්‍රැක් 9ට.
오야-얀너 오-네- 에하- 빧떼- 트뤡 나머여터.

당신 가야 해요 저쪽 승강장 (트랙)
9번으로.

A. සමාවෙන්න, මම හිතන්නේ ඔයා මගේ
සීට් එකේ /ආසනයේ වාඩි වෙලා වගේ.
싸마-웬너, 마머 히딴네- 오야- 마게-

죄송합니다, 제가 생각하기에 당신
제 자리에 앉으셨네요.

씰- 에께-/아-써너예- 와-디 웰라- 와게-ⓒ.

B. ඕ, මට සමාවෙන්න.
오-, 마터 싸마-웬너.

오, 죄송해요.

A. මේක මීගමුවේ යද්දී කීය වෙයිද?
메-꺼 미-거무웨- 얃디-ⓒ 끼-여 웨이더?

이것 네곰보 가면 몇 시나 될까요?

B. හම්, ප.ව. තුන හමාර විතර වෙයි.
함, 빠쓰 와루워 뚜너 하마-라 위떠라 웨이.

음, 오후3시 반 정도 될 거예요.

A. මේ කෝච්චිය පේරාදෙණියේ නවතිනවද?
메- 꽃-치여 뻬-라-데니예-ⓔ 나워띠너워더?

이 기차 뻬-라-데니여에서 멈추나
요?

B. ඔව්. 오우.

예.

A. පේරාදෙණියේ කොච්චර වෙලාවක්
නවත්වයිද දන්නෑ නේද?
뻬-라-데니예- 꽃처라 웰라-왂 나왇와이더 단내-
네-더?

뻬-라-데니여에서 얼마동안
멈추는지 알아요?

B. විනාඩි 10 ක් විතර.
위나-디 다하얶 위떠라.

10분 정도요.

A. ස්තූතියි. 쓰뚜-띠이.

감사합니다.

• දවස් කීයකට ඉස්සරලා මට ටිකට් එකක්
බුක් කරන්න පුලුවන්ද?
다워쓰 끼-여꺼터 있써럴라- 마터 티껱 에깎 붂 꺼라
너 뿔루완더?

몇 일 전에 표를 예약 할 수 있나
요?

• නුවරට යන වට නැරඹුම් මැදිරියේ ටිකට්
එකක් ඕනේ.
누워러터 야너 와터 내럼붐 매디리예- 티껱 에깎 오-네-

캔디 가는 전망칸 표 한 장
필요해요.

• ඇතුල් වෙන්න පුලුවන් කීයටද?
애뚤 웬너 뿔루완 끼-여터더?

몇 시에 들어갈 수 있나요?

- මේ කෝච්චිය පරක්කු වෙයිද?

  메- 꽂-치여 빠루/꾸 웨이더?
- සමාවෙන්න, ඔයා ළඟ කෝච්චි
  කාල සටහනක් තියෙනවද?

  싸마-웬너, 오얄-랑거 꽂-치

  깔-러 싸터하낚 띠예너워더?

이 기차 늦을까요?

죄송합니다, 당신에게 기차 시간표
가 있나요?

---

**단어집**

- එහා පැත්තේ 에하- 빨때- 맞은편에 있는, 저쪽에 එහා පැත්ත 에하- 빨떠 '맞은
  편, 저쪽'의 장소를 나타내는 소유격 형태
- ආසනය 아-써너여 자리
- වාඩිවෙනවා 와-*디* 웨너와- 앉다 (과거) වාඩිවුනා 와*디*우나-
- වෙයි 웨이는 වෙනවා 웨너- '되다'의 미래형
- ප.ව(පස් වරුව) 빠쓰 와루워 오후 - පෙ.ව(පෙර වරුව) 뻬*러* 와루워 오전
- නවතිනවා 나워띠너와- 멈추다, 서다 (과거) නැවතුවා 내워뚜와-
- මැදිරිය 매디*리*여 방, 조그만집
- ඇතුල් වෙනවා 애뚤 웨너와- 들어가다
- පරක්කු වෙනවා 빠루/꾸 웨너와- 늦다
- කාල සටහන 깔-러 싸터하너 시간표

---



㉠ 스리랑카 기차는 잘 발달되어 있지만, 낙후되어 있습니다. 콜롬보에서 캔디(Kandy)나 바둘러
(Badulla)로 기차로 여행을 하면, 아주 아름다운 경치를 볼 수 있습니다. 에어컨 칸은 간혹 있지
만 침대칸 기차는 없습니다. 기차표는 미리 해당역을 방문해서 예약을 하는 것이 좋습니다. 기차
시간표와 가격에 대한 정보는 www.railway.gov.lk에서 구할 수 있습니다.

㉡ වාඩි වෙලා වගේ 와-*디* 웰라- 와게-에서 වගේ 와게-는 '~과 같은, ~라고'의 뜻으로 쓰입니
다. 이 단어 대신에 인용단어인 '~라고' කියලා 끼열라-를 사용할 수 있습니다.

㉢ යද්දි 얃디-는 '갈때'의 뜻으로, යන කොට 야너 꼬터와 같은 뜻입니다.
동사의 어근에 -ද්දි 을(ㄷ)디-를 붙이면 '~할 때'의 뜻을 만듭니다. '할 때'는 කරද්දි 꺼*러*디-와
කරන කොට 꺼*러*너 꼬터로도 사용됩니다.

㉣ පේරාදෙණියේ 뻬-*러*-데니예-는 පේරාදෙණිය 뻬-*러*-데니여의 소유격 형태입니다. 소유격은
장소를 나타내는 '~안에서, ~안에'의 뜻으로도 사용됩니다. 여기서는 '뻬라데니여 에서'의 장소
를 나타내는 뜻으로 사용되었습니다.

## 3) 택시 ㉑ㄷㆍㄷㆍㅅㆍㄷ

### ①

*A.* ㉑ㄷㅎㄷㄷㆍ ㉑ㄷㄷㆍ ㉑ㄷ?
꼬헤터더 얀너 오-네-?㉠

*B.* ㉑ㄷㄷㆍ ㉑ㄷㄷㆍ ㉑ㄷ?
힐턴 호-털러여터 끼-여더?

*A.* ㉑ㄷㄷㆍ ㉑ㄷㄷㆍ ㉑ㄷㄷㆍ.
에떠너터 루삐얄 뚠씨-야이.

*B.* ㉑ㄷㄷㆍ, ㉑ㄷㄷㆍ ㉑ㄷㄷㆍ ㉑ㄷ.
아-뽀-ㄷ, 가낭 왜ㄷㅣ이 네-

ㄷㆍㄷㆍㄷㆍ ㉑ㄷㄷㆍ ㉑ㄷㄷㆍ ㉑ㄷ.
루삐얄 데씨여 빠너하터 양.

*A.* ㉑ㄷㄷ, 250ㄷ ㉑ㄷ. 하ㄹ, 데씨여 빠너하터 양.

### ②

*A.* ㉑ㄷㄷㆍ ㉑? ㉑ㄷㄷㆍ ㉑ㄷㄷㆍ ㉑ㄷㄷㆍ ㉑ㄷㄷㆍ
㉑ㄷㄷㆍ ㉑ㄷㄷ?
깹쓰 더? 갈러다-ㄹ 호-털러여터 까-르 에깎

에완너 뿔루완더?

*B.* ㉑ㄷㄷ ㉑ㄷㄷ ㉑ㄷ?
오야-터 끼-여터더 오-네-?

*A.* ㉑ㄷ ㉑ㄷㄷㆍ ㉑ㄷㄷㆍ? 댄 에완너 뿔루완더?

*B.* ㉑ㄷ, ㉑ㄷ ㉑ㄷ ㉑ㄷㄷㆍ ㉑ㄷㄷㆍ ㉑ㄷㄷㆍ.
쏘ㄹ, 해머 까-르 에깎머 까-르여 바훌라이.

ㄷㆍ ㉑ㄷㄷ 30 ㉑ㄷ ㉑ㄷㄷ ㉑ㄷㄷㄷ?
따워 위나-ㄷ 띠허낀㉢ 위떠ㄹ 에완너더?㉣

㉑ㄷㄷ ㉑ㄷ ㉑ㄷㄷ?
오야-게 나머 모깎더?

*A.* ㉑ㄷ ㉑ㄷ ㉑ㄷ. 마게- 나머 따루.

---

**단어집**
- ㉑ㄷㄷㆍ 호털러여 호텔, 일반식당
- ㉑ㄷ·가낭 ㉑ㄷㄷ 가너너 '가격'의 복수
- ㉑ㄷㄷㆍ 에워너와- 보내다 (과거) ㉑ㄷㄷ·에우와-
- ㉑ㄷ 해머 모든
- ㉑ㄷㄷ ㉑ㄷㄷ 까-르여 바훌라이 바쁘다

- ㉑ㄷㄷ 에떠너 거기, 그장소
- ㉑ㄷ양 갑시다 야므 야무의 또다른 변형

- ㉑ㄷ 나머 이름

어디 가기 원하시나요?

힐튼 호텔까지 얼마예요?

거기로는 300루피예요.

와, 너무 비싸요, 그렇지 않나요?

250루피에 갑시다.

좋아요, 250루피에 갑시다.

렌트회사예요? 갈러다리 호텔로 차 한대 보낼 수 있나요?

(당신께) 몇시에 원하세요?

지금 보낼 수 있나요?

죄송합니다. 모든 차가 바빠요.

30분 정도 후에 보낼까요?

당신의 이름은 뭐예요?

제 이름은 따루예요.

## 4) 배편 නැව

• ඔයා කොහෙටද ගමන් කරන්නේ?  당신 어디로 여행하시나요?
오야- 꼬헤-터더 가만 꺼*라*네-?

ඔයා බෝට්ටුවෙන්ද යන්නේ?  (당신) 보트로 가나요?
오야- 볼-투웬더 얀네-?

• අපි ඇතුල් වෙන්නේ කීයටද?  우리 몇시에 들어가나요?
아삐 애똘 웬네- 끼-여터더?

• පැය කීයක් විතර යයිද?  몇 시간 걸리나요?
빼여 끼-얔 위떠*라* 야이더?

---

**단어집** 
• ගමන් කරනවා 가만 꺼*라*/너와- 여행하다
• කොහෙටද 꼬헤터더 어디로 = කොහාටද 꼬하-터더
• බෝට්ටුවෙන් 볼-투웬 보트로 බෝට්ටුව 볼-투워 '보트'의 수단을 나타내는 조격
• යයි 야이 가다, 갈 것이다 යනවා 야너와- '가다'의 3인칭 단수 미래형

---

### ☆ 더 배워 봐요!

㉠ **스리랑카에서 택시**는 '트리휠러(Tri Wheeler), 뚝뚝이'로 불리는 삼륜차가 입니다. 이 삼륜차는 미터기가 없기 때문에 항상 타기전에 흥정을 해야 합니다. 요즘 수도 콜롬보에서는 미터기를 단 삼륜차가 많아지고 있습니다. 지역을 잘 아는 사람에게 가는 곳의 택시 요금을 대충 물어서 알아 놓으면 도움이 됩니다. 여자 혼자서 밤늦게 삼륜차를 타는 것은 안전하지 않습니다. 저녁이나 밤에 여자 혼자 삼륜차를 타는 것은 금물입니다. 콜롬보에는 한국식 택시가 있습니다. 전화로 부르면 있는 장소로 옵니다. 하지만, 보통 오는데 30분 정도 걸리는 것을 감안해야 합니다. 에어컨도 나오고, 안전하지만 가격이 약간 비쌉니다. 킬로당 요금이 매겨집니다.

㉡ **අපෝ** 아뽀- 는 '와, 아이고' 뜻의 감탄사로 놀라움, 황당함을 표현할 때 사용합니다.

㉢ **විනාඩි 30කින්** 위나*디* 띠허낀 '30분 안에'
시간의 단위 + 조격 형태는 시간의 경과를 나타냅니다. '분'을 나타내는 **විනාඩි** 위나*디*에 **30ක්** 띠확 '30'의 조격 형태인 **30කින්** 띠허낀이 붙어서 '30분 지나서'의 뜻을 가집니다.

㉣ **එවන්නද?** 에완너더?는 '보낼까요?'의 뜻으로, 동사의 To부정사(명령형) 형태에 의문 부사 **ද** 더가 붙은 형태입니다. 이 형태는 "~할까요?"의 뜻으로 주어의 의지가 있는 의문문 입니다. 예를 들면, **කරලා දෙන්නද?** 꺼*를*라- 덴너더?는 '해 줄까요?' 입니다. **මං යන්නද?** 망 얀너더? '나 갈까요?'는 **මං යනම්** 망 얀남 '나 갈게요'의 공손한 표현입니다.

## 1. 동사의 의존형

강조, 도치 문장이나 의문사나 의문 부사가 들어가 있는 문장에서 사용되어 진다. 그 형태는 과거와 현재에 따라 다르게 변형된다. 뜻은 기본 동사와 같다.

의문사 : කවුද 까우더 누가, කවදාද 까워다-더 언제(날짜), කීයටද 끼-여터더 언제(시간), කොහෙද 꼬헤더 어디서, මොකක්ද 모깎더 무엇을, කොහොමද 꼬호머더 어떻게, ඇයි 애이 왜

### 1) 동사의 현재 의존형

동사의 기본형 '어근 + නවා 너와-'에서 'නවා 너와-'가 떨어지고, '어근 + න්නෙ은(ㄴ)네-'가 대신 붙는다. යනවා 야너와-는 යන්නේ 얀네-로 바뀐다.

① 의문사가 있는 경우
- 뭘 드시겠습니까? මොනවාද ගන්නේ 모너와-더 간네-?에서 ගන්නේ 간네-는 ගන්නවා 간너와-의 현재 의존형 형태이다.
- 뭐가 있습니까? මොනවාද තියෙන්නේ? 모너와-더 띠엔네-?에서 තියෙන්නේ 띠엔네-는 තියෙනවා 띠예너와-의 현재 의존형 형태이다.

② 문장의 도치, 강조

나는 캔디에 간다. මම නුවරට යනවා 마머 누워러터 야너와-.

내가 가는 곳은 캔디다. මම යන්නේ නුවරට 마머 <u>얀네-</u> 누워러터.

윗 문장의 평서문에서는 යනවා 야너와-가 동사 기본형 그대로 쓰였지만, 밑의 도치된 문장에서는 යන්නේ 얀네-로 현재 의존형 형태로 바뀌어서 사용되었다.

### 2) 동사의 과거 의존형

동사의 과거형태 에서 맨 마지막의 장음 기호 ' ා 아(ㅏ)'가 떨어지고 + ෙ 에(ㅔ)-가 붙는다.

| 뜻 | 기본형 | 과거형 | 과거 의존형 |
|---|---|---|---|
| 가다 | යනවා 야너와- | ගියා 기야- | ගියේ 기예- |
| 먹다 | කනවා 까너와- | කෑවා 깨-와- | කෑවේ 깨-웨- |
| 하다 | කරනවා 꺼러너와- | කළා 껄라- | කළේ 껄레- |
| 사다, 가지다 | ගන්නවා 간너와- | ගත්තා 같따- | ගත්තේ 같떼- |
| 주다 | දෙනවා 데너와- | දුන්නා 둔나- | දුන්නේ 둔네- |
| 보다 | බලනවා 발러너와- | බැලුවා 밸루와- | බැලුවේ 밸루웨- |

① 의문사가 있는 경우

- 뭘 샀습니까? මොනවාද ගත්තේ 모너와-더 같떼-?에서 ගත්තේ 같떼-는 ගන්නවා 간너와- 의 과거 의존형 형태이다.
- 무엇을 했습니까? මොනවාද කළේ? 모너와-더 껄레-?에서 කළේ 껄레-는 කරනවා 꺼러너와-의 과거 의존형 형태이다.

② 문장의 도치, 강조

나는 캔디에 갔다. මම නුවරට ගියා 마머 누워러터 기야-.

내가 간 곳은 캔디였다. මම ගියේ නුවරට 마머 기예- 누워러터.

윗 문장의 평서문에서는 යනවා 야너와-의 과거 동사 기본형 그대로 쓰였지만, 밑의 도치된 문장에서는 ගියේ 기예-로 과거 의존형 형태로 바뀌어서 사용되었다.


## 2. 동사의 부정문

부정적인 문장을 만들 때, 동사의 기본형은 의존형태로 바뀌고, 부정을 뜻하는 단어인 නැහැ 내해 또는 නෑ 내-가 붙는다.


## 1) 현재 부정문

긍정문 : මම වතුර බොනවා 마머 와뚜러 보너와-. 나는 물을 마신다.

부정문 : මම වතුර බොන්නේ නැහැ 마머 와뚜러 본네- 내해. 나는 물을 마시지 않는다.

부정문 축약형 : මම වතුර බොන් නෑ 마머 와뚜러 본 내-. 나는 물을 마시지 않는다.

① 부정문 축약형은 '동사의 의존형' 즉 '어근 + න්නේ 은(ㄴ)네-' 에서 'නේ 네-' 를 생략하
고 부정 접미사 නෑ 내-가 붙는다.

## 2) 과거 부정문

긍정문 : මම දවල් කෑම කෑවා 마머 다왈 깨-머 깨-와-. 나는 점심을 먹었다.
부정문 : මම දවල් කෑම කෑවේ නෑ 마머 다왈 깨-머 <u>깨-웨 내해</u>. 나는 점심을 먹지 않았다.

〈천진난만한 아이들〉

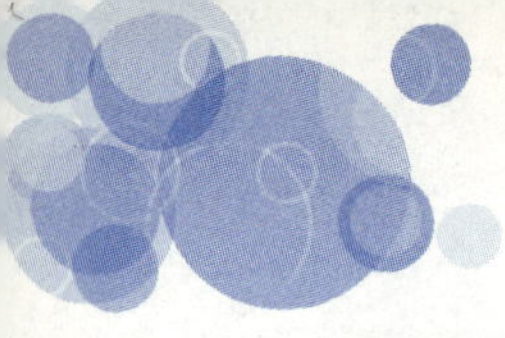



## 1

**A.** මේ ඇපල් කීයද?
메- 애뻴 끼-여더?

**B.** එකක් රුපියල් 25යි, සර්.
에깎 루삐얄 위씨빠하이, 써(르).

**A.** ගණන් වැඩියි. ටිකක් අඩු කරලා දෙන්න පුලුවන්ද?
가난 왜ㄷ/이. 티깎 아드 꺼ㄹ/라- 덴너 뿔루완더?㉠

**B.** හරි, රුපියල් 23 ගානේ දෙන්නම්. මහත්තයාට ගෙඩි කීයක් ඕනේද?
하ㄹ/, 루삐얄 위씨뚜너 가-네- 덴남.
마핟떠야-터 게ㄷ/ 끼-약 오-네-더?

**A.** මට ගෙඩි 5ක් දෙන්න.
마터 게ㄷ/ 빠확 덴너.

이 사과는 얼마예요?

하나에 25루피예요, 손님.

비싸네요. 조금 깎아주실 수 있나요?

좋아요, 23루피 가격에 줄게요. 손님 몇 개 필요하시나요?

제게 5개 주세요.

---

**단어집**
- අඩු කරලා 아두 꺼ㄹ/라- 깎아, 깎고 අඩු කරනවා 아두 꺼러/너와- '깎다, 줄이다'의 과거분사
- මහත්තයා 마핟떠야- 손님, 어르신
- ගෙඩි 게ㄷ/ ගෙඩිය 게ㄷ/여 '열매, (과일)개'의 복수
- ගානේ 가-네- 가격안에서, 가격으로. ගාන 가-너 '가격'의 소유격 형태.

---

## 2

**A.** හෙලෝ. 헬로-.

**B.** හෙලෝ සර්, ඔයා මොනවාද බලන්නේ?
헬로- 써(르), 오야- 모너와-더 발란네-?

**A.** මේ අඹ කීයද?
메- 암버 끼-여더?

**B.** එකක් රුපියල් 20ක් විතර වෙනවා සර්.
에깎 루삐얄 윗싹 위떠ㄹ/ 웨너와- 써(르).

안녕하세요.

안녕하세요, 손님. 뭘 보시나요?

이 망고 얼마예요?

하나에 20루피 정도 되네요, 손님.

A. ආපෝ, ගණන් වැඩියි නේ.
아-뽀-, 가난 왜*디*이 네-.
රුපියල් 15කට දෙන්න පුළුවන්ද?
루삐알 빠할로허꺼터 덴너 뿔루완 더?

B. කීයක් විතර ඕනේද?
끼-얔 위떠*러* 오-네-더?

A. දහයක් විතර.
다하얔 위떠*러*.

B. වෙන මොනවත් ඕනේද?
웨너 모너왈 오-네-더?©

A. නෑ, එච්චරයි. 내-, 엦처라이.

3

A. මේ කෙහෙල් ගෙඩි කීයද?
메- 께헬© 게*디* 끼-여더?

B. කිලෝ එකක් රුපියල් 45යි.
낄로- 에깎 루삐알 하뜰리쓰 빠하이.
කිලෝ කීයක් ඕනේද?
낄로- 끼-얔 오-네-더?

A. කිලෝ 2ක් දෙන්න. අර කෙසෙල් කීයද?
낄로- 데깎 덴너. 아*러* 께쎌 끼-여더?

B. ඒක කිලෝව රුපියල් අසුවයි.
에-꺼 낄로-워 루삐알 아쑤-와이.

A. ඒ කෙසෙල් වර්ගය මොකක්ද?
에- 께쎌 와*르*거여 모깎더?

B. ඒ කෝලිකුට්ටු කෙසෙල්.
에- 꼴-리꿑투 께쎌.

A. මේ වර්ගය මොකක්ද?
메- 와*르*거여 모깎더?

B. මේ ඇඹුල්. ඔයාට මොනවාද ඕනේ සර්?
메- 앰불. 오야-터 모너와-더 오-네- 써(르)?

A. ඇඹුල් කෙසෙල් වලින් දෙන්න.
앰불 께쎌 월린 덴너.
මට ග්‍රෑම් පන්සියක් දෙන්න.
마터 그*램*- 빤씨-얔 덴너.


와, 비싸네요, 그렇지요?

15루피 정도에 줄 수 있나요?


몇 개 정도 필요하세요?


10개 정도요.


다른 뭐도 필요하시나요?


아니요, 이게 다예요.


이 바나나 얼마예요?


1킬로에 45루피예요.


몇 킬로 필요하세요?


2킬로 주세요. 저 바나나는 얼마예요?
그거 1킬로에 80루피예요.


그것 무슨 바나나 종류예요?


그것 꼴-리꿑투 바나나예요.


이 종류는 뭐예요?


이것은 앰불(신 것)이예요. 당신께 뭐가 필요하시나요?
앰불 바나나로 주세요.


500그램 주세요.

4

A. ඔයා ළඟ පිපිඤ්ඤා තියෙනවාද?
  오알- 랑거 삐삔냐- 띠예너와-더?

B. ඔව් මැඩම්.
  오우, 매담.

A. මේවා අලුත්ද?
  메-와-ㄹ 알룻더?

B. ඔව් ඔව්, මේවා මේ දැන් ගෙනාවේ.
  오우 오우, 메-와- 메-댄 게나-웨-.

A. කිලෝ දෙකක් දෙන්න.
  낄로- 데깎 덴너.
  අර්තාපල් / අල තියෙනවාද?
  아르따-뻴 / 알러 띠예너와-더?

B. ඔව් තියෙනවා.
  오우 띠예너와-.

A. කිලෝවක් කීයද?
  낄로-왁 끼-여더?

B. කිලෝ එකක් රුපියල් 50 යි.
  낄로- 에깎 루삐얄 빠너하이.
  කිලෝ කීයක් ඕනේද?
  낄로- 끼-얏 오-네-더?

A. කිලෝ එක හමාරක් දෙන්න.
  낄로- 에꺼 하마-럭 덴너.
  ලූණුත් කිලෝ භාගයක් දෙන්න.
  루-눋 낄로- 바-거얏 덴너.

(당신에게) 오이 있나요?

예, 마담.

이것들 새 것인가요 (신선하나요)?

예 예, 이것들 지금 막 가져왔어요.

2킬로 주세요.

감자 있어요?

예, 있어요.

1킬로 얼마예요?

1킬로에 50루피 예요.

몇 킬로 필요하세요?

1킬로 반 주세요.

양파도 반 킬로 주세요.

B. වෙන මොනවාහරි ඕනේද මැඩම්?
웨너 모너와-하*리* 오-네-더 매*담*?

다른 뭐 필요하시나요, 마담?

A. නෑ, එච්චරයි. ඔක්කොටම කීයද?
내-, 엧처*러*이. 옥꼬터머 끼-여더?

아니요, (이게)다 예요. 전부
얼마예요?

B. ඔක්කොටම රු. එකසිය හැටයි.
옥꼬-터머 루삐얄 에꺼씨여 해타이.

전부 160루피예요.

A. ආ, මෙන්න සල්ලි. 아-, 멘너 쌀리.

아, 여기요 돈.





㉠ 시장에서 물건을 살 때는 가격을 깎는 것이 보통입니다. 외국인들에게 비싸게 부르는 것은 어느 나라를 막론하고 똑같습니다. 물건가격이 매겨져 있는 것들은 깎을 필요는 없습니다.

㉡ වෙන මොනවත් 웨너 모너왇 '다른 뭐도'는 වෙන මොනවා 웨너 모너와- '다른 뭐'에 수반, 동반을 나타내는 ත් 읕(ㄷ) '~도'가 붙은 형태입니다.

㉢ කෙහෙල් 께헬은 문어체에서 කෙසෙල් 께쎌로도 사용됩니다. 많은 단어들이 구어체에서 හ 하를 사용하고, 문어체에서 ස 싸를 사용합니다.

(예) 쌀 හාල් 할- (구어체), සාල් 쌀- (문어체). 나무 ගහ 가하 (구어체), ගස 가써 (문어체)

㉣ මේවා 메-와- '이것들'의 뜻으로, 단수는 මේක 메-꺼입니다. අරක 아*러*꺼 저것- අරවා 아*러*와- 저것들, ඒක 에-꺼 그것 - ඒවා 에-와- 그것들 .

㉤ හමාරහ마-*러* '반, 반절' 와 භාගය바-거여 '반절' 의 차이

හමාර 하마-*러*는 단독으로 쓰이지 않고 앞에 수가 나와 반절을 뜻합니다. 하지만, භාගය 바-거여는 단독으로 쓰입니다. 예로, එක හමාරක් දෙන්න 에꺼 하마-*륵* 덴너 '1.5킬로 주세요' 이고, භාගයක් දෙන්න 바-거얕 덴너는 '반절 주세요'입니다.

# 문법설명(명사의 복수)

단수 명사를 복수로 만드는 데는 규칙과 불규칙이 있다.
명사가 복수 형태가 되면 복수 의미와 형용사 의미 두개를 가지고 있다.


1. 'යා여 나 ව워'로 끝나는 명사는 단어 끝의 'යා 여 나 ව 워'를 없애면 복수가 된다.

| 단수 | 뜻 | 복수 |
|---|---|---|
| ගෙඩිය 게디/여 | 열매 | ගෙඩි 게디/ |
| වර්ගය 와르거여 | 종류 | වර්ග 와르거 |
| විනාඩිය 위나-디/여 | 분(시간) | විනාඩි 위나-디/ |
| කෝච්චිය 꽃-치여 | 기차 | කෝච්චි 꽃-치 |
| කිලෝව 낄로-워 | 킬로 | කිලෝ 낄로- |
| වේදිකාව 웨-디까-워 | 플랫폼,트랙 | වේදිකා 웨-디까- |
| උදව්ව 우다우워 | 도움 | උදව් 우다우 |


2. ත 떠, ම 머, ල 러, ස 써, න 너로 끝나는 명사는 끝 단어가 받침(ත් ㄸ, ම් ㅁ, ල් ㄹ, ස් ㅆ, න් ㄴ)으로 바뀌면서 복수가 된다.

다시 말하면, 끝단어에 '할 끼리/-머 හල් කිරීම'가 붙는다.

| 단수 | 뜻 | 복수 |
|---|---|---|
| පොත 뽀떠 | 책 | පොත් 뽈 |
| දත 다떠 | 이빨 | දත් 닫 |
| ලියුම 리유머 | 편지 | ලියුම් 리윰 |
| මල 말러 | 꽃 | මල් 말 |
| ගල 갈러 | 돌 | ගල් 갈 |
| දවස 다워써 | 날,일 | දවස් 다워쓰 |
| ගණන 가너너 | 가격 | ගණන් 가난 |

3. 무생물 명사 단어 끝에 'වල 왈'을 붙여 복수를 만든다.

| 단수 | 뜻 | 복수 |
| --- | --- | --- |
| පාර 빠-러 | 길 | පාරවල් 빠-러왈 |
| දොර 도러 | 문 | දොරවල් 도러왈 |
| කට 까터 | 입 | කටවල් 까터왈 |

4. 사람, 가족, 친척 관계를 나타내는 명사에는 'ල 라-'나 'වරු 워루'가 붙는다.

| 단수 | 뜻 | 복수 |
| --- | --- | --- |
| ඔයා 오야- | 너 | ඔයාල 오얄-라- |
| අම්මා 암마- | 어머니 | අම්මල 암멀라- |
| මාමා 마-마- | 외삼촌 | මාමල 마-멀라- |
| රජ 라저 | 왕 | රජවරු 라저워루 |
| ඇමති 애머띠 | 장관 | ඇමතිවරු 애머띠워루 |
| දෙවියා 데위야- | 신 | දෙවිවරු 데위워루 |
| ගුරුවරයා 구루워러야- | 선생님 | ගුරුවරු 구루워루 |

5. 단어 마지막 글자 앞 글자가 받침으로 되어 있는 경우 (할 끼리-머로 되어 있는 경우), 앞
자음은 없어지고, 마지막 자음에 ෟ( ˳ ‸) 우 나 ු(⌢) 이가 붙어 복수가 된다.

| 단수 | 뜻 | 복수 |
| --- | --- | --- |
| අත්ත 앝떠 | 가지 | අතු 아뚜 |
| මල්ල 말러 | 가방, 봉지 | මලු 말루 |
| මුද්ද 묻더 | 반지 | මුදු 무두 |
| රෙද්ද 렏더 | 옷 | රෙදි 레디 |
| පිම්ම 삠머 | 뜀, 도약 | පිමි 삐미 |

6. 단어 끝에 'ල(ͺ, ͺ) 우'를 붙여 복수를 만든다.
   특히, 'ර *러*'로 끝나는 단어가 많이 이 복수 형태를 취한다.

| 단수 | 뜻 | 복수 |
|---|---|---|
| යතුර 야뚜러 | 열쇠 | යතුරු 야뚜루 |
| කතුර 까뚜러 | 가위 | කතුරු 까뚜루 |
| පැදුර 빼두러 | 돗자리 | පැදුරු 빼두루 |
| මුහුණ 무후너 | 얼굴 | මුහුණු 무후누 |
| මුහුද 무후더 | 바다 | මුහුදු 무후두 |
| කුණ 꾸너 | 쓰레기 | කුණු 꾸누 |

7. 장음 'ා 아-'로 끝나는 사람, 동물을 나타내는 명사는 단어 끝이 'ෝ 오-'로 변한다.

| 단수 | 뜻 | 복수 |
|---|---|---|
| බල්ලා 발라- | 개 | බල්ලෝ 발로- |
| කොල්ලා 꼴라- | 남자아이 | කොල්ලෝ 꼴로- |
| ගොවියා 고위야- | 농부 | ගොවියෝ 고위요- |

〈과일 가게〉

〈길거리 야채 시장〉

1

**A.** මේ කලිසම කීයද?
메- 깔리써머 끼-여더? ㉠

이 바지는 얼마예요?

**B.** ඒක රුපියල් දාහක් වෙනවා.
에-꺼 루삐얄 다-확 웨너와-.

그 것은 1000루피예요.

**A.** පොඩ්ඩක් අඩුකරන්න පුලුවන්ද
/අපෝ වැඩි, පොඩ්ඩක් අඩුකරන්න.
뽈딲 아두꺼라너 뿔루완더
/아뽀- 왜디-, 뽈딲 아두꺼라너.

조금 깎아주실 수 있나요
/와 비싸요, 조금 깎아줘요.

**B.** අඩු කරන්න බෑ. 아두 꺼라너 배-.
ගහලා තියෙන ගාණ තමයි.
가할라- 띠예너 가-너 따마이.㉡

깎아 드릴수 없어요.
적혀 있는 가격 이예요.

**A.** ආ, කමක් නෑ. මම මේක ඇඳලා බලන්නද?
아- 까맠 내-. 마머 메-꺼 앤덜라- 발란너더?

아, 괜찮아요. 제가 이것 입어 볼까요?

**B.** හා, ඇඳලා බලන්න.
하- 앤덜라- 발란너.

예, 입어 보세요.

**A.** කොහේද ඇඳුම් මාරු කරන්නේ?
꼬헤-더 앤둠 마-루 꺼란네-?

어디서 옷을 갈아입나요?

**B.** අන්න, අතන, මහත්තයා.
안너, 아떠너, 마핟떠야-.

저 쪽이예요, 어르신(손님).

**단어집**
- වෙනවා 웨너와- 되다 (과거) උනා 우나- (과거 분사) වෙලා 웰라- 되어, 되고
- කලිසම 깔리써머 바지
- වැඩි 왜디- 많은
- ගහලා තියෙනවා 가할라- 띠예너와- 붙여 놓다
- තියෙන 띠예너 있는 තියෙනවා 띠예너와- '있다(무생물)'의 형용사적 현재 용법
- ඇඳලා 앤덜라- 입어, 입고 අඳිනවා 안디너와- '입다'의 과거분사 (과거) ඇන්දා 앤다-
- ඇඳලා බල නවා 앤덜라- 발러너와- 입어 보다
- මාරු කරනවා 마-루 꺼러너와- 바꾸다
- ඇඳුම් 앤둠 옷들 ඇඳුම 앤두머 '옷'의 복수
- අතන 아떠너 저기, 저 장소

2

**A.** මම මේ ඇඳුමට කැමතියි.
마머 메- 앤두머터 깨머띠이.
**මේකේ ගාණ කීයද?** 메-께- 가-너 끼-여더?

이것 가격이 얼마예요?

**B.** දැන් ගාණ අඩු කරලා නිසා රුපියල්
අටසීයක් වෙනවා සර්.
댄 가-너 아두 꺼럴라- 니싸-ⓒ 루삐얄
아터씨-약 웨너와- 써(르).

지금 가격을 깎아서 800루피 예요
손님.

**A.** ගාන අඩු කළාද? 가-너 아두 껄라-더?

가격을 세일 했다고요?

**B.** ඔව්, ඒක ඉස්සරලා රුපියල් එක්දාස්
දෙසීයක් උනා.
오우, 에-꺼 있써럴라- 루삐얄 엒다-쓰 데씨-약
우나-.

예, 그것은 전에 1200루피 였어요.

**A.** මම ඒක ගන්නම්. 마머 에-꺼 간남.
**මම බ්ලවුස් එකක් ගන්නේ කොහෙන්ද?**
마머 블라우쓰 에깎 간네- 꼬헨더?

저 그것 살게요.
블라우스는 어디에서 사나요?

**B.** තුන්වෙනි තට්ටුවට යන්න.
뚠웨니 땉투워터 얀너.
**ලිෆ්ට් එක එහා පැත්තේ තියෙනවා.**
리프트 에꺼 에하- 뺃떼- 띠예너와-.

3층으로 가세요.

엘리베이터는 저 쪽에 있어요.

**A.** හා හරි, බොහෝම ස්තූතියි.
하- 하리, 보호-머 쓰뚜-띠이.

아, 좋아요. 대단히 감사해요.

---

**단어집**
- **මේකේ** 메-께- 이것의 **මේක** 메-꺼 '이것'의 소유격
- **නිසා** 니싸- ~때문에
- **අඩු කරලා** 꺼럴라- 깎아, 깎고 **අඩු කරනවා** 아두 꺼러너와- '깎다, 줄이다'의 과 거분사
- **ඉස්සරලා** 있써럴라- 처음에, 이전에
- **ගන්නම්** 간남 살게요 **ගන්නවා** 간너와- 의 '가지다, 사다'의 1인칭 단수 현재(미래) 어미 변화
- **තට්ටුව** 땉투워 층
- **ලිෆ්ට් එක** 리프트 에꺼 엘리베이터
- **පැත්තේ** 쪽에, 편에 **පැත්ත** 뺃떠 '쪽, 편'의 소유격 형태로 장소를 뜻함
- **හරි** 하리 OK

3

A. මොනවද ඕනේ/මොනවද බලන්නේ සර්?
모너워더 오-네-/ 모너워더 발란네- 써(르)?

뭐가 필요하시나요/ 뭘 보시
나요 손님?

B. මම සපත්තු බලනවා.
마머 싸빨뚜 발러너와-.

저 구두 보고 있어요.

A. මොන පාටටද ඔයා කැමති?
모너 빠-터터더 오야- 깨머띠?

무슨 색깔을 좋아하세요?

B. කලු පාට ඒවා බලමු.
깔루 빠-터 에-와- 발러무.

검정 색을 봅시다.

A. සර්ගේ කකුලේ සයිස් එක/ප්‍රමානය කීයද?
써(르)게- 까꿀레- 싸이쓰 에꺼/쁘러마-너여

써(르)게- 까꿀레- 싸이쓰 에꺼/쁘러마-너여
끼-여더?

손님의 발 사이즈는 얼마예요?

B. හරියටම දන්නේ නෑ.
하리/여터머 단네- 내-.

잘 모르겠어요.

A. මේ සපත්තු කොහොමද?
메- 싸빨뚜 꼬호머더?

이 구두 어떠세요?

B. මම පොඩ්ඩක් දාලා බලන්නද?
마머 뽈딲 달-라- 발란너더?

제가 신어봐도 될까요?

A. හා හා සර්, දාලා /හරිද බලන්න.
하- 하- 써(르), 달-라/ 하리더 발란너.

예, 예 손님, 신어 보세요.

B. ස්තූතියි. මේකේ ගාන කීයද?
쓰뚜-띠이. 메-께- 가-너 끼-여더?

감사해요, 이것 얼마예요?

A. මේක රුපියල් දෙදාහක් වෙනවා.
메-꺼 루삐얄 데다-학 웨너와-.

이것 2000루피 예요.

B. අපෝ, ගනං වැඩියි නේ.
아뽀-, 가낭 왜디/이 네-.

와, 비싸네요.

පොඩ්ඩක් අඩු කරලා දෙන්න.
뽈딲 아두 꺼럴라- 덴너.

조금 깎아 주세요.

A. හරි එක්දාස් හත්සීයට දෙන්නම්.
하리 엑다-쓰 핱씨-여터 덴남.

좋아요 1700루피에 줄게요.

B. හරි හොඳයි, මම මේක ගන්නම්.
하리/ 혼다이, 마머 메-꺼 간남.

좋습니다, 저 이것 살게요.

---



- බලනවා 발러너와- 보다 (과거) බැලුවා 밸루와-
- සපත්තු 싸빨뚜 구두
- දාලා 달-라-넣 어, 넣고 දානවා 다-너와- '놓다, 두다'의 과거분사
- කකුල 까꿀러 다리, 발 (복수) කකුල් 까꿀

㉠ 외국인으로 시장에 가서 물건을 사는 것은 쉬운 일이 아닙니다. 피부가 하얗다는 이유때문에 바가지를 쓰는 일이 한두번이 아닙니다. 시장이나 거리에서 물건을 살 때는 항상 깎아야 한다는 생각을 해야 합니다. 물건을 사기전에 스리랑카 사람들이 얼마에 사는지 먼저 보고 사는 것도 현명한 방법입니다. 요즘은 슈퍼마켓이 많아지고, 정찰제 가게들도 많아져 흥정하지 않아도 물건을 살 수 있습니다. 하지만, 야채와 과일은 슈퍼마켓 보다는 시장이 신선하고 쌉니다.

㉡ තමයි 따마이는 앞 단어를 강조하는 데 사용 되어집니다. 뜻은 '바로 ~입니다'입니다. 단어 끝에 붙는 ම 머와 같습니다.

　㉠ මට උදව් කළේ ඔයා තමයි 마터 우다우 껄레- 오야- 따마이 나를 도와준 사람은 바로 당신입니다.

㉢ නිසා 니싸- '~때문에'로 동사와 결합될 때는 '동사의 형용사적 용법의 형태' + නිසා 니싸-가 됩니다.

　㉠ ඔයා හිතන නිසා ඔයාට මේක දෙන්නම් 오야- 히떠너 니싸- 오야-터 메-꺼 덴남 당신을 생각하니까 당신에게 이것을 줄게요.

---

4

A. මොනවාද ඕනේ, සර්?
　모너와-더 오-네-, 써(르)?

뭘 원하세요 손님?

B. මම ලංකාවේ ඇඳුම් ටිකක් ගන්න කැමතියි
　마머 랑까-웨- 앤둠 티깎 간너 깨머띠이.

스리랑카 옷을 좀 사고 싶어요.

A. වෙන මොනවහරි ඕනේද සර්?
　웨너 모너워하리/ 오-네-더 써(르)?

다른 것도 필요하세요, 손님?

B. ඒ වගේම මට මේ සිල්ක් ස්කාෆ් දෙකකුත් දෙන්න. මුළු ගාන කීයද?
　에- 와게-머㉠ 마터 메- 씰크 쓰까-프 데꺼꿋 덴너.
　물루 가-너 끼-여더?

그리고, 제게 이 실크 스카프 2개도 주세요. 전부 가격이 얼마예요?

A. මුළු ගාන රුපියල් නමසිය තිස් පහයි.
　물루 가-너㉡ 루삐알 나머씨여 띠쓰 빠하이.

전부 935루피예요.

B. කරුණාකරලා ඒවා ඔතලා දෙනවාද?
　까루나-꺼럴라- 에-와- 오떨라- 데너와-더?

실례하지만, 그것들 포장해 주시겠어요?

---

5

A. කරුණාකරලා මට අර සෙල්ලම් බඩු පෙන්වනවාද?
　까루나-꺼럴라- 마터 아러 쎌람 바두 뻰워너와-더?

실례지만, 제게 저 장난감 보여주시겠어요?

B. හරි මෙන්න, සර්.
　하리/ 멘너 써(르).

좋아요, 여기요, 손님.

*A.* ඒක කීයද? 에-꺼 끼-여더

*B.* ඒක රුපියල් තුන්දාහයි. 에-꺼 루삐얄 뚠다-하이.

*A.* ඒක ගොඩාක් ගනං වැඩියි. 에-꺼 고돠- 가낭 왜디이.

ඔයා ළඟ ගාන අඩු ඒවා නැද්ද? 오얄- 랑거 가-너 아두 에-와- 낼더?

*B.* ඔව්, තියෙනවා. ආ, මේක කොහොමද? 오우, 띠예너와-. 아-, 메-꺼 꼬호머더?

*A.* නිල් පාට එකක් තියෙනවාද? 닐 빠-터 에깎 띠예너와-더?

*B.* සොරි, අපි ළඟ නිල් පාට ඒවානම් නැහැ/දැනට ඉවරයි. 쏘리, 아삘 랑거 닐 빠-터 에-와-남 <u>내해/대너터 이워러이.</u>

그것 얼마예요?
그것 3000루피예요.

그것 아주 비싸네요.

당신에게 값이 싼 것들 없나요?

예 있어요. 아, 이것 어때요?

파랑 색 있나요?

죄송합니다, 우리에게 파랑색은 없<u>어요/지금 끝났어요.</u>

---

<u>단어집</u>

- ගන 가-너 가격, 값 = ගාණ 가-너
- ඒ වගේම 에- 와게-머 그리고, 그렇게
- ඔතලා 오떨라- 접어, ㅆ ඔතනවා 오떠너와- '접다, 포장하다'의 과거분사
- ඔක්කොම 옥꼬머 모두, 전부
- පෙන්වනවා 뻰워너와- 보여주다 (과거) පෙන්නුවා 뻰누와-
- ගොඩක් 고돠- 많이
- අඩු 아두 싼, 적은
- ඉවර 이워러 끝난 ඉවරයි 이워러이 끝나다, 끝났다

- ල ංකාව 랑까-웨- 랑카의
- ඔතනවා 오떠너와- '접다, 포장하다'의 과거분사
- සෙල්ලම් බඩු 쎌람 바두 장난감
- ළඟ 랑거 가까이, 근처에
- නිල් පාට 닐 빠-터 파랑색

---

6

*A.* ඔයාට මොනවාද ඕනේ? 오야-터 모너와-더 오-네-?

*B.* මම මගේ ගෑණු ළමයාට ලිප්ස්ටික් එකක් බලනවා. 마머 마게- 개-누 라머야-터 맆쓰띡 에깎 발러너와-.

*A.* ආ, මේක කොහොමද? 아-, 메-꺼 꼬호머더?

(당신께) 뭐가 필요하신가요?

제 여자 아이를 위해서 립스틱 하나 보고 있어요.

아, 이것 어떠세요?

*B.* ඒක ටිකක් තද වැඩියි. 에-꺼 티깎 따더 왜*ㄷ*/이.
වෙන එකක් පෙන්වනවාද?
웨너 에깎 뻰워너와-더?

그것은 좀 (색깔이) 강해요.
다른 것 보여주세요?

*A.* අනිවාර්යෙන්, මේක කොහොමද?
아니와-르옌, 메-꺼 꼬호머더?

물론이죠, 이것 어떠세요?

*B.* මම මේකට කැමතියි. 마머 메-꺼터 깨머띠이.
මේක කීයක් වෙනවාද?
메-꺼 끼-약 웨너와-더?

저 이것 좋아요.
이것 얼마 해요?

*A.* මේකේ ගාන අඩු කරපු නිසා වෙන්නේ
රූපියල් පන්සීයයි.
메-께- 가-너 아두 꺼*러*뿌 니싸- 웬네-
루삐얄 빤씨-야이.

이것 가격은 깎아서 500루피가 되
네요.

*B.* හරි, මම මේක ගන්නවා.
하*리*, 마머 메-꺼 간너와-.

좋아요, 저 이것 살게요.

*A.* සල්ලිවලින්ද ක්‍රෙඩිට් කාඩ් එකෙන්ද
ගෙවන්නේ සර්?
쌀리월린더 끄*레*딛 까-드 에껜더ⓒ 게완네- 써(르)?

현금과 크레딧 카드 중 뭘로 지불하
실 건가요? 손님

*B.* ක්‍රෙඩිට් කාඩ් එකෙන්, 끄*레*딛 까-드 에껜,
ඔගොල්ලො වීසා කාඩ් ගන්නවාද?
오골로 위-싸- 까-드 간너와-더?

신용 카드로요.
당신들 비자 카드 받나요?

*A.* ඔව් සර්, කරුණාකරලා මෙතන අත්සන්
කරන්න.
오우 써(르), 까루나-꺼*럴*라- 메떠너 앋싼 꺼*란*너.

예 손님, 실례지만 여기에 서명하세
요.

*B.* ඕකේ/හරි. 오-께-/하*리*.

오케이/좋아요.

---



- ගෑණු ළමයා 개-누 라머야- 여자 애
- බල නවා 발러너와- 보다 (과거) බැලුවා 밸루와-
- තද 따더 강함, 엄함
- අනිවාර්යෙන් 아니와-르옌 어쨰튼간에, 물론
- සල්ලිවලින් 쌀리월린 돈으로, 현찰로 සල්ලි 쌀리 '돈'의 복수명사 조격 형태
- ගෙවනවා 게워너와- 지불하다 (과거) ගෙව්වා 게우와-
- අත්සන් කරනවා 앋싼 꺼*러*/너와- 서명하다
- හරි 하*리* 좋아요, OK

㉠ ඒ වගේම 에- 와게-머 '그리고'는 접속사입니다. 비슷하게 형태를 띤 ඒ උනාට 에- 우나-터 '그러나', ඒ නිසා 에- 니싸- '그래서'도 있습니다.

㉡ ගාන 가-너 '가격, 값'는 원래 ගාණ 가-너입니다.
ණ 나(무-ㄹ더져 나얀너)와 න 나 사이에 발음 상 다른 것은 없습니다. 다만, 단어를 표기할 때 차이가 있습니다. 요즘에는 ණ 나 대신에 න 나를 바꾸어 사용하는 경우가 많습니다. 하지만, ණ 나를 꼭 사용하는 단어가 있습니다. 예를 들면, ණය 나여 '빚' 이나 උණ 우너 '열, 열병' 경우입니다.
더불어, ල 라와 ළ 라(무-ㄹ더져 라얀너)의 경우도 비슷합니다. ළ 라(무-ㄹ더져 라얀너) 대신에 ල 라를 종종 사용하기도 합니다. 예로, කරනවා 꺼러너와- '하다'의 과거형태인 කළා 껄라-를 종종 කලා 껄라-로 바꿔 사용합니다.

㉢ සල්ලිවලින්ද ක්‍රෙඩිට් කාඩ් එකෙන්ද 쌀리월린더 끄레딜 까-드 에껜더 '현금으로 입니까, 신용카드로 입니까?' සල්ලිවලින්쌀리월린과 ක්‍රෙඩිට් කාඩ් එකෙන් 끄레딜 까-드 에껜은 모두 수단,방법이나 장소의 출발을 나타내는 '조격'의 형태입니다. 여기서는 수단, 방법의 뜻입니다. 조격은 '명사의 소유격 + න් ㄴ' 형태로 만들어집니다.

---

7

**A.** මම මේ මාලේ ඊයේ මෙතනින් ගත්තා.
마머 메-말-레-㉠ 이-예-메떠닌 같따-.
හැබැයි මෙතනින් කැඩිලා තියෙනවා.
해배이 메떠닌 깨딜라- 띠예너와-.

저 이 목걸이 어제 여기서 샀어요.
그러나, 여기가 부서져 있어요.

**B.** ආ, එහෙමද ?
아-, 에헤머더 ?
මට පොඩ්ඩක් පෙන්වනවද?
마터 뽇ㄸ 뻰워너워더?

아, 그래요?
제게 잠시 보여주세요?

**A.** හරි, මට මේක මාරු කරන්න පුලුවන්ද?
하리, 마터 메-꺼 마-루 꺼러너 뿔루완더?

좋아요, 제게 이것 바꿔 주실 수 있나요?

**B.** ඔව්, පුලුවන්. ඔයා ළඟ රිසිට් එක තියෙනවාද?
오우, 뿔루완. 오얄- 랑거 리씰 에꺼 띠예너와-더?

예 가능해요. 당신에게 영수증 이 있나요?

**A.** ඔව්, මෙන්න. 오우, 멘너.
**B.** ආ, මෙන්න අලුත් එක.
아-, 멘너 알룬 에꺼.

예, 여기요.
아, 여기요 새것.

8

**A.** උදව්වක් ඕනේද, සර්?
우다우왝 오-네-더, 써(르)?

도움이 필요하세요, 손님?

**B.** මට මේ වැකුම් ක්ලීනර් එකේ සල්ලි ආපහු ගන්න ඕනේ.
마터 메- 왜꿈 끌리-너르 에께- 쌀리
아-뻐후 간너 오-네-.

저 이 진공청소기 환불받아야 해요.

**A.** කරුණාකරලා මට කියන්න පුලුවන්ද ඒකට මොකක්ද වුනේ කියලා.
까루나-꺼럴라- 마터 끼얀너 뿔루완더
에-꺼터 모깎더 우네- 끼열라-.

실례지만, 제게 말씀해 줄수 있나요 그것에 무슨 문제가 있었는지.

**B.** මම ස්විච් එක දැම්මට වැඩ කරන්නේ නෑ.
마머 쓰위츠 에꺼 댐마터 왜더 꺼런네- 내-.

제가 스위치를 켰지만 작동하지 않아요.

**A.** ආ, එහෙමද?
아-, 에헤머더?

아, 그래요?

ඔයා ළඟ රිසිට් එක තියෙනවාද?
오얄- 랑거 리/씯 에꺼 띠예너와-더?

당신에게 영수증이 있나요?

**B.** අනේ, මට ඒක ගේන්න අමතක වුණා නේ.
아네-, 마터 에-꺼 겐-너 아머떠꺼 우나- 네-.

හැබැයි ගෙදර ඇති.
해배이 게더러 애띠ㄴ.

아이고, 내가 그것 가져오는 것을 잊어버렸네요.
하지만, 집에 있을거예요.

**A.** මට සමාවෙන්න, සර්.
마터 싸마-웬너, 써(르).

용서하세요, 손님.

මට රිසිට් එක නැතුව මොකුත් කරන්න බැහැ.
마터 리/씯 에꺼 내뚜워 모꾿 꺼런너 배해ㄷ.

저는 영수증 없이 어떤 것도 할 수가 없어요.

**B.** හරි, මට ආපහු සැරයක් එන්න වෙයි නේ.
하리, 마터 아-뻐후 쌔러얔 엔너 웨이 네-.

좋아요, 제가 한번 더 나중에 와야 하네요.

〈과일의 황제 두리앙〉

**단어집**

- මාලේ 말-레- = මාලය 말-러여 목걸이
- මෙතනින් 메떠닌 여기서
- ගත්තා 같따- 샀다, 취했다 ගන්නවා 간너와- '사다, 가지다'의 과거형
- කැඩිලා 깨딜라- 부서져, 깨져 කැඬෙනවා 깨데너와- '깨지다, 부서지다'의 과거분사 (과거) කැඩුනා 깨두나-
- රිසිට් එක 리씯 에꺼 영수증
- අලු 알루 새, 새로운, 신선한
- ආපහු 아-뻐후 다시
- වැකුම් ක්ලිනර් එක 왜꿈 끌리-너(르) 에꺼 진공 청소기
- කියනවා 끼여너와- 말하다 (과거) කිව්වා 끼우와-
- දැම්මා 댐마- 두었다 දානවා 다너와- '두다, 놓다'의 과거형
- වැඩකරනවා 왜더 꺼러너와- 일하다, 작동하다
- අමතක උනා 아머떠꺼 우나- 잊었다 අමතක වෙනවා 아머떠꺼 웨너와- '잊다, 잊어버리다'의 과거형
- ගෙදර 게더러 집
- මොකුත් 모꾿 아무것도
- පස්සේ 빧쎄- 나중에, 뒤에
- නැතුව 내뚜워 ~없이
- සැරය 쌔러여 한번



㉠ මාලේ 말-레- '목걸이'는 මාලය 말-러여로도 쓰여집니다. ය여 로 끝나는 많은 단어들이 ය여 앞의 단어와 합쳐지면서 끝이 'ㅔ'인 축약 형태 단어로도 사용됩니다.

예) කඩය 까더여 가게= කඩේ 까데-, කුඩය 꾸더여 우산= කුඩේ 꾸데-

㉡ ඇති 애띠는 '충분한'의 뜻도 있지만, 여기서는 추측을 나타내는 표현을 사용되어 졌습니다. 보통 추측을 나타낼 때는 동사와 함께 사용 되어집니다. 동사 기본 형태 또는 동사 형용사적 용법 형태 + ඇති 애띠 형태를 취합니다.

예) '그사람 올 거예요'는 එයා එනවා ඇති 에야- 에너와- 애띠 나 එයා එන ඇති 에야- 에너 애띠로 사용되어 집니다.

㉢ බැහැ 배해 '할 수 없다'는 පුලුවන් 뿔루완 '할 수 있다'의 반대말입니다. පුලුවන් 뿔루완과 같이 동사와 결합될 때는 'To부정사 형태의 동사'를 취하며, 주어는 여격 형태를 띱니다. 예를 들면, මට කරන්න බැහැ 마터 꺼런너 배해 '저 할 수 없어요'입니다.

씽할러어 동사의 과거 분사는 영어에서 사용되는 용법과 다르다.

문장의 끝에 나오는 동사 즉, 본동사 전에 사용된 동사들이 과거분사 형태를 띤다. 행동이 끝나기 전에, 앞서 이루어진 다른 행동이나 상태를 서술하는 할 때 사용 된 동사 형태를 과거 분사라고 말한다. '~고, ~고서, ~하고' 의 뜻으로 '~한 후에'의 의미를 가지고 있다.

（예）밥을 <u>먹고</u> 밖으로 나가라   කෑම කාලා එළියට යන්න 깨-머 <u>깔-라-</u> 엘리여터 얀너.

여기에서 '먹고 කාලා 깔-라-'는 '가라 යන්න 얀너' 동사 전에 이루어지는 행동(상황)으로 'කනවා 까너와-'의 과거 분사 형태이다.

（예）말 해 주세요 <u>කියලා</u> දෙන්න <u>끼열라-</u> 덴너

두 개의 동사가 연결 되어 한 동사같이 사용될 때 앞 동사가 과거분사 형태로 바뀐다. 'කියලා 끼열라- 말하고, 말해' 는 කියනවා 끼여너와- 말하다'의 과거 분사 형태이다.

　과거분사는 구어체와 문어체에서 그 형태가 확실하게 나누어진다.

　이 책에서 나오는 대부분의 과거분사는 구어체이다. 하지만, 때때로 문어체 형태도 말할 때 사용된다. 문어체 형태지만 구문이 굳어져 말로 사용하는 경우다. 따라서 문어체와 구어체의 형태를 둘 다 알아두는 것이 유익하다.

　구어체에서 과거 분사는 '동사의 기본 어미 නවා 너와-'를 빼고, 대신에 과거 분사 접미사인 '- ලා 라-'를 붙이면 된다. 문어체에서는 'ලා 라-' 대신에 어근이 장음으로 변한다. 하지만, 단어에 따라 어근이 약간씩 변화하니 그 형태를 숙지해야 한다.

## 1. 어근이 '෯ 어'로 끝나는 동사

### 1) 구어체

동사 어미인 'නවා 너와-' 앞에 아무런 모음이 붙지 않은 상태의 동사 어근, 즉 발음이 '෯ ㅓ'로 끝나는 단어에는 'නවා 너와-'를 떼고, 'ලා 라-'를 붙이면 된다.

කරනවා 꺼러너와- 하다 (과거분사)　කරලා 꺼럴라- 하고, 하고서
මහනවා 마하너와- 깁다, 박다 (과거분사) මහලා 마할라- 깁고, 박고
හෝදනවා 호-더너와- 씻다 (과거분사) හෝදලා 호- 덜라- 씻고, 씻어

### 2) 문어체

구어체의 'ලා 라-' 대신에 'ා 아-'를 붙이면 된다.
මහනවා 마하너와- 깁다, 박다 (과거분사) මහා 마하- 깁고, 박고.
හෝදනවා 호-더너와- 씻다 (과거분사) හෝදා 호-다- 씻고, 씻어


## 2. 어근이 'ඉ 이'로 끝나는 동사

### 1) 구어체

동사 어미인 'නවා 너와-' 앞에 단어가 'ඉ ㅣ'로 끝나면, 'ඉ 이'를 '෯ 어'로 바꾸고, 그 앞 단어에는 'ැ 애'를 붙인 후, 'ලා 라-' 를 붙이면 된다.
අඳිනවා 안디너와- 입다 (과거분사) ඇඳලා 앤덜라- 입어, 입고.
බඳිනවා 반디너와- 묶다 (과거분사) බැඳලා 밴덜라- 묶고, 묶어.
අදිනවා 아디너와- 잡아 당기다 (과거분사) ඇදලා 애덜라- 잡아당겨, 잡아당기고

### 2) 문어체

'ඉ 이'를 '෯ 어'로 바꾸고, 그 앞 단어에는 'ැ 애'를 붙이면 된다.
අඳිනවා 안디너와- 입다 (과거분사) ඇඳ 앤더 입어, 입고.
බඳිනවා 반디너와- 묶다 (과거분사) බැඳ 밴더 묶고, 묶어.

# 3. 어근이 ‘ෙ 에’로 끝나는 동사

## 1) 구어체

동사 어미인 ‘නවා 너와–’ 앞에 단어가 ‘ෙ 에’로 끝나면, ‘ෙ 에’를 ‘ි 이’로 바꾸고, ‘ලා 라–’ 를 붙이면 된다.

වැටෙනවා 왜테너와– 넘어지다(과거분사) වැටිලා 왜틸라– 넘어져, 넘어지고
කැපෙනවා 깨뻬너와– 잘리다(과거분사) කැපිලා 깨뼬라– 잘려, 잘리고

## 2) 문어체

‘ෙ 에’를 ‘ි 이–’로 바꾸면 된다.

වැටෙනවා 왜테너와– 넘어지다(과거분사) වැටී 왜티– 넘어져, 넘어지고
කැපෙනවා 깨뻬너와– 잘리다(과거분사) කැපී 깨뻬– 잘려, 잘리고

# 4. 불규칙 변화

| 뜻 | 기본형 | 구어체 | 문어체 |
|---|---|---|---|
| 가다 | යනවා 야너와– | ගිහිල්ලා 기힐라– | ගොස් 고쓰 |
| 먹다 | කනවා 까너와– | කාලා 깔–라– | කා 까– |
| 하다 | කරනවා 꺼러너와– | කරලා 꺼럴라– | කර 꺼러 |
| 사다, 가지다 | ගන්නවා 간너와– | අරන් 아란– | ගෙන 게너 |
| 오다 | එනවා 에너와– | ඇවිල්ලා 애윌라– | ඇවිත් 애윋 |
| 마시다 | බොනවා 보너와– | බීලා 빌–라– | බී 비– |

**I**

**A.** සමාවෙන්න, පිටරට සල්ලි මාරු
කරන තැනක් කොතනද තියෙන්නේ?
싸마-웬너, 삐터*라*터 쌀리 마-루 꺼*러*너
때눅 꼬떠너더 띠엔네-?㉠

실례지만, 외국 돈 환전하는 장소가
어디에 있나요?

**B.** දෙවැනි තට්ටුවට ගිහිල්ලා වමට හැරෙන්න
데왜니 땉투워터 기힐라- 와머터 해*렌*너.

2층으로 가셔서 왼쪽으로 돌으세요

**A.** ඩොලර් සීයක් තියෙනවා.
돌러르 씨-약 띠에너와-.
මාරු කරන්න පුලුවන්ද?
마-루 꺼*러*너 뿔루완더?

100달러 있어요.

바꿀 수 있나요?

**B.** කරුණාකරලා මේ ෆෝම් එක පුරවලා
දෙන්න.
까루나-꺼*럴*라- 메- 폼-에꺼 뿌*러*월라- 덴너.
ගමන් බලපත්‍රයත් දෙන්න.
가만 빨러빠뜨*러*얕 덴너.

실례지만, 이 양식 써 주세요

여권도 주세요.

**A.** මෙන්න ගමන් බලපත්‍රය.
멘너 가만 발러빠뜨*러*여.
<u>අද ඩොලරය මාරු කරන ගණන කීයද?</u>
<u>/ඩොලර් විනිමයේ අඩු වැඩි වීමේ ප්‍රමාණය</u>
<u>කොහොමද?</u>
아더 돌러*러*여 마-루 꺼*러*너 가너너 끼-여더? / 돌
러르 위니머예- 아두 왜*디* 위-메- 쁘*러*마-너여 꼬
호머더?

여기요 여권.

오늘 달러 환율 얼마예요?

**B.** ඩොලරයකට රුපියල් එකසිය පහළොවයි.
돌러*러*여꺼터 루삐얄 에꺼씨여 빠할로와이.

1달러에 115루피예요.

**단어집**

- පිටරට 삐터*라*/터 외국
- තැන 때너 장소
- කොතන꼬떠너 어디
- ගිහිල්ලා 기힐라- 가서 යනවා 야너와- '가다'의 과거분사
- වම 와머 왼쪽
- හැරෙනවා 해*레*/너와- 돌다, 꺾다 (과거) හැරුනා 해루나-
- ෆෝම් එක 폼- 에꺼 신청서, 양식서
- පුරවලා 뿌*러*/월라- 채워, 채우고 පුරවනවා 뿌*러*/워너와- '채우다'의 과거분사 (과거) පිරුවුවා 삐*레*/우와-
- ගමන් බල පත්‍රය 가만 발러빠뜨*러*/여 여권
- ගණන 가너너 가격
- විනිමය 위니머여 환전
- විනිමයේ අඩු වැඩි වීම 위니머예- 아두 왜*디*/ 위-머 환율
- ප්‍රමාණය 쁘*러*/마-너여 사이즈, 치수, 정도

---

2

**A.** මට රුපියල් දාහක් මාරු කරලා දෙන්න පුලුවන්ද?

마터 루삐얄 다-학 마-루 꺼*러*/라- 덴너 뿔루완더?

제게 1000루피 바꿔 주실 수 있나요?

**B.** කෙහොමද ඕනේ? 꼬호머더 오-네-?

어떻게 필요하시나요?

**A.** පන්සියකුයි සීයේ ඒවා පහකුයි දෙන්න.

빤씨-여꾸이 씨-예- 에-와- 빠하꾸이 덴너.

500짜리와 100루피짜리 5개 주세요.

3

**A.** මට මේ ට්‍රැවලර්ස් චෙක්ස් ටික මාරු කරගන්න පුලුවන්ද?

마터 메- 트*래*/월러(르) 쉑쓰 티꺼 마-루 꺼*러*/간너 뿔루완더?

저 이 여행자 수표 환전할 수 있을까요?

**B.** මේ චෙක්ස් අත්සන් කරලා දෙන්න පුලුවන්ද?

메- 쉑쓰 앝싼 꺼*러*/라- 덴너 뿔루완더?

이 수표 싸인해 주실 수 있나요?

**A.** ආ හරි. 아-, 하*리*/.

예, 좋아요.

**B.** ඔයාට කොහොමද මාරු කරන්න ඕනේ?

오야-터 꼬호머더 마-루 꺼*란*/너 오-네-?

어떻게 환전해 주길 원하세요?

**A.** ඔක්කොම රුපියල් පන්සියේ ඒවායින් දෙන්න.

욱꼬머 루삐얄 빤씨-예- 에-와-인ⓛ 덴너.

모두 500루피로 주세요.

**단어집**

## ☆ 더 배워 봐요!

㉠ 스리랑카 은행은 아침 9~오후 3시까지 엽니다. 간혹 큰 슈퍼마켓에 딸려있는 간이 은행에서는 저녁 7시까지 업무를 합니다. 급할 경우는 이런 곳을 찾아가면 됩니다. 은행에서 달러를 루피로 바꾸려면, 여권이 있어야 합니다. 하지만, 루피에서 달러로 바꾸는 것은 출국하기전 공항에서 바꾸는 것 이외에는 불가능합니다. 비행기 표가 있을 경우에는 여행자 수표로 바꿔줍니다.

㉡ ඒවායින් 에-와-인 '이것들로'은 의 조격 형태입니다. 문장의 뜻상 නෝට්ටුවලින් 놑-투월린 '지폐들로' 로도 바꿔쓸 수 있습니다(නෝට්ටුව 놑-투워 지폐).

## 4

**A.** මම කැමතියි බැංකු ගිණුමක් අරින්න / මම ගිණුමක් අරින්න ඕනේ. කොහොමද?

마머 깨머띠이 뱅꾸 기누맠 아*르*너 / 마머 기누맠 아*르*너 오-네-. 꼬호머더?㉠

저 은행 계좌를 열고 싶은데요. 어떻게 해야지요?

**B.** මොනවගේ ගිණුමක් අරින්නද කැමති සර්?

모너워게- 기누맠 아*르*너더 깨머띠 써(*르*)?

ඉතිරි කිරීමේ ගිණුමක්ද? එහෙම නැත්තං ජංගම ගිණුමක්ද?

이띠리/ 끼리/-메- 기누맠더? 에헤머 낻땅 장거머 기누맠더?

무슨 계좌를 열고 싶으신데요?

저축 예금(Saving account) 이예요? 아니면, 당좌 예금(Current Account) 이예요?

**A.** ජංගම ගිණුමක්.

장거머 기누맠.

당좌 예금입니다.

**B.** කරුණාකරලා, මේ ෆෝම් එක පුරවලා හැඳුනුම්පත් කොපි දෙකකුත් එක්ක දෙන්න.

까루나-꺼*를*라-, 메- 폼- 에꺼 뿌*러*월라- 핸두눔빧 꼬삐 데꺼꾿㉡ 엒꺼 덴너.

실례지만, 이 양식 채우시고, 신분증 복사본 2장과 함께 주세요.

*A.* ආ, මෙන්න. 아-, 멘너

*B.* කරුණාකරලා, ඔයාගේ රහස්‍ය අංකය
මෙතන ලියන්න පුලුවන්ද?
까루나-꺼*러*라-, 오야-게- *라*핫씨여 앙꺼여
메떠너 리얀너 뿔루완더?

아, 여기요.
실례지만, 당신의 비밀번호를 여기
에 적어주실 수 있어요?

*A.* හරි. 하*리*.

*B.* මේ ජංගම ගිණුමකට අඩුම වශයෙන්
රුපියල් දාහක්වත් ගිණුමේ තියෙන්න ඕනේ.
메- 장거머 기누머꺼터 아두머 와셔옌ⓒ
루삐얄 다-학왈 기누메- 띠옌너 오-네-.

좋아요.
이 당좌 예금을 위해서 최소한
1000루피가 계좌에 있어야 합니다.

*A.* ඊට වඩා අඩු වුනොත් මොකද වෙන්නේ?
이-터 와*다*- 아두 우놀 모꺼더 웬네-?

그것 보다 적게 있으면 어떻게 되나
요?

*B.* එහෙම උනොත් අපේ සේවාවන් උදෙසා
හැම මසකම රුපියල් දෙසීය ගානේ
අයකරන්න සිදුවෙනවා.
에헤머 우놀 아뻬- 쎄-와-완 우데싸- ⓔ
해머 마써꺼머 루삐얄 데씨-여 가-네-
아여꺼*러*너 씨두웨너와-.

그렇게 되면, 우리 서비스를 위해서
매달 200루피가 청구 됩니다.

---

<단어집>

- බැංකු ගිණුම 뱅꾸 기누 머 은행 계좌
- අරිනවා 아*리*/너와- 열다 (과거) ඇරියා 애*리*/야-
- ඉතිරිකිරීම 이띠*리*/끼리*/-머 저축, 저장
- ජංගම ගිණුම 장거머 기누머 당좌예금
- හැඳුනම්පත් 핸두눔빨 주민등록증
- රහස්‍ය අංකය *라*핫씨여 앙꺼여 비밀번호
- අඩුම වශයෙන් 아두머 와셔옌 최소한
- සේවාවන් 쎄-와-완 서비스 සේවාව 쎄-와-워 '섬김, 서비스'의 복수
- උදෙසා 우데싸- 위해서
- අය කරනවා 아여 꺼*러*/너와- 청구하다
- සිදු වෙනවා 씨두 웨너와- 일어나다, 발생하다 (과거)සිදු වුනා 씨두 우나-

5

A. මේ බැංකුවේ ATM එක කොහේද තියෙන්නේ?
메- 뱅꾸웨- 에이티엠 에꺼 꼬헤-더 띠엔네-?

이 은행에 ATM이 어디에 있나요?

B. එන්න, මම පෙන්වන්නම්.
엔너, 마머 뻰완남.

오세요, 제가 보여드릴게요.

A. මම කොහොමද මේකෙන් සල්ලි ගන්නේ?
마머 꼬호머더 메-껜 쌀리 간네-?

제가 어떻게 여기서 돈을 찾죠?

B. ආ, මෙතනට කාඩ් එක දාන්න.
아-, 메떠너터 까-드 에꺼 단-너.

아, 여기에 카드를 넣으세요.

A. සමාවෙන්න, මගේ කාඩ් එක ඇතුලට ගියා.
싸마-웬너, 마게- 까-드 에꺼 애뚤러터 기야-.

실례지만, 제 카드가 안으로 들어갔어요.

හිරවෙලාදො කොහෙදො.
히러/웰라-도 꼬헤도.

걸린 것 같아요.

B. පොඩ්ඩක් ඉන්න. මම කාව හරි එවන්නම්.
뽀듺 인너. 마머 까-워 하리 에완남⊡.

잠깐만요. 제가 사람을 보낼 게요.

A. බොහෝම ස්තූතියි.
보호-머 쓰뚜-띠이.

대단히 감사합니다.

〈누워러 엘리여 홍차밭〉

**단어집**

- බැංකුව 뱅꾸워 은행
- කාඩ් එක 까-드 에꺼 카드
- ඇතුල 애뚤러 안, 안쪽
- හිරවෙලා 히러 웰라- 히러 웨너와 - '걸리다, 막히다'의 과거분사
- කාව 까워 누구를, 누구라도

㉠ 예금의 종류에는 한국과 같이 저축 예금과 당좌예금, 정기예금이 있습니다. 계좌를 열기 위해서는 거주자 비자가 있어야 하고, 루피 계좌와 달러 계좌로 열 수 있습니다.

당좌예금에는 이자가 붙지 않고, 정기예금(ස්ථාවර තැන්පත් ගිණුම 쓰따-워러 땐빨 기누머) 이자율이 보통 11% 이상으로 상당히 높은 편입니다. 1달, 3달, 6개월, 1년 등 기간에 따라 이자율 이 조금씩 차이가 있습니다.

㉡ කොපි දෙකකුත් 꼬삐 데꺼꾿 '복사 2장도' 와 같이 씽할러에서 '단위+ 숫자' 형태가 사용되어 질 때 '숫자앞의 단위는 항상 복수'로 나타납니다. 그리고 '숫자는 ක් ㄲ이 붙은 부정 형태'가 쓰여 집니다.

'2루피'는 රුපියල් දෙකක් 루삐얄 데깎, '책 3권'은 පොත් තුනක් 뽇 뚜낙 , '5분' විනාඩි පහක් 위나-디 빠학 로 쓰여집니다.

㉢ අඩුම වශයෙන් 아두머 와셔옌 '최소한으로' 에서 වශයෙන් 아두머 와셔옌 은 '~으로서' 로 후치사입니다. 후치사는 영어의 전치사 역할을 하지만, 영어와는 다르게 한국말과 같이 단어의 뒤에 붙습니다.

㉣ සේවාවන් උදෙසා 쎄-와-완 우데싸- '서비스를 위해서'에서 උදෙසා 우데싸- '~위해서'도 후치사입니다. උදෙසා 우데싸- 는 약간 문어체에서 많이 사용됨으로, 구어체로 바꾸어 쓸 수 있 습니다. 이때는 단어에 여격 조사인 'ට 터'를 붙이면 됩니다. 이 문장은 සේවාවන්වලට 쎄-와- 완월러터 로도 쓸 수 있습니다.

㉤ එවන්නම් 에완남 '보낼게요'는 1인칭 주어 '나'의 의지가 들어가 있는 표현입니다. 그 뜻은 '내가 보낼게요'이며, 미래를 나타내기도 하지요. ගන්නම්간남 은 '내가 살게요'입니다.

〈전통춤 캔디안 댄스〉

# 문법설명(To 부정사 용법, 명령문)

## 1. 동사의 To 부정사 용법

1) To부정사는 '~하려고, ~하기 위해서,~하도록'의 뜻을 가지고 있으며, 그 형태는 동사의 기본 형태 '어근 + නවා 너와-'에서 නවා 너와-가 떨어지고 '어근 + න්න 은(ㄴ)너' 가 붙는다.

예를 들면, '가다 යනවා 야너와-'에서 '가기 위해서'의 To부정사는 නවා 너와-가 떨어지고 '어근 ය 야+ න්න 은(ㄴ)너'가 붙어 යන්න 얀너가 된다.

<u>추가로, 이 형태는 뒤에 설명하는 명령형 형태와 똑같다.</u>

**예** 나는 식사하러 간다 මම <u>කන්න</u> යනවා마머 <u>깐너</u> 야너와-.

의사를 만나기 위해서 간다 දොස්තර <u>හමුවෙන්න</u> යනවා 도쓰떠러 <u>하무웬너</u> 야너와-

콜롬보 가는데 시간이 얼마 정도 걸리나요? කොළඹට යන්න පැය කීයක් විතර යයිද?
꼴럼버터 <u>얀너</u> 빼여 끼-약 위떠러 야이더?

| 주다 | දෙනවා 데너와- | 주기 위해서 | දෙන්න 덴너 |
| 하다 | කරනවා 꺼러너와- | 하려고 | කරන්න 꺼러너 |
| 사다, 갖다 | ගන්නවා 간너와- | 사기 위해서 | ගන්න 간너 |
| 말하다 | කියනවා 끼여너와- | 말하기 위해서 | කියන්න 끼얀너 |

2) 많은 경우에 '어근 + න්න 은(ㄴ)너' 대신에 '어근 + න්ට 은(ㄴ)터'나, '어근 + න්නට 은(ㄴ)너터'가 사용되기도 한다. 쉽게 말하면, 'න්න 은(ㄴ)너'에 'ට 터'가 붙기도 하고, 마지막 단어 'න 너'대신에 'ට 터'가 붙기도 한다.

예를 들면, '가기 위해서 යන්න 얀너' 대신에, 'යන්නට 얀너터' 혹은 ' යන්ට 얀터'가 사용되기도 한다.

| 주기 위해서 | දෙන්න 덴너 | දෙන්ට 덴터 | දෙන්නට 덴너터 |
| 하려고 | කරන්න 꺼러너 | කරන්ට 꺼러터 | කරන්නට 꺼러너터 |
| 사기 위해서 | ගන්න 간너 | ගන්ට 간터 | ගන්නට 간너터 |
| 말하기 위해서 | කියන්න 끼얀너 | කියන්ට 끼얀터 | කියන්නට 끼얀너터 |

(예) 나는 식사하러 간다 මම <u>කන්ට</u> යනවා 마머 <u>깐터</u> 야너와-.
나는 식사하러 간다 මම <u>කන්නට</u> යනවා 마머 <u>깐너터</u> 야너와-.
책을 사러 시내에 갔다 පොතක් <u>ගන්නට</u> ටවුමට ගියා뽀딱 <u>간너터</u> 타우머터 기야-.


## 2. To 부정사를 취하는 동사

පුළුවන් 뿔루완(~할수 있다), අවශ්‍ය 아웟쉬여(~필요하다), ඕනෙ 오-네-(~필요하다, 요구된다), එපා 에빠-(~마라, 필요없다 ), බැ 배-(~할 수 없다), කැමති 깨머띠-(~을 좋아하다, 하고 싶어하다) 는 앞에 동사가 나올 경우, To 부정사의 형태를 취한다.


කාමර 504. 505 <u>ගන්න පුළුවන්</u> 까-머*러* 504, 505 <u>간너 뿔루완</u>.
ටිකට් වෙන්කර <u>ගන්න ඕන</u> 티껃 웬꺼*러* <u>간너 오-너</u>.
බය <u>වෙන්න එපා</u> 바여 웬너 <u>에빠-</u> (두려워 하지 마라)
මට එක <u>කරන්න බැ</u> 마터 에-꺼 <u>꺼란너 배-</u> (나는 그것을 할 수 없다)
ඔයා මොනවාද ඕඩර් <u>කරන්න කැමති?</u> 오야- 모너와-더 오-*더*르 <u>꺼란너 깨머띠?</u>
(당신은 무엇을 주문하고 싶어하십니까/무엇을 주문하시겠어요?)


## 3. 명령문

명령문은 어떤 행동을 지시하는 동사 형태로 '~해라'의 뜻을 가진다.
명령 형태는 To 부정사와 같은 형태로 사용 되어 진다.


모두 500루피로 주세요
ඔක්කොම රුපියල් පන්සීයේ එවායින් <u>දෙන්න</u> 욱꼬머 루삐얄 빤씨-예- 에-와-인 <u>덴너</u>
여기에 카드를 넣으세요
මෙතනට කාඩ් එක <u>දාන්න</u> 메떠너터 까-드 에꺼 <u>단-너</u>

I

A. Excuse me, මට මේ ලියුම
ලියාපදිංචි තැපැලෙන් යවන්න ඕනේ.
Exce me, 마터 메– 리유머㉠

리야-빠딩치 때빨-렌㉡ 야완너 오-네-.

실례합니다. 저 이 편지 등기로 보내고 싶은데요.

කොච්චර කාලයක් යයිද?
꽃처러 깔-러얕 야이더?

얼마나 걸리지요?

B. බලමු, නුවරට නම් දවස් දෙකකින් යයි.
발러무, 누워러㉢터 낭 다워쓰 데꺼낀 야이.

봅시다. 캔디로면 이틀 걸려요.

A. ගාණ කීයද? 가-너 끼-여더?

B. රුපියල් 35යි.
루삐얄 때쓰빠하이.

가격 얼마예요?
35루피예요.

A. ආ, මෙන්න රුපියල් සීයක්.
아, 멘너 루삐얄 씨-얔.

여기 100루피요.

B. මෙන්න, ඉතුරු සල්ලි හැට පහ.
멘너, 이뚜루 쌀리 해터 빠하.

여기 잔돈 65루피요.

〈캔디 시내 길거리 전경〉

---

**단어집**

- ලියුම 리유머 편지 (복수) ලියුම් 리윰
- ලියාපදිංචි 리야-빠딩치 등기, 등록 ලියාපදිංචිය 리야-빠딩치여 '등기, 등록'의 복수
- තැපැල් 때빨 우편 තැපැල 때빨-러 '우편'의 복수
- කාලය 깔-러여 시간, 시기

2

A. මොනවද කෙරෙන්න ඕනේ සර්?
모너워더 께러/너 오-네- 써(르)?

무엇을 도와드릴까요, 손님?

B. මට මේ පාර්සලය කොරියාවට යවන්න අවශ්‍යයි.
마터 메- 빠-(르)썰러여 꼬리/야-워터 야완너 아웟쉬야이.

저 이 소포를 한국으로 보내야 해요.

A. කොහොමද යවන්න ඕනේ?
꼬호머더 야완너 오-네-?

어떻게 보내고 싶으세요?

ෆ්ලයිට් එකෙන් ද එහෙම නැත්නම් නැවෙන් ද?
플라잍 에껜 더 에헤머 낱남ㄹ 내웬 더?

항공편요 아니면 배편요?

B. ගුවන් තැපෑලෙන්. 구완 때뺄-렌.
කොරියාවට යන්ට කොච්චර දවස් යයිද?
꼬리/야-워터 얀터ㅁ 꽃처러 다워쓰 야이더?

항공편으로요.
한국으로 가는데 얼마나 걸리나요?

A. දවස් හතක් විතර.
다워쓰 하딲 위떠러.
ඇතුලේ වටින දෙයක් මොනවාහරි තියෙනවාද?
애뚤레- 와티너 데얖 모너와-하리/ 띠에너와- 더?

7일 정도요.

안에 값나가는 거 있나요?

B. නෑ, ඒකට කීයද? 내-, 에-꺼터 끼-여더?

아니요, 그것 얼마예요?

A. ඒක ඇවිල්ලා රුපියල් හත්සීයයි.
에-꺼 애윌라- 루삐얄 핟씨-야이.

700루피 예요.

B. මෙන්න, ගන්න. 멘너, 간너.

여기요, 받으세요.

A. ස්තූතියි. 쓰뚜-띠이.

감사합니다.


3

A. හෙලෝ. 헬로-.

안녕하세요.

B. හායි, මට රුපියල් පහේ මුද්දර දහයක් දෙනවද?
하-이, 마터 루삐얄 빠헤- 묻더러 하다얖 데너워더?

하이, 제게 5루피짜리 우표 10장 주시겠어요?

A. දහයේ මුද්දර පහක්ද?
다하예- 묻더러 빠핟더?

10루피짜리 5장요?

B. නෑ, පහේ මුද්දර දහයක්.
내-, 빠헤- 묻더러 다하얖.

아니요, 5루피짜리 10장요.

A. හා, හරි. ඒකට රුපියල් පනහයි.
하-, 하리/. 에-꺼터 루삐얄 빠너하이.

아, 좋아요. 그것 50루피예요.

B. මෙන්න සල්ලි. 멘너 쌀리.

여기 돈요.

- කෙරෙනවා 께레/너와- 되어지다, 일어나다 (과거) කෙරුණා 께루나-
- පාර්සලය 빠-(르)썰러 여 소포
- නැත්නම් 낻남 아니면, 혹은
- මුහුදෙන් 무후덴 바다로 මුහුද 무후더 '바다'의 조격 형태
- ගුවන් තැපැල 구완 때뺄-러 항공우편
- වටින 와티너 가치있는, 값나가는 වටිනවා 와티너와- '가치있다, 값나가다'의 형용사적 현재용법
- ඇවිල්ලා 애윌라- 와서, 와 එනවා 에너와- '오다'의 과거분사
- මුද්දර 묻더러 우표
- රුපියල 루삐열러 루피 (복수) රුපියල් 루삐얄

## ☆ 더 배워 봐요!

㉠ 스리랑카 우체국에서는 많은 일을 할 수 있습니다. 보통 우체국 서비스에 전화걸기, 팩스, 복사까지 가능합니다. 각 주의 주 우체국에서는 EMS 서비스도 제공됩니다. 보통 항공 우편으로 한국까지는 7일정도 걸리고, 한국에서 스리랑카로는 7-14일 정도 걸립니다. 국제 소포는 집으로 배달되는 경우가 간혹 있지만, 대부분 우체국에 따로 마련된 국제 소포를 찾는 곳에 가서 찾아야 합니다. 국제 소포는 세관의 검사를 받아야 하기에, 받는 사람 앞에서 소포를 뜯어 검사를 합니다.

㉡ ලියාපදිංචි තැපැලෙන් 리야-빠딩치 때뺄-렌 '등기 우편으로'에서 ලියාපදිංචි 리야-빠딩치는 ලියාපදිංචිය 리야-빠딩치여 의 복수 형태입니다. 명사의 복수는 복수 형태와 형용사 용법으로 사용됩니다. ලියාපදිංචි 리야빠딩치는 형용사 형태로 사용되어져 뒷 명사 තැපැල 때뺄-러를 수식해 주고 있습니다. 좀 더 분명한 이해를 위해서 අමාරුව 아마-루워 '어려움'의 복수는 අමාරු 아마-루입니다. 이 අමාරු 아마-루는 형용사로 사용되어 '어려운 일' අමාරු වැඩ 아마-루 왜더나 서술 부사 යි 이가 붙어서 '어렵다' අමාරුයි 아마-루이로 사용 되어 집니다.

㉢ නුවර 누워러 '캔디'는 මහනුවර 마하누워러의 줄임말입니다. 캔디는 스리랑카 두번째 도시로, 문화, 역사, 종교의 중심지로 영어로 Kandy라고 부릅니다. 스리랑카에서 가장 큰 절과 강, 식물원이 있고, 우리나라 서울대 같은 '뻬라-데니여 대학'이 있습니다.

㉣ නැත්නම් 낻남 '아니면, 혹은' 은 둘 중 하나를 말할 때 사용되어집니다.
예를 들면, මේක නැත්නම් අරක 메-꺼 낻땀 아러꺼 '이것 아니면 저것'이 있습니다.

㉤ යන්ට 얀터 '가기 위하여' 는 의 To 부정사 형태입니다. 대신에 යන්න 얀너나 යන්නට 얀너터, 혹은 යන්ඩ 얀더로도 사용할 수 있습니다. 말하는 사람의 취향대로 사용 되어집니다.

동사가  뒤에 나오는 명사를 꾸며 줌으로 형용사적인 역할을 할 때 이것을 형용사적 용법이라고 말한다.

동사의 형용사적 용법에서 현재 용법은 '~는, ~은, ~하는' 의 뜻이고, 과거 용법 '~한, ~해버린' 의 뜻을 가지고 있다.

현재 용법은 단순해 쉽지만 과거 용법이 어려우니 숙지해야 한다.


## 1. 동사의 형용사적 현재 용법

'어근 + නවා 너와-'의 기본 형태 중, නවා 너와- 에서 වා 와-만 빠지면 형용사적 현재 형태를 가지게 된다. 문어체는 명령형 형태 (어근 + න ㄴ너)에 ﾠ 아-가 붙는다.

예을 들면, '오다'의 기본 동사 එනවා 에너와-에서 වා 와-가 떨어지면, 동사의 형용사적 현재 용법 형태 එන 에너 '오는'가 된다. 문어체는 එනන 엔나-가 된다.

**예)** ඔයා වැඩකරන නගරය ලස්සනද?

오야 왜*더*꺼*러*너 나거*러*여 랐써너더?

당신이 일하는 도시는 아름답습니까?


මේ බස් එක කොළඹට යන එකක්ද?

메- 바쓰 에꺼 꼴럼버터 야너 에깎더?

이 버스는 콜롬보로 가는 것이예요?


ඔයාට යන ටිකට් එකක් විතරද ඕනේ?

오야-터 야너 티껠 에깎 위떠*러*더 오-네-?

당신에게 가는 표만 필요하시나요?

| 뜻 | 현재 기본형 | 동사 형용사적 형태 | 뜻 |
|---|---|---|---|
| 가다 | යනවා 야너와- | යන 야너 | 가는 |
| 먹다 | කනවා 까너와- | කන 까너 | 먹는 |
| 하다 | කරනවා 꺼러너와- | කරන 꺼러너 | 하는 |
| 되다 | වෙනවා 웨너와- | වෙන 웨너 | 되는 |
| 말하다 | කියනවා 끼여너와- | කියන 끼여너 | 말하는 |
| 있다(물건) | තියෙනවා 띠에너와- | තියෙන 띠에너 | 있는 |
| 있다(사람,동물) | ඉන්නවා 인너와- | ඉන්න 인너 | 있는 |
| 사다, 가지다 | ගන්නවා 간너와- | ගන්න 간너 | 사는, 가지는 |
| 주다 | දෙනවා 데너와- | දෙන 데너 | 주는 |
| 보다 | බලනවා 발러너와- | බලන 발러너 | 보는 |

## 2. 동사의 형용사적 과거 용법

동사가 과거 시제 형태의 형용사적 용법으로 사용될 때, 구어체와 문어체에서 약간 다르게
사용된다. 항상 불규칙이 있는 것을 염두해 두라.


① 구어체
ㄱ. 기본 동사의 '-නවා 너와- '대신에 '-පු 뿌 '를 붙이는 경우
කරනවා 꺼러너와- 하다 - කරපු 꺼러뿌 한
හදනවා 하더너와- 만들다 - හදපු 하더뿌 만든
ලියනවා 리여너와- 쓰다 - ලියපු 리여뿌 쓴, 적은
㉠ ඔයා කරපු වැඩ හොඳයි 오야- <u>꺼러뿌</u> 왜더 혼다이
당신이 한 일은 좋습니다.


ㄴ. 과거 형태 끝의 장음 기호가 떨어진 동사의 과거 형태에 '-පු 뿌 '가 붙는다.
ගන්නවා 간너와- 사다 - ගත්තා 갇따- 샀다 - ගත්තපු 갇떠뿌 산
බදිනවා 바디너와- 튀기다 - බැද්දා 밷다 튀겼다- බැද්දපු 배더뿌 튀긴
㉠ ඔයා ගත්තපු පළතුරු නරකයි 오야- <u>갇떠뿌</u> 빨러뚜루 나러까이
당신이 산 과일은 나쁘다.

② 문어체의 경우 – ප 뿌가 붙지 않고, 과거동사 끝의 장음 기호만 떨어져 사용 된다.

යනවා 야너와– 가다 – ගියා 기야– 갔다 – ගිය 기여 간

දෙනවා 데너와– 주다 – දුන්නා 둔나– 줬다 – දුන්න 둔너 준

⑩ දෙවියන්වහන්සේ අපට දුන්න(දුන්) යේසුස්වහන්සේ

데위얀와한쎄– 아뻐터 둔너(둔) 예–쑤쓰 와한쎄–

하나님께서 우리에게 준 예수님.


아래의 표에 불규칙 변화를 하는 동사들 중 몇개를 적었다.

| 뜻 | 과거 기본형 | 형용사적 형태<br>(구어) | 형용사적 형태<br>(문어) | 뜻 |
|---|---|---|---|---|
| 갔다 | ගියා 기야– | ගියපු 기여뿌 | ගිය 기여 | 간 |
| 먹다 | කෑවා 깨–와– | කාපු 까–뿌 | කෑ 깨– | 먹은 |
| 하다 | කළා 껄라– | කරපු 꺼러뿌 | කළ 껄러 | 한 |
| 되다 | උනා 우나– | වෙච්ච 웻처 | උන 우너 / වු 우– | 된 |
| 말하다 | කිව්වා 끼우와– | කියපු 끼여뿌 | කිව්ව 끼우워 | 말한 |
| 있다(물건) | තිබුනා 띠부나– | තිබුන 띠부너 | තිබුනු 띠부누 | 있었던 |
| 있다(사람) | හිටියා 히티야– | හිටපු 히터뿌 | හිටි 히티/සිටි 씨티 | 있었던 |
| 사다,가지다 | ගත්තා 갇따– | ගත්තපු 갇떠뿌 | ගත් 갇 | 산 |
| 주다 | දුන්නා 둔나– | දීපු 디–뿌 | දුන් 둔 | 준 |
| 보다 | බැලුවා 밸루와– | බලපු 발러뿌 | දුටු 두투 | 본 |

〈시기리여 고대 벽화〉

#### 1

**A.** සුභ දවාලක්. මට හවස හතරට
වෙද්‍ය සමන්ව හම්බුවෙන්න තියෙනවා.
쑤버 다왈-락㉠. 마터 하워써㉡ 하떠*라*터
와일디여 싸만워 함부웬너 띠예너와-.

안녕하세요, 저 오후 4시에 싸만 의
사선생님 만나야 해요.

**B.** ඔයාගේ නම මොකද්ද?
오야-게- 나머 모깓더?

당신의 이름은 뭐예요?

**A.** මගේ නම ජගත්.
마게- 나머 자갇.

제 이름은 자갇이예요.

**B.** හරි, නර්ස් /හෙදියක් ඔයාගේ නම
ඉක්මනට කථා කරයි සර්.
하*리*, 너(르)쓰 /헤디얕 오야-게- 나머 이끄머너터
까따- 꺼*라*이 써(르).

좋아요, 간호사가 당신의
이름을 빨리 부를거예요, 손님.

#### 2

**A.** හෙලෝ, මොකද්ද අසනීපය?
헬로-, 모깓더 아싸니-뻐여?

안녕하세요, 어디가 아프죠?

**B.** ඩොක්ටර්, මට හිසේරදයක් තියෙනවා.
돆터(르), 마터 히쎄-*라*더얕 띠예너와-.

의사선생님, 저 두통있어요.

**A.** කොච්චර කාලෙක ඉඳලා හිසේරදේ
තියෙනවාද?
꽃처*라* 깔-레꺼 인덜라-㉢ 히쎄-*라*데- 띠예너와-더?

언제부터 두통이 있죠?

**B.** දවස් දෙකක් වෙනවා, ඩොක්ටර්.
다워쓰 데깎 웨너와-, 돆터(르).

이틀 정도 되요, 선생님.

**A.** මම හිතන්නේ ඔයාට හෙම්බිරිස්සාව
තියෙනවා වගේ.
마머 히딴네- 오야-터 헴비*리*싸-워㉣ 띠예너와-
와게-.

제가 생각하기에는 당신 감기
걸린 것 같아요.

ඔයා ගෙදර ගිහිල්ලා ඇඳේ ඉඳං විවේක
ගත්තොත් හොඳ වෙයි.
오야- 게더*라* 기힐라- 앤데- 인당㉤
위웨-꺼 갇똗 혼더 웨이.

당신 집에 가서 침대에서
쉬면 좋아질 거예요.

**B.** ස්තූතියි, ඩොක්ටර්.
쓰뚜-띠이, 돆터(르).

감사합니다. 선생님.

## 단어집

- හම්බවෙනවා 함부웨너와- 만나다
- හෙදිය 헤디여 간호사
- ඉක්මනට 이끄머너터 빨리
- කථා කරනවා 까따- 꺼러/너와- 말하다, 부르다
- අසනීපය 아써니-뻐여 아픔, 병
- හිසේරදය 히쎄-러/더여 두통
- හෙම්බිරිස්සාව 헴비리/싸-워 감기
- ගෙදර 게더러 집
- ඇඳ 앤더 침대
- විවේක ගත්තොත් 위웨-꺼 갇똗 쉬면, 쉰다면 විවේකගන්නවා 위웨-꺼 간너와- '쉬다'의 가정법 형태
- වෙයි 웨이 될거예요 වෙනවා 웨너와- '되다'의 3인칭 단수 현재(미래)

---



㉠ 스리랑카 병원은 국립 병원과 사립 병원으로 나누어 집니다. 각 도 마다 종합 병원이 있고, 지역 마다 지역 병원들이 설립되어 있습니다. 놀라운 것은 국립 정부 병원들은 모든 치료가 공짜입니다. 물론 외국인도 해당되지요. 여기 나름대로 위생 관리를 하지만, 한국사람들의 눈에는 갈 수 없는 곳 같이 보이기도 합니다. 사립 병원은 대부분 규모가 영세하고, 장비들이 많이 부족합니다. 콜롬보에 사립 종합병원들이 몇 개 있습니다(랑카, 아-씨리, 오아시스, 나월로꺼 등). 사립병원에서 전문의를 만나 진찰을 하려면, 대부분 먼저 예약을 하고 의사가 오는 오후 시간에 맞추어서 가야합니다. 의사가 여러 병원을 돌아다니며 진료를 하는 경우가 많기에, 급하면 의사가 돌아다니는 병원으로 찾아가야 합니다.

㉡ හවස 하워써 '오후'는 සවස 싸워써로도 사용 됩니다. 씽할러 단어에서 හ하 와 ස싸 는 서로 바꾸어 사용 되고, 같은 뜻을 가집니다. හ 하는 구어체에서 ස 싸는 문어체에서 주로 사용됩니다. ㉾ '4' හතර 하떠러 = සතර 싸떠러, '바나나' කෙහෙල් 께헬 = කෙසෙල් 께쎌, '씻다, 세탁하다' හෝදනවා 호-더너와- = සෝදනවා 쏘-더너와-, '나무' ගහ 가하 = ගස 가써

㉢ කාලේක ඉඳලා 깔-레-꺼 인덜라- '시간 부터'에서는 '~로부터'의 후치사로 앞에 나오는 명사는 늘 소유격 형태를 가져야 합니다. කාලේක 깔-레-꺼 는 '시간' කාලය 깔-러여의 부정형태인 කාලයක් 깔-러얔 의 소유격 형태입니다. 예를 들면, කොරියාවේ ඉඳලා 꼬리/야-웨- 인덜라- '한국에서 부터'입니다.
ඉඳලා 인덜라-와 같은 뜻으로 문어체에서 사용 되어지는 단어는 සිට 씨터입니다.

㉣ 질병 이름
가래 සෙම 쎄머, 설사 පාචනය 빠-처너여, 구토 වමනය 와머너여, 소화불량 අජීරනය 아지-러너여, 상처 තුවල 뚜월러, 복통 බඩේ කැක්කුම 바데- 깩꾸머, 변비 මලබද්ධය 말러받더여, 뼘 උළුක්කුව 울룩꾸워, 현기증 කැරකැවිල්ල 깨러깨윌러, 당뇨 දියවැඩියාව 디여왜디/야-워

㉤ ඇඳේ ඉඳං 앤데- 인당 '침대에 있어'에서 ඉඳං 인당은 ඉන්නවා 인너와- '있다(사람)'의 과거분사 형태로 ඉඳලා 인덜라-와 같은 뜻으로, '있고, 있어'의 뜻입니다. 윗 ඉඳලා 인덜라-와 는 다른 뜻으로 사용되어집니다.
㉾ '있다 가라' ඉඳලා යන්න 인덜라- 얀너

3

**A.** ඔයාට මොනවා හරි රෝග ලක්ෂණ තියෙනවාද?

오야-터 모너와- 하리 *로*-거 럑셔너 띠예너와-더?

당신에게 무슨 병 증상이 있나요?

**B.** මට උණ තියෙනවා. උගුර වියළිලා.

마터 우너 띠예너와-. 우구*러* 위열릴라-㉠.

저 열이 있어요. 목이 말랐어요.

නාහයෙන් හොටුත් ගලනවා.

나하옌 호툳 갈러너와-.

코에서 콧물이 흘러요.

**A.** ඔයාට කැස්සත් තියෙනවාද?

오야-터 깼쌀 띠예너와-더?

(당신에게) 기침도 있나요?

**B.** නෑ. 내-.

아니요.

**A.** බය වෙන්න එපා. 바여 웬너 에빠-.

두려워하지 마세요.

මම ඔයාට දවස් තුනකට බෙහෙත් දෙන්නම්.

마머 오야-터 다워쓰 뚜너꺼터 베헫 덴남.

제가 당신께 약 3일치 줄게요.

දවස් තුනකට පස්සේ හොඳ නැත්නම්
ආපහු ඇවිල්ලා මාව හම්බවෙන්න.

다워쓰 뚜너꺼터 빴쎄- 혼더 낻남

아-뻐후 애윌라- 마-워 함버웬너.

3일 후에 좋아지지 않으면
다시 오셔서 저를 만나세요.

**B.** බොහෝම ස්තූතියි. 보호-머 쓰뚜-띠이.

정말 고마워요.

---

**단어집**

- රෝග *로*-거 병, 질병 රෝගය *로*-거여 '병, 질병'의 복수
- ලක්ෂණ 럑셔너 증상들, 증거들, 표시들 ලක්ෂණය 럑셔너여의 복수
- උණ 우너 열, 열병
- ඉන්න 인너 있어라 ඉන්නවා 인너와- '있다'의 명령형
- උගුර 우구*러* 목, 기도
- වියළිලා 위열릴라- 말라 වියළෙනවා '마르다'의 과거분사
  (과거) වියළුනා 위열루나-
- නහය 나하여 코
- හොටු 호투 콧물
- ගල නවා 갈러너와- 흐르다 (과거) ගැලුවා 갤루와-
- කැස්ස 깼써 기침
- බය වෙනවා 바여 웨너와- 두려워하다
- බෙහෙත් 베헫 약 බෙහෙත 베헤떠 '약'의 복수

4

**A.** ඩොක්ටර්, මට දත් කැක්කුම තියෙනවා.
듞터(르), 마터 닽 깪꾸머 띠예너와-.

**B.** කෝ බලන්න කට හොඳට අරින්න.
꼬- 발란너 까터 혼더터 아*ㄹ*너.

**A.** <u>ගොඩක් පණුවෝ කාලාද ඩොක්ටර්?</u>
<u>/මොකද වෙලා තියෙන්නේ සර්?</u>
<u>고닦 빠누오- 깔-라-더, 듞터(르)?</u>
<u>/ 모꺼더 웰라- 띠옌네- 써(르)?</u>

**B.** ඔයාගේ පිටිපස්සේ දත පණුවෝ කාලා.
오야-게- 삐티빹쎄- 다떠 빠누오- 깔-라-.
ඒක පුරවන්න වෙනවා.
에-꺼 뿌*ㄹ*완너 웨너와-.

**A.** කොච්චර වෙලාවක් යයිද දන්නෑ?
꽂처*ㄹ* 웰라-왂 야이더 단내-?ⓒ

**B.** ටික වෙලාවක්. විනාඩි විස්සක් විතර.
티꺼 웰라-왂. 위나-*ㄷ*ㅣ 윘쌎 위떠*ㄹ*.

**A.** ඩොක්ටර්, මගේ මේ දතත් රිදෙනවා.
듞터(르), 마게- 메- 다땉ⓔ *ㄹ*ㅣ데너와-.

**B.** ආ, ඒකනම් ගලවන්න වෙනවා.
아-, 에-꺼낭 갈러완너 웨너와-.

선생님, 저 이에 통증이 있어요.

어디, 보게 입을 크게 벌려요.

<u>충치가 심하나요, 선생님?</u>
<u>/어떻게 되어져 있나요, 선생님?</u>

당신의 어금니 벌레 먹었어요 (충치
예요).
그것 때워야 해요.

얼마나 걸릴까요?

조금요. 20분 정도요.

선생님, 제 이 이빨도 아파요.

아, 그것은 뽑아야 해요.

---

**단어집**

- දත 다떠 이, 이빨(복수) දත් 닽
- කැක්කුම 깪꾸머 통증, 아픔
- කට 까터 입
- පණුවෝ 빠누오- 벌레들 පණුවා 빠누와- '벌레'의 복수
- වෙලා 웰라- 되어져 වෙනවා 웨너와- '되다'의 과거분사
- පිටිපස්සේ 삐티빹쎄- 뒤에
- පුරවනවා 뿌*ㄹ*워너와- 채우다 (과거) පිරෙව්වා 삐*ㄹ*에우와-
- රිදෙනවා *ㄹ*ㅣ데너와- 아프다, 통증을 느끼다 (과거) රිදුනා *ㄹ*ㅣ두나-
- ගලවනවා 갈러워너와- 뽑다, 구하다, 구출하다 (과거) ගැලෙව්වා 갤레우와-

㉠ උගුර වියලිලා 우구러 위열릴라- '목이 말랐어요'는 뒤에 තියෙනවා 띠예너와- '있다'가 생략된 문장입니다. 원래 වියලිලා 위열릴라-는 '말라, 마르고'의 뜻입니다.

대화를 하다보면, 과거분사의 형태(-ලා 라- )로 끝나는 말을 자주 듣게 됩니다. 이때 과거 분사 뒤에 대화 상황에 적합한 보편적으로 사용되는 단어 (주로, තියෙනවා 띠예너와- '있다'나 ඉවරයි 이워러이 '끝났다')가 생략되어 있다고 생각하면 이해가 빠릅니다. 예로, කෑම කාලා 깨-머 깔-라- '식사 했다'의 뜻으로, 뒤에 ඉවරයි 이워러이가 생략 되었습니다.

㉡ යයිද දන්නෑ?야이더 단내-? '걸리는지 모르지요?'는 දන්නෑ 단내-가 없어도 뜻에 아무런 변화가 없습니다. 하지만, දන්නෑ 단내-는 질문을 할 때 의문 부사 ද 더 뒤에 붙습니다. 우리말로 직역하면 '~지 모르지요?'의 뜻입니다.

㉢ 신체 부위 이름

머리 ඔලුව 올루워, 귀 කණ 까너, 눈 ඇහැ 애해, 혀 දිව 디워, 목 බෙල්ල 벨러, 잇몸 විදුරුමස් 위두루마쓰, 어깨 උරහිස 우러히써, 허리 ඉණ 이너, 가슴 පපුව 빠뿌워, 배 බඩ 바더, 등 කොන්ද 꼰데, 팔 අත 아떠, 무릎 දණහිස 다너히써, 손가락 ඇඟිල්ල 앵길러

〈스리랑카 일상복〉

명사가 쓰여지는 용도에 따라 명사의 단어가 격변화를 한다.
일반적이 명사 격변화에서 소유격 변화가 다른 명사 격변화를 숙지해야하고, 단수와 복수의 변화 그리고, 한정(지정)명사와 부정명사의 격변화를 숙지해야 한다.


## 1. 일반적인 격변화

### 1) 소유격

생물 명사는 보통 소유격 변화에서 'ගේ 게-'가 붙고, 무생물 명사의 소유격의 변화는 'ඒ(ඊ) 에'를 붙여준다. 'ඒ(ඊ) 에'로 끝나는 명사는 소유격 어미 'ඒ(ඊ) 에'를 붙일 필요가 없다. 어떤 무생물 명사는 주격과 소유격이 같다.

### 2) 여격

주로 '～에게, ～에게로'의 뜻을 가지며 명사에 여격 조사 'ට 터'가 붙는다.

### 3) 대격

사람 명사에는 대격 조사인 'ව 워'가 붙지만, 무생물 명사는 붙지 않는다. 보통 'ව 워'를 생략하고 많이 사용한다.

### 4) 조격

보통 소유격에 'න් ㄴ'을 붙여 사용하지만, 특별히 'ර 러'로 끝나는 단어는 'ඈන් ㄹ'으로 바뀐다. 마을 ගමේ 누워러 – ගමෙන් 누워ㄹ 마을에서.

| 격 | 책 | 버스 | 집 | 가게 |
|---|---|---|---|---|
| 주격 | පොත 뽀떠 | බස්එක 바쓰에꺼 | ගෙදර 게더러 | කඩේ 까데- |
| 소유격 | පොතේ 뽀떼- | බස්එකේ 바쓰에께- | ගෙදර 게더러 | කඩේ 까데- |
| 여격 | පොතට 뽀떠터 | බස්එකට 바쓰에꺼터 | ගෙදරට 게더러터 | කඩේට 까데-터 |
| 대격 | පොත 뽀떠 | බස්එක 바쓰에꺼 | ගෙදර 게더러 | කඩේ 까데- |
| 조격 | පොතෙන් 뽀뗀 | බස්එකෙන් 바쓰에껜 | ගෙදරින් 게더리 | කඩෙන් 까덴 |

## 2. 단수, 복수의 격변화

복수의 격변화를 나타내는 'වල 왈'이 소유격에는 'වල 월러', 여격에는 'වලට 월러터', 조격에는 'වලින් 월린'로 붙어서 변화한다. 대격은 변화하지 않고 주격과 동일하게 사용되어진다.

| 격 | 단수 | 복수 | 단수 | 복수 |
|---|---|---|---|---|
| 주격 | පොත 뽀떠 | පොත් 뽈 | ගෙදර 게더러 | ගෙවල 게왈 |
| 소유격 | පොතේ 뽀떼- | පොත්වල 뽈월러 | ගෙදර 게더러 | ගෙවල්වල 게왈월러 |
| 여격 | පොතට 뽀떠터 | පොත්වලට 뽈월러터 | ගෙදරට 게더러터 | ගෙවල්වලට 게왈월러터 |
| 대격 | පොත 뽀떠 | පොත් 뽈 | ගෙදර 게더러 | ගෙවල් 게왈 |
| 조격 | පොතෙන් 뽀뗀 | පොත්වලින් 뽈월린 | ගෙදරින් 게더리 | ගෙවල්වලින් 게왈월린 |

## 3. 한정(지정) 명사와 부정명사의 격변화

씽할러에서 명사의 기본형은 지정된 명사의 형태를 가지고 있다. 하지만, 단수 명사에서 불특정, 지정이 안된 명사를 부정 명사로 부른다. 부정명사는 명사 기본형에 'ක් 윽(ㄲ)'을 붙이고, 소유격에는 'ක 꺼', 여격에는 'කට 꺼터', 조격에는 'කින් 낀'을 붙여서 변화된다.

| 격 | 한정명사 | 부정명사 | 한정명사 | 부정명사 |
|---|---|---|---|---|
| 주격 | පොත 뽀떠 | පොතක් 뽀딱 | අත 아떠 | අතක් 아딱 |
| 소유격 | පොතේ 뽀떼- | පොතක 뽀떠꺼 | අතේ 아떼- | අතක 아떠꺼 |
| 여격 | පොතට 뽀떠터 | පොතකට 뽀떠꺼터 | අතට 아떠터 | අතකට 아떠꺼터 |
| 대격 | පොත 뽀떠 | පොතක් 뽀딱 | අත 아떠 | අතක් 아딱 |
| 조격 | පොතෙන් 뽀뗀 | පොතකින් 뽀떠낀 | අතින් 아띤 | අතකින් 아떠낀 |

생물 명사의 부정 명사 격변화 중 특이할 만한 것은 단수는 ' කු 꾸'가 붙고, 복수에는 ' න 'ㄴ'이 붙어 변하는 것이다. 무생물 명사는 일반적인 격변화를 따른다.

| 격 | 무생물 부정명사 | 생물명사 단수 | 생물명사 복수 |
|---|---|---|---|
| 주격 | පොතක් 뽀딱 | කෙනෙක් 께넊(사람) | සතු 싸뚜(동물) |
| 소유격 | පොතක 뽀떠꺼 | කෙනෙකුගේ 께네꾸게- | සතුන්ගේ 싸뚠게- |
| 여격 | පොතකට 뽀떠꺼터 | කෙනෙකුට 께네꾸터 | සතුන්ට 싸뚠터 |
| 대격 | පොතක් 뽀딱 | කෙනෙක්/කෙනෙකු 께넊/께네꾸 | සතුන් 싸뚠 |
| 조격 | පොතකින් 뽀떠낀 | කෙනෙකුගෙන් 께네꾸겐 | සතුන්ගෙන් 싸뚠겐 |

① 생물 명사의 복수 대격은 주격에 ' න ㄴ'이 붙은 형태로 사용된다.

〈열대 과일 망고〉

## 1) 짐부치기

Ⅰ

𝒜. මොනවද කෙරෙන්න ඕනේ?
모너워더 께*레*너 오-네-?

무엇을 도와드릴까요?

𝐵. මට ඇතුලට යන්න ඕනේ.
마터 애뚤러터 얀너 오-네-.

저 안으로 들어가야 해요.

𝒜. ඔයාගේ ටිකට් එකයි ගමන් බලපත්‍රයයි බලන්න පුලුවන්ද?
오야-게- 티껱 에까이 가만 발러빠뜨*러*야이
발란너 뿔루완더? ㉠

당신의 표와 여권을 볼 수 있을까요?

𝐵. මෙන්න. 멘너.

여기요.

𝒜. ඔයාට ජනේලය ළඟද ඕනේ?
오야-터 자넬-*러*여 랑거더 오-네-?
නැත්නම් වෙන එකක්ද? 낱남 웨너 에깎더?

당신 창가를 원하세요?
아니면 다른 것요?

𝐵. කරුණාකරලා ජනේල් ළඟ එකක් දෙන්න පුලුවන්ද?
까루나-꺼*럴*라- 자넬- 랑거 에깎 덴너 뿔루완더?

실례지만, 창가를 주실 수 있나요?

𝒜. ඔයාට දැමීය යුතු බඩු තියෙනවාද?
오야-터 대미-여 유뚜 바두 띠예너와-더?

부칠 짐 있나요?

𝐵. ඔව්, මෙන්න. 오우, 멘너.

예, 여기요.

𝒜. මෙන්න ඔයාගේ බෝඩිංපාස් එක.
멘너, 오야-게- 보-*딩*빠-쓰 에꺼.
ඔයාට තව පැය එක හමාරකින් නොම්බර විස්ස ගේට්ටුවේදී ගුවන් යානයට නගින්න පුලුවන්.
오야-터 따워 빼여 에꺼 하마-*러*낀 놈버*러* 윘써
게-뚜웨-디-㉡ 구완 야-너여터 나긴너 뿔루완.

여기 당신의 보딩카드요.

당신 1시간 반 후에 게이트 20번에서 비행기에 탈 수 있어요.

𝐵. ස්තූතියි. 쓰뚜-띠이.

감사합니다.

𝒜. ශ්‍රී ලංකන් එයාර්ලයින් පාවිච්චි කිරීම ගැන ස්තූතියි. සුභ ගමන්.
쓰*리*-랑깐 에야-*르*라인 빠-윛치 끼리*리*-머 개너
쓰뚜-띠이. 쑤버 가만.

스리랑칸 에어라인을 사용해 주심에 감사합니다.
좋은 여행되세요.

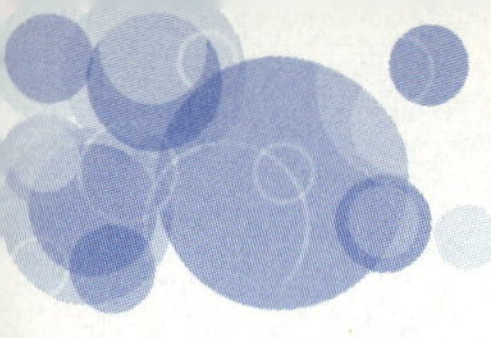

2

A. මට ඔයාගේ ගමන් බලපත්‍රය සහ බෝඩිං කාඩ් එක බලන්න පුලුවන්ද?
마터 오야-게- 가만 발러빠뜨*러*여 싸하 보-딩 까-드 에꺼 발란너 뿔루완더?

제가 당신의 여권과 보딩카드를 볼 수 있을까요?

B. ඔව්, මෙන්න. 오우, 멘너.

예, 여기요.

A. මේ ලංකාවට ආපු පළවෙනි වතාවද?
메- 랑까-워터 아-뿌 빨러웨니 와따-워더?

이번이 스리랑카에 온 첫번째인가요?

B. ඔව්. 오우.

예.

A. ලංකාවට ආපු හේතුව මොකක්ද?
랑까-워터 아-뿌 헤-뚜워 모깍더?

스리랑카에 오신 목적은 무엇이나요?

B. මම සංචාරයට ආවා. 마머 쌍차-*러*여터 아-와-.

저는 여행으로 왔어요.

A. ඔයා ලංකාවේ කොච්චර කාලයක් ඉන්න බලාපොරොත්තු වෙනවද?
오야- 랑까-웨- 꽂처*러* 깔-러약 인너 발라-뽀롣뚜 웨너워더?

스리랑카에 얼마동안 있을 계획인가요?

B. මාසයක් විතර. 마-써약 위떠*러*.

한달 정도요.

A. හරි, ඔයාට රේගුවට/ කස්ටම් සෙන්ට*ර්*ට යන්න පුලුවන්.
하리, 오야-터 *레*-구워터/ 꺼쓰텀 쎈터르터 얀너 뿔루완.

좋아요, 당신 세관으로 가실 수 있어요.

B. ස්තූතියි. 쓰뚜-띠이.

감사해요.

---

**단어집**

- ඇතුලට යනවා 애뚤러터 야너와- 들어가다
- ජනේලය 자넬-러여 창문 (복수) ජනේල් 자넬-
- බඩු 바두 물건
- තව 따워 더
- නොම්බර 놈버*러* 수, 숫자
- ගේට්ටුව 겓투워 게이트, 대문
- පාවිච්චිකිරීම 빠-윛치끼리*리*-머 사용함, 사용 පාවිච්චි කරනවා 빠-윛치 꺼*러*너와- '사용하다'의 명사형
- ගැන 개너 ~대해서, 관해서
- ආපු 아-뿌 온 එනවා 에너와- '오다'의 형용사 과거 용법
- වතාව 와따-워 차례, 순번, 번
- හේතුව 헤-뚜워 이유
- සංචාරය 쌍차-*러*여 여행
- බලාපොරොත්තු වෙනවා 발라-뽀롣뚜 웨너와- 희망하다, 기대하다
- රේගුව *레*-구워 세관

3

**A.** මම ආවේ UL 621 ගුවන් යානයේ.
마머 아-웨- UL 하여씨여 위씨에꺼 구완 야-너예-.

හැබැයි මගේ බඩු ටික තවම ආවේ නෑ.
해배이 마게- 바두 티꺼 따워머 아-웨- 내-.

**B.** මට ඔයාගේ බෑග් ටිකට් එක බලන්න
පුලුවන්ද?
마터 오야-게- 백- 티껠 에꺼 발란너 뿔루완더?

**A.** විනාඩියක් ඉන්න. ආ, මෙන්න.
위나-디/얕 인너. 아, 멘너.

**B.** පොඩ්ඩක් ඉන්න, බලමු.
뽈듁 인너, 발러무.

ඔයාගේ බෑග් එක සෝල් නගරයෙහි
තියෙනවා.
오야-게- 백- 에꺼 쏠- 나거러/에히 띠예너와-.

ඊළඟ ගුවන් යානයෙන් එනවා.
일-렁거 구완 야-너옌 에너와-.

ඔයා කොහේද නතර වෙලා ඉන්නේ?
오야- 꼬헤-더 나떠러 웰라 인네-?

**A.** මම නතර වෙලා ඉන්නේ ජුලියානා
හොටෙල් එකේ.
마머 나떠러 웰라- 인네- 줄리야-나- 호텔 에께-.

**B.** අපි ඔයාගේ බෑග් එක හෙට
හෝටල්ලේට ලැබෙන්න සලස්වන්නම්.
아삐 오야-게- 백- 에꺼 헤터
호-텔레-터 래벤너 쌀라쓰완남.

저 UL 621 비행기로 왔어요.

그런데 제 짐이 아직 안왔어요.

제가 당신의 짐표를 볼 수 있을까
요?

잠깐만요. 아, 여기요.

잠깐만요. 봅시다.

당신의 가방이 서울에 있네요.

다음 비행기로 오네요.

당신 어디에 머무시나요?

전 쥴리아나 호텔에 머뭅니다.

(저희) 당신의 가방 내일
호텔에서 받도록 하겠습니다.

---

**단어집**
- නගරය 나거러/여 도시
- දී 디- ~안에
- නතර වෙනවා 나떠러 웨너와- 머물다, 거주하다
- ලැබෙනවා 래베너와- 받다 (과거) ලැබුණා 래부나-
- සලස්වනවා 쌀라쓰워너와- ~하게하다, ~되게하다 (과거) සැලැස්සුවා 쌀랬쑤와-

㉠ 스리랑카 국제 공항은 콜롬보 근교 'කටුනායක 까투나-여꺼'에 있는 '반다러나여꺼 국제 공항 (BIA)'입니다. 콜롬보에서 1시간 정도 떨어져 있습니다. 지방 도시에 다른 공항들도 있지만, 거의 사용되어지지 않고 있고, 국내선은 경비행기로 운행되고 있습니다. 공항 안으로 들어가는 사람을 맞이하려면 티켓을 구입해야 합니다.

㉡ ගේට්ටුවේ දී 겔-투웨-디- '게이트에서' දී 디-는 장소를 나타내는 후치사로 '~안에, 안 에서' 를 뜻 합니다. 후치사 දී 디- 앞에 나오는 명사는 소유격 형태를 가지고, 단어 끝이 장음으로 변합 니다. 반면 같은 뜻을 가진 හි 히는 소유격의 끝이 단음로 바뀝니다. ගේට්ටුව 겔-투워 '게이트' 에 දී 디-가 붙으면 ගේට්ටුවේ දී 겔-투웨- 디-가 되고, හි 히가 붙으면, ගේට්ටුවෙහි 겔-투 웨히가 됩니다. 예로, නගරය 나거러여 '도시'에 දී 디-와 හි 히가 붙으면, නගරයේදී 나거러 예- 디-와 නගරයෙහි 나거러/예 히로 사용됩니다. 참고로, හි 히와 දී 디- 가 함께 붙어 හිදී 히디- 같은 뜻으로도 사용됩니다. නගරයෙහිදී 나거러/예히디- '도시안에'

## 2) 도착문의 පැමිණීමේ පරීක්ෂාව

**A.** කරුණාකරලා සෝල් වලින් ප්ලේන් එක
ඇවිල්ලාද බලන්න.
까루나-꺼럴라-㉠ 쏠- 월린㉡ 쁠렌- 에꺼
애윌라-더 발란너.

실례지만, 서울에서 비행기
왔는지 봐주세요.

**B.** ඒක ඉක්මනට/ටක්ගාල එයි.
에-꺼 이끄머너터/ 탁갈-러 에이.

그것 곧 올거예요.

විනාඩි දහයක් විතර පරක්කුයි.
위나-디/ 다하얔 위떠러 빠럮꾸이.

10분 정도 늦습니다.

**A.** ස්තූතියි. 쓰뚜-띠이.

감사합니다.

• මගේ බඩු දාන්න පුලුවන් කීයටද?
마게- 바두 단-너 뿔루완 끼-여터더?

제 짐 몇시에 부칠 수 있나요?

## 3) 환영 피리개님머

ㅁ

A. භායි අජිත් මහත්මයා. ඔයාට කොහොමද?
하-이 아짇 마핟머야-. 오야-터 꼬호머더?

B. හොඳයි. මාව මුණාගැහෙන්න ආව
එක ගැන සතුටුයි.
혼다이, 마-워 무-너개헨너 아-워 에꺼ⓒ 개너 싸뚜
투이.

A. ඔයාගේ බඩු ඔක්කොම හරිද?
오야-게- 바두 옥꼬머 하ㄹ/더?

B. තව එකක් එන්න තියෙනවා.
따워 에깎 엔너 띠예너와-.

A. කොහොමද ගමන /ට්‍රිප් එක?
꼬호머더 가머너 /트맆/ 에꺼?

B. ඒක නම් හොඳයි. හැබැයි මහන්සියි.
에-꺼 남 혼다이. 해배이 마한씨이.

A. යමු. කාර් එක අතන තියෙනවා.
야무. 까-르 에꺼 아떠너 띠예너와-.
දෙන්න සූට් කේස් එක. මම ගන්නම්.
덴너 쑫- 께-쓰 에꺼. 마머 간남.

B. ස්තූතියි. 쓰뚜-띠이.

하이, 아짇씨. 당신 어떠세요?

좋아요. 저 마중 나온 것에 대해 기
뻐요.

당신의 짐은 모두 괜찮나요?

하나 더 와야 해요.

여행은 어떠셨어요?

그것은 좋아었요. 하지만, 피곤해
요.

가지요. 차가 저기에 있어요.

가방 주세요. 제가 들게요.

고마워요.

**2**

**A.** ඔබ ලී මහත්මයා නේද?

오버 리- 마할머야- 네-더?

**B.** ඔව්, මම ලී.

오우, 마머 리-.

**A.** කොහොමද සැපදුක්? මගේ නම ලක්ෂිත.

꼬호머더 쌔뻐둑? 마게- 나머 띾쉬떠.

හමුවීම ගැන ගොඩක් සතුටුයි.

하무위-머② 개너 고듞 싸뚜투이.

**B.** ඔයාගේ සැපදුක් කොහොමද, ලක්ෂිත?

오야-게- 쌔뻐둑 꼬호머더, 띾쉬떠?

ඔයාව මුණ ගැසීම ගැන මටත් සතුටුයි.

오야-워 무너 개씨-머 개너 마탈 싸뚜투이ⓓ.

**A.** කොළඹට ඔයාව ඉතාම සාදරයෙන් පිළිගන්නවා.

꼴럼버터 오야-워 이따-머 싸-더라/엔 삘리간너와-.

**B.** බොහෝම ස්තූතියි.

보호-머 쓰뚜-띠이.

**A.** කරුණාකරලා මෙතැන පොඩ්ඩක් ඉන්න.

까루나-꺼럴라- 메때너 뽇듞 인너.

මම ටැක්සියකට එන්න කියන්නම්.

마머 땍씨여꺼터ⓑ 엔너 끼얀남.

**B.** බොහෝම හොඳයි.

보호-머 혼다이.

당신 이 씨(선생님) 맞지요?

예, 저는 이 입니다.

잘 지내세요(How are you)?
제 이름은 락쉬떠예요.
만나게 되어서 굉장히 기뻐요.

잘 지내세요, 락쉬떠?

당신 만나서 저도 기뻐요.

콜롬보에 오신 당신을 아주 환영합니다(사랑으로 맞이해요).

대단히 감사합니다.

실례지만, 여기 잠시만 계세요.

내가 택시 오라고 이야기할게요.

아주 좋아요.

---

**단어집**

- මහත්මයා 마할머야- 어르신, 씨= මහත්තයා 마핟떠야-
- සැපදුක 쌔뻐두꺼 기쁨과 슬픔-즉, 현재 상황을 말함
- හමුවීම 하무위-머 만남 හමුවෙනවා 하무웨너와- '만나다'의 동명사
- මුණ ගැසීම 무-너 개씨-머 만남 මුණ ගැහෙනවා 무-너 개헤너와- '만나다'의 동명사
- ඉතාම 이따-머 최고로
- සාදරය 싸-더라/여 사랑(문어), (구어) ආදරය 아-더라/여
- පිළිගන්නවා 삘리간너와- 영접하다, 환영하다
- ටැක්සිය 땍씨여 택시

㉠ 비자는 출국전 인터넷을 통해(www.eta.gov.lk) 신청해 1달 여행자 비자를 받을 수 있습니다. 수수료는 20불입니다. 그 후 3개월까지 쉽게 연장을 할 수 있고, 어렵지만 최대 6개월까지 여행자 비자를 연장할 수 있습니다.

㉡ සෝවලින් 쏠-월린 '서울에서'
외국 도시를 말할 때는 도시명의 격변화는 '명사의 복수 형태'로 이루어 집니다.
'서울안에서' සෝල්වල 쏠-월러, '서울로' සෝල්වලට 쏠-월러터이고, '두바이안에서' ඩුබයිවල 두바이월러, '두바이로' ඩුබයිවලට 두바이월러터, '두바이에서' ඩුබයිවලින් 두바이월린입니다.

㉢ ආව එකඅ-워 에꺼 '오신 것'
එක 에꺼는 '~것'으로 종속절을 만듭니다. දේ 데-로 바꿔쓸 수 있습니다. ආව දේ 아-워 데-.
㉠ ඔයා කරපු එක/දේ හොඳයි 오야 꺼러뿌 에꺼/데- 혼다이 당신이 한 일은 좋습니다.

㉣ හමුවීම 하무위-머 '만남'은 හමුවෙනවා 하무웨너와- '만나다'의 동명사입니다.
자주 사용되는 동사와 동명사 형태를 알아보겠습니다. කරනවා 꺼러너와- '하다' – කිරීම 끼리-머 '함', වෙනවා 웨너와- '되다'– වීම 위-머 '됨', ගන්නවා 간너와– '가지다' –ගැනීම 개니-머 '가짐', දෙනවා 데너와– '주다' – දීම 디-머 '줌'

㉤ සතුටුයි 싸뚜투이 '기쁘다'는 주어를 여격 형태로 받습니다.
'내가 기쁘다'는 මට සතුටුයි 마터 싸뚜투이가 됩니다.

㉥ ටැක්සියකට 택씨여꺼터 '택시에게'
씽할러 단어에 영어에서 온 단어들이 많이 있습니다. 같은 단어여도 영어 발음에 එක 에꺼를 사용하여 사용하기도 합니다. 예로, '택시' ටැක්සිය 택씨여 나 ටැක්සි එක 택씨 에꺼 , '호텔' හෝටලය 호-털러여 나 හොටල් එක 호텔 에꺼.

〈아름다운 해변가 풍경〉

가정법은 '~다면'의 뜻으로, 조건이나 기대 희망을 표현할 때 사용된다.
가정법에는 현재나 미래에 대한 가정법과 과거에 대한 가정법으로 나누어진다.

## 1. 가정법 현재

가정법 현재는 미래에 대한 조건이나 기대 희망을 나타낸다. '~한다면 ~할 것이다'의 뜻을 포함하고 있다. 가정법 현재를 표현하기 위해서 동사가 변형되는 형태에는 2가지가 있다. 의미는 똑같다.

'네가 가면 나도 가겠다'
1) ඔයා ගියොත් මමත් එනවාඔයා- 기욧 마맏 에너와-
2) ඔයා යනවා නම් මමත් එනවාඔයා- 야너와- 남 마맏 에너와-

1) '동사의 과거 + ඔත්(වොත්)옫' 형태

가장 많이 쓰이는 형태가 '동사의 과거형'에서 장음 'ා 아-(앨러삘러)'를 뗀 후, ඔත් 옫 , වොත් 옫이나 හොත් 홋을 붙이는 경우이다.

ඔයා ගියොත් මමත් එනවා
오야- 기욧 마맏 에너와-
'네가 가면 나도 가겠다'

이 문장에서 ගියොත් 기욧-은 'යනවා 야너와- '가다'의 과거형 ගියා 기야-에서 'ා 아-(앨러삘러)'를 뗀 후 ඔත් 옫을 붙인 형태이다

හොඳට පාඩම් කළොත් විභාගයට ලියන්න පුළුවන්
혼더터 빠-*담* 껄롣 위바-거여터 리얀너 뿔루완
'너 열심히 공부하면 시험을 잘 볼 수 있다'

이 문장에서 කළොත් '껄롣'은 'කරනවා 꺼러/너와- '하다'의 과거형 කළා 껄라-에서 'ා-(앨러 삘러)'를 뗀 후 ඔත් 올을 붙인 형태이다

## 2) '기본 동사 + නම් 남' 형태

가정법을 만드는 후치사 'නම් 남'을 붙이면 된다. 변형이 없어서 문장을 만들기 쉽다.

ඔයා යනවා නම් මමත් එනවා
오야- 야너와- 남 마맏 에너와-
'네가 가면 나도 갈게'


හොඳට පාඩම් කරනවා නම් විභාගයට ලියන්න පුළුවන්
혼더터 빠-ㅁ 꺼러/너와- 남 위바-거여터 리얀너 뿔루완
'너 열심히 공부하면 시험을 잘 볼 수 있다'

| 현재 기본형 | 뜻 | + ඔත්(හොත්)올(홀) | + නම්남 | 가정법뜻 |
|---|---|---|---|---|
| යනවා  야너와- | 가다 | ගියොත් 기욷 | යනවා 남 | 가면 |
| කනවා  까너와- | 먹다 | කෑවෙත් 깨-올 | කනවා 남 | 먹으면 |
| කරනවා  꺼러/너와- | 하다 | කළොත් 껄롣 | කරනවා 남 | 하면 |
| වෙනවා  웨너와- | 되다 | වුනොත් 우놇 | වෙනවා 남 | 되면 |
| කියනවා  끼여너와- | 말하다 | කිව්වොත් 끼우욷 | කියනවා 남 | 말하면 |
| තියෙනවා  띠에너와- | 있다(물건) | තිබුනොත් 띠부놇 | තියෙනවා 남 | 있으면 |
| ඉන්නවා  인너와- | 있다(사람) | හිටියොත් 히티욷 | ඉන්නවා 남 | 있으면 |
| ගන්නවා  간너와- | 사다, 갖다 | ගත්තොත් 갇똗 | ගන්නවා 남 | 사면 |
| දෙනවා  데너와- | 주다 | දුන්නොත් 둔놇 | දෙනවා 남 | 주면 |
| බලනවා  발러너와- | 보다 | බැලුවොත් 밸루욷 | බලනවා 남 | 보면 |

## 2. 가정법 과거

가정법 과거는 과거에 대한 조건이나 기대 희망, 아쉬움을 나타낸다. '~했다면, ~했다면 ~했을 것이다'의 뜻을 포함하고 있다. 형태는 '동사의 과거형 + නම් 남'이다.

### 1) 과거에 대한 아쉬움 표현( ~했으면 ~했을 텐데)

현재에 이루어지지 못한 일에 대한 아쉬움을 표현한다. 과정법 과거 문장 뒤에 '동사의 To 부정사 형태 + තිබුනා 띠부나-'가 나와야 한다.

'네가 왔다면 나를 만날 수 있었을 텐데'
ඔයා ආවා නම් මාව හම්බුවෙන්න තිබුනා
오야- 아-와- 남 마-워 함부웬너 띠부나-

'네가 공부를 열심히 했다면 시험을 통과 할 수 있었을 것이다'
හොඳට පාඩම් කළා නම් විභාගය පස් කරන්න තිබුනා
혼더터 빠-*당* 껄라- 남 위바-거여 빠쓰 꺼*라*너 띠부나-

### 2) 과거에 대한 추측, 희망 표현( ~했으면 ~했을 것이다)

과거에 이루어진 일에 대한 추측을 표현한다. 과정법 과거 문장 뒤에 '동사의 과거분사형 태 (To부정사 형태)+ ඇති 애띠'가 나와야 한다.

'그가 캔디에 갔다면 불치사를 갔을 텐데 (것이다)'
එයා නුවරට ගියා නම් මාලිගාවට ගිහිල්ලා(යන්න) ඇති
에야- 누워*러*터 기야- 남 말-리가-워터 기힐라-(얀너) 애띠

'그가 음식을 먹었다면 '앞-뼈'를 먹었을 것이다'
එයා කෑම කෑවානම් ආප්ප කාලා ඇති
에야- 깨-머 깨-와- 남 앞-뼈 깔-라- 애띠

## 1) 방잡기 කාමරයක් ලබා ගැනීම

A. හෙලෝ, මෙහෙ කාමර තියෙනවාද?
헬로-, 메헤 까-머*러* 띠예너와-더?㉠

헬로, 여기 방 있나요?

B. දෙන්නෙකුටද, සර්?
덴네꾸터더, 써(르)?

두사람을 위해서요, 손님?

A. නෑ, මට විතරයි.
내-, 마터 위떠*러*이.

아니요, 저만요.

B. කොච්චර දවසකටද සර්?
꽃처*러* 다워써꺼터더 써르?

몇 일 머무시나요, 손님?

A. දවස් හතරකට.
다워쓰 하떠*러*꺼터.

4일요.

B. ෆුල් බෝඩ් ද, සර්?
풀 보-ㄷ 더, 써르?

풀 보드(Full board) 이나요,
손님?

A. නෑ, උදේ කෑම එක්ක විතරක් දෙන්න.
내-, 우데- 깨-머 엒꺼 위떠*럮* 덴너.

아니요, 아침 식사만 주세요.

B. කරුණාකරලා මේ ෆෝම් එක පුරවලා
දෙනවාද?
까루나-꺼*럴*라- 메- 폼- 에꺼 뿌*러*월라- 데너와-더?

실례지만, 이 양식을 채워(써) 주세
요.

A. ගාන කීයද?
가-너 끼-여더?

가격 얼마예요?

B. දවසකට රුපියල් හයදාහයි සර්.
다워써꺼터 *루*삐얄 하여다-하이 써(르).

하루에 6000루피예요, 손님.

A. වැට්(VAT) එකත් එක්කද?
왜 에깓 엒꺼더?

부가세 포함이나요?

B. නෑ, වැට් එක /බදු නැතුව.
내-, 왜 에꺼 /바두㉡ 내뚜워.

아니요, 세금 불포함이예요.

වෙන මොනවාද ඔයාට ඕන සර්?
웨너 모너와-더 오야-터 오-너 써(르)?

다른 뭐 필요하세요, 손님?

A. එච්චරයි, ස්තූතියි.
옐처*러*이, 쓰뚜-띠이.

이게 다예요, 감사해요.

## 2) 로비에서 ලොබි එකේදි

**A.** මගේ ගමන් බඩු ගේන්න පුලුවන්ද?
마게- 가만 바두 겐-너 뿔루완더?

제 짐을 가져올 수 있나요?

**B.** පුලුවන්, කාමරයේ නොම්බරය කීයද සර්?
뿔루완, 까-머*러*예- 놈버*러*여 끼-여더, 써르?

가능합니다. 방 번호가 뭐지요, 손
님?

**A.** 305(තුන්සිය පහ)යි.
뚠씨-여 빠하이.

305호예요.

**B.** කීයටද පිටත්වෙලා යන්න ඕනේ?
끼-여터더 삐탇윀라- 얀너 오-네-?

몇시에 출발해야 하나요?

**A.** දවල් 12 (දොලහ)ට. 다왈 돌러하터.

12시예요.

• මගේ කාමරයට බඩු ගෙනියන්නෙක් එවන්න පුළුවන්ද?
마게- 까-머*러*여터 바두 게니얀넦

에완너 뿔루완더?

제 방으로 짐꾼을 보내줄 수 있나
요?

• මගේ කාමරයේ යතුර නැති උනා නේ.
마게- 까-머*러*예- 야뚜*러* 내띠 우나- 네-.

제 방 열쇠를 잃어버렸어요.

• මම යතුරත් එක්ක දොර වහලා නේ.
마머 야뚜*랃* 엒꺼 도*러* 와할라- 네-.

제가 열쇠와 함께 문을 닫았어요.

---

**단어집**

• එක්ක 엒꺼 ~랑, 함께
• බදු 바두 세금
• ගමන් බඩු 가만 바두 여행짐
• ගේනවා 게-너와- 가져오다 (과거) ගෙනාවා 게나-와-
• පිටත්වෙලා 삐탇윀라- 출발해, 출발하고 පිටත්වෙනවා 삐탇웨너와- '출발하다'의
  과거분사
• දවල් 다왈 오후
• බඩු ගෙනියන්නා 바두 게니얀나- 짐꾼
• යතුර 야뚜*러* 열쇠 (복수) යතුරු 야뚜루
• නැති උනා 내띠 우나- 잃어 버렸다
• දොර 도*러* 문 (복수) දොරවල් 도*러*왈
• වහලා 와할라- 닫고, 닫아 වහනවා 와하너와- '닫다'의 과거분사
  (과거) වැහුවා 왜후와-

• වැට් එක 왵 에꺼 부가세
• නැතුව 내뚜워 ~없이

## 3) 커피숍에서 කෝපි හල තුල

1

C. ඔයා <u>මොනවද බොන්නේ?</u>
/<u>බොන්න කැමති මොනවද?</u>
오야- <u>모너워더 본네-?</u>
/<u>본너 깨머띠 모너워더?</u>

뭐 마시겠어요?
(뭐 마시길 좋아하세요?)

A. මට කෝපි කෝප්පයක් දෙන්න.
마터 꼬-삐 꼽-뻐야ㄲ 덴너.

제게 커피 한잔 주세요.

C. ඔයාට සීනියි කිරියි දාලා ඕනේද?
오야-터 씨-니이 끼ㄹ이 달-라- 오-네-더?

설탕과 우유를 넣기를 원하세요?

A. ඔව්. 오우.

예.

B. මට තේ කෝප්පයක් දෙන්න.
마터 떼- 꼽-뻐야ㄲⓒ 덴너.

제게 차 한잔 주세요.

හැබැයි සීනි අඩුවෙන් දාන්න.
해배이 씨-니 아두웬 단-너.

그러나 설탕 적게 넣으세요.

C. මෙන්න කෝපි කෝප්පයයි තේ එකයි.
멘너, 꼬-삐 꼽-뻐야이 떼- 에까이.

여기요, 커피 한잔과 차 한잔요.

2

A. ඔයාට මොනවාද ඕනේ, තේ ද කෝපිද?
오야-터 모너와-더 오-네-, 떼-더 꼬-삐더?

뭘 원하세요, 차세요, 커피 세요?

B. නෑ, මට කිරි කෝප්පයක් තිබ්බොත්
හොඳයි වගේ.
내-, 마터 끼ㄹ이 꼽-뻐야ㄲ 띱볻- 혼다이 와게-.

아니요, 제게 우유 한잔 있으면
좋겠어요(우유 한잔요).

A. මෙන්න ඔයාගේ කිරි කෝප්පය.
멘너 오야-게 끼ㄹ이 꼽-뻐여.

여기요, 당신의 우유 한잔.

B. බොහෝම ස්තුතියි.
보호-머 쓰뚜-띠이.

대단히 감사합니다.

---

**단어집**

- කෝප්පය 꼽-뻐여 컵, 잔
- සීනි 씨-니 설탕
- කිරි 끼ㄹ이 우유
- දාලා 달-라- 넣어 දානවා 다-너와- '넣다, 두다'의 과거분사
- කෝපි 꼬-삐 커피
- තේ 떼- 차, 홍차
- අඩුවෙන් 아두웬 적게, 조금
- තිබ්බොත් 띱볻- 있으면 තිබෙනවා 띠베너와- '있다'의 가정법 형태

㉠ 스리랑카는 관광지로 유명하기 때문에 호텔들도 잘 발달 되어있습니다.
호텔 가격은 현지 가격과 외국인 가격으로 나누어져 있고, 거주 비자가 없는 외국인은 현지 가격의 1,5-2배 정도 비용을 지불해야 합니다.

㉡ වැට් එක වැට එකෙ '부가세'는 12.5%로 상당히 높은 편입니다.
고급 식당에서 식사를 할 경우 부가세와 서비스 가격을 포함하면 22.5%가 되므로 가격에 부가세가 포함되어 있는지 살펴보는 것도 식사를 즐기는 한 방법입니다.

㉢ තේ කෝප්පයක් 떼- 꼽-뻐야 '차 한잔'
이것은 තේ 떼- 에깎으로도 사용할 수 있으며, තේ 떼- 에깎을 더 많이 사용합니다.

〈세계적인 홍차 – 실론티〉

한국말에서 그렇듯이 씽할러에서 형용사는 다른 단어들과 분명하게 구별된다. 영어에서와 같이 명사가 형용사도 되고, 동사가 형용사도 되는 단어는 거의 없다고 보면된다. 형용사는 명사의 복수가 되기도하고, 명사에서 파생하기도 한다. 앞에서 언급한 동사의 형용사적 용법, 지시형용사 등 다양한 방법으로 형용사가 만들어진다.

## 1. 형용사와 형용사의 서술적 형태

형용사는 명사를 꾸며주어, '~은, ~한'의 뜻을 가지고, 형용사의 서술적용법은 형용사 뒤에 서술 부사 'යි이'가 붙어서 '~하다'의 뜻으로 사용된다.

'아름다운 꽃' ලස්සන මල 랐써너 말러 ,
(서술적 용법) '꽃은 아름답다' මල ලස්සනයි 말러 랐써나이

## 2. 명사의 복수: 형용사

명사의 복수는 많은 경우 형용사로 사용된다. 익숙해진 많은 형용사들이 명사의 복수형태이다. 명사 두개가 연결되어 나올 때 앞 단어는 복수 형태 즉 형용사가 되어야 한다.

| 뜻 | 명사 | 뜻 | 명사 복수 형용사 |
| --- | --- | --- | --- |
| 하얌 | සුදුද 쑫더 | 하얀 | සුද 쑤두 |
| 모두 | සියල්ල 씨얄러 | 모든 | සියලු 씨열루 |
| 나쁨, 사악 | නපුර 나뿌러 | 나쁜 | නපුරු 나뿌루 |
| 습관 | පුරුද්ද 뿌룯더 | 익숙해진 | පුරුදු 뿌루두 |
| 높이 | උස 우써 | 높은 | උස 우쓰 |

## 3. 명사에 접미사가 붙어서 형용사가 된 경우

명사의 속성이나 성질, 성격을 나타내는 명사에 'වත් 왇'이나 'වන්ත 완떠' 등 접미사를 붙어서 형용사가 된다.

| 뜻 | 명사 | 뜻 | 형용사 |
|---|---|---|---|
| 지혜,총명 | නැණ 내너 | 현명한 | නැණවත් 내너왇 |
| 부,재물 | ධනය 다너여 | 부유한 | ධනවත් 다너왇 |
| 성품, 덕 | ගුණය 구너여 | 좋은,덕있는 | ගුණවත් 구너왇 |
| 힘, 능력 | බලය 발러여 | 힘센 | බලවත් 발러왇 |
| 힘, 능력 | බලය 발러여 | 힘센,능력있는 | බලවන්ත 발러완떠 |

## 4. 동사의 형용사적 용법

이미 7과에서 설명했으니 참조하기 바란다.

## 5. 명사에서 파생되는 형용사

명사에 일정한 형태의 단어가 붙어서 형용사가 된다. 문어체에서 많이 사용되는 단어들이 여기에 속한다.

1) 명사 단어 끝의 두번째 글짜에 'ී(ේ) 이-'가 붙어 형용사가 된다.

| 뜻 | 명사 | 뜻 | 형용사 |
|---|---|---|---|
| 지역, 현지 | දේශය 데-셔여 | 현지의 | දේශීය 데-쉬-여 |
| 성경 | බයිබලය 바이벌러여 | 성경의 | බයිබලීය 바이벌리-여 |

2) 명사 단어 끝에 'ක 꺼'가 붙고(끝 글자가 'ය 여'인 경우는 'ය 여'가 떨어진다), 'ක 꺼' 앞 글자에는 'ී(ේ) 이'가 붙고, 단어의 첫 글자에는 'ා(ා) 아-'가 붙어 장음이 되어 형용사가 만들어진다.

| 뜻 | 명사 | 뜻 | 형용사 |
|---|---|---|---|
| 마음 | මනස 마너써 | 마음의, 심적 | මානසික 마-너씨꺼 |
| 도시 | නගරය 나거러여 | 도시의 | නාගරික 나-거리꺼 |
| 몸 | ශරීරය 샤리-러여 | 몸의, 육체적인 | ශාරීරික 샤-리-리꺼 |
| 영 | ආත්මය 앋-머여 | 영적인 | ආත්මික 앋-미꺼 |

## 6. 형용사로 사용되는 수

숫자 뒤에 명사가 나올 경우 숫자는 형용사로 변한다. 예를 들면, 'දෙනා 데나- 명' 나 숫자가 나올 경우 변화한다. 그 변화는 '1부 6과 가족'과 '1부 10과 기수 설명' 에 자세하게 설명되어 있다.

| 뜻 | 명사 | 뜻 | 형용사 |
|---|---|---|---|
| 1 | එක 에꺼 | 천, 1000 | එක් දහ 엒 다-하 |
| 2 | දෙක 데꺼 | 이백, 200 | දෙ සීය 데 씨-여 |
| 3 | තුන 뚜너 | 3 명 | තුන් දෙනා 뚠 데나- |
| 4 | හතර 하떠러 | 4 명 | හතර දෙනා 하떠러 데나- |
| 5 | පහ 빠하 | 5 차례(번) | පස් වතාව 빠쓰 와따-워 |

〈불교의 성지 - 캔디 불치사〉

**I**

**A.** මගේ සාරිය ඩ්‍රයි ක්ලීන් කරලා /පිරිසිදු කර
වෙලා දෙන්න පුළුවන්ද?
마게- 싸-*리*여 드라이 끌린-꺼*럴*라-/빠리씨두 꺼*러*
웰-라- 덴너 뿔루완더? ㉠

කවදාද ආපහු ගන්න පුළුවන්?
까워다-더 아-빠후 간너 뿔루완?

**B.** දවස් තුනකින් ගන්න පුළුවන්.
다워쓰 뚜너낀 간너 뿔루완.

**A.** මට ඉක්මනට මේක අඳින්න ඕනේ.
마터 이끄머너터 메-꺼 안딘너 오-네-.
ඉක්මනට කරලා දෙන්න පුළුවන්ද?
이끄머너터 꺼*럴*라- 덴너 뿔루완더?

**B.** ආ, එහෙමනම් ඔයා ඉක්මනට කරන
ඒකට දාන්න.
아-, 에헤낭 오야- 이끄머너터 꺼*러*너 에-꺼터 단-너.
ඔයාට දවසින් ගන්න පුළුවන්.
오야-터 다워씬 간너 뿔루완.

**A.** සාමාන්‍ය එකට වඩා ඉක්මනින් කරලා
දෙන්න කීයක් වැඩිපුර අය කරනවාද?
싸-만-니여 에꺼터 와*다*- 이끄머닌 꺼*럴*라-
덴너 끼-약 왜*디*뿌*러* 아여 꺼*러*너와-더?

**B.** රූපියල් දෙසීයක් වැඩිපුර අය කරනවා.
루삐얄 데씨-약 왜*디*뿌*러* 아여 꺼*러*너와-.

**A.** එහෙනම් මට ඉක්මනට කරලා දෙන්න.
에헤낭 마터 이끄머너터 꺼*럴*라- 덴너.

제 사리 <u>드라이클리닝/ 세탁</u> 해 주
실 수 있나요?

언제 다시 가져갈 수 있나요?

3일 후에 가져갈 수 있어요.

저 이것 빨리 입어야 해요.

빨리 해 주실 수 있나요?

아, 그러면 당신 빨리 하는
것에 넣으세요.

당일에 가져갈 수 있어요.

일반 보다 빨리 해주는 것은 얼마
더 청구하나요?

200루피 더 청구해요.

그러면, 저 빨리 해 주세요.

2

A. කරුණාකරලා, මට මේ කමිසේ හෝදලා
අයන් කරලා දෙනවද?
까루나-꺼러/라-, 마터 메- 까미쎄- 호-덜라-

아연 꺼러/라-데너워더?

실례지만, 제게 이 셔츠 세탁해 다
림질 해 주시나요?

B. තව ඇඳුම් තියෙනවද?
따워 앤둠 띠에너워더?

옷 더 있나요?

A. ආ මෙන්න, මේ කමිසේ මෙතනට
බොත්තමක් අල්ලලා දෙන්න පුළුවන්ද?
아-, 멘너, 메- 까미쎄- 메떠너터 볻떠막 알럴라-

덴너 뿔루완더?

මේක කීයටද ගන්න පුළුවන්?
메-꺼 끼-여터더 간너 뿔루완?

아, 여기요. 이 셔츠 여기에 단추를
달아 주세요.

이것 몇 시에 찾을 수 있나요?

B. අද හවසට විතර. 아더 하워써터 위떠러/.

오늘 오후 정도에요.

A. එතකොට මගේ ගාන කීයද?
에떠꼬터 마게- 가-너 끼-여더?

그리고, 제 가격은 얼마예요?

B. එකසිය පනහයි. 에꺼씨여 빠나하이.
රිසිට් එක අරගෙන යන්න.
리/씯 에꺼 아러/게너 얀너.

150루피예요.
영수증 가지고 오세요.

**3**

**A.** මගේ ඇඳුම් ටික ගන්න පුළුවන්ද?
마게- 앰둠 티꺼 간너 뿔루완더?

මෙන්න රිසිට් එක. 멘너 *l*/씰 에꺼.

**B.** ටිකක් ඉන්න. මෙන්න ඔයාගේ ඇඳුම්.
티깎 인너. 멘너 오야-게- 앤둠.

**A.** මේ මගේ ඇඳුම් නෙවේනේ.
메- 마게- 앤둠 네웨-네-.

**B.** ඇත්තද? විනාඩියක් ඉන්න.
앨떠더? 위나-*l*/얍 인너.

මම ඔයාගේ ඒවා හොයාගෙන එන්නම්.
마머 오야-게- 에-와- 호야-게너 엔남.

제 옷 찾을 수 있나요?

여기요, 영수증.
조금만 기다리세요. 여기요
당신의 옷요.
이것 제 옷이 아니예요.

정말이예요? 1분만 있어요 (잠깐만
요).
제가 당신의 것들을 찾아 올게요.

**4**

**A.** මම මේ පැල්ලම අයින් කරන්න කිව්වානේ.
마머 메- 뺄러머 아인 꺼*l*/너 끼우와-네-ㄴ.

හැබැයි ඒක ගිහිල්ලා නෑ නේ.
해배이 에-꺼 기힐라- 내- 네-.

**B.** සමාවෙන්න. ඒ පැල්ලම අයින් කරන්න
නම් අපට බැරි වුනා.
싸마-웬너. 에- 뺄러머 아인 꺼*l*/너 남ㄷ
아뻐터 배*l*/ 우나-.

제가 이 얼룩 지워달라고 이야기 했
는데요.
하지만, 그것 지워지지 않았 어요.

죄송합니다. 그 얼룩 지우기가 우리
에게 불가능 했어요.

---

**단어집**
- කමිසේ 까미쎄- 셔츠 = කමිසය 까미써여
- අයන් කරනවා 아얀 꺼*l*/너와- 다림질하다
- බොත්තම 볻떠머 단추
- අල්ලලා 알럴라- 달아, 달고 අල්ලනවා 알러너와- '달다, 잡다'의 과거분사
- එතකොට 에떠꼬터 그리고
- අරගෙන යනවා 아*l*/게너 야너와- 가지고 가다
- නෙවේ 네웨- 아니다 = නෙමේ 네메-
- හොයා 호야- 찾아 හොයනවා 호여너와- '찾다'의 과거분사
  (과거) හෙවුවා 헤우와-
- පැල්ලම 뺄러머 얼룩
- අයින් කරනවා 아인 꺼*l*/너와- 제거하다, 없애다
- බැරි වෙනවා 배*l*/ 웨너와- 할 수 없다

㉠ 스리랑카는 세탁소가 그리 발달되어 있지 않습니다.
주변에 흔하지 않아 찾아가서 맡겨야 합니다. 스리랑카 전통의상인 사리나 한복, 양복을 세탁할 때 사용하면 됩니다. 물론 일반 빨래도 세탁을 맡길 수 있습니다.

㉡ කරන්න කිව්වා නේ 꺼란너 끼우와- 네- '하라고 말했는데요'
여기에서 කරන්න 꺼란너 뒤에, 인용할 때 쓰는 단어 කියලා 끼열라- '~라고'가 생략되어 있습니다. 종종 생략해서도 사용합니다.
  예 අම්මා එන්න කිව්වා 암마- 엔너 끼우와- '엄마가 오래, 엄마가 오라고 말씀하셨어'

㉢ බැරි වුනා 배리/ 우나- '할 수 없었어요'
බැරි 배리/- '불가능한'는 බෑ 배- '불가능하다'의 형용사 형태입니다.
  예 මේක ඔයාට කරන්න බැරි වැඩක් 메-꺼 오야-터 꺼란너 배리/ 왜듞 '이것은 네가 할 수 없는 일이야'

㉣ අයින් කරන්න නම්අයින් 꺼란너 남 '제거 하기가'
නම් 남은 '~한다면'의 가정법을 만드는 후치사가 아니고, 그 앞에 나온 단어를 강조하는 의미를 가지나, 없어도 뜻은 달라지지 않습니다. 대신에 නං 낭을 쓰기도 합니다.
  예 පැනඩෝල් නම් තියෙනවා 빼너돌 남 띠예너 와- '패나돌(진통제 이름)은 있습니다'

〈결혼식 장면〉

## 문법설명(접속사)

접속사는 구와 구, 절과 절, 문장과 문장을 이어주는 역할을 한다. 다음 문장을 이어갈 때 적절한 접속사를 사용하지 않으면 문장이 매끄럽지 못하게 된다. 이 과에서 사용된 'එහෙනං 에헤낭 그러면' 이나 'කරුණාකරලා 까루나-꺼럴라- 실례지만', 'හැබැයි 헤베이 그러나'가 접속사에 속한다.


### 1. 등위 접속사

등위 접속사는 단어와 단어, 구와 구, 절과 절을 대등하게 연결시켜 주는 구실을 한다.


### 1) 그리고

එවාගේම 에-와-게-머, එතකොට 에떠꼬터 (문어체:හා 하-, සහ 싸하 )
හා 하-, සහ 싸하는 단어와 단어 사이에 나온다.
'너와 나' ඔයා හා(සහ) මම 오야- 하-(싸하) 마머


### 2) 그러나

එහෙත් 에헫, එත් 엗-, හැබැයි 해배이 (문어체: නමුත් 나뭍, නුමුත් 누뭍 )


### 3) 그래서, 그렇기 때문에

එනිසා 에-니싸-, ඒ හින්දා 에-힌다-, එකනිසා 에-꺼 니싸-, ඉතින් 이띤
(문어체: එම නිසා 에머 니싸-, එබැවින් 에배윈)


### 4) 그래도, 그렇다 할지라도

ඒ උනත් 에-우낟 (문어체: එසේ වුවත් 에쎄-우왇)

## 5) 아니면, 혹은

නැත්තම් 낻남, හරි 하리/ හරි 하리 (문어체: හෝ 호- හෝ 호-)

'이것 아니면 저것을 해라' මේක නැත්තම් අරක කරන්න 메-꺼 낻땀 아러꺼 꺼란너, මේක හරි

අරක හරි කරන්න 메-꺼 하리/ 아러꺼 하리/ 꺼란너.

(문어체) මේක හෝ අරක හෝ කරන්න 메-꺼 호- 아러꺼 호- 꺼란너,


## 6) ~도, ~도 ~ත්ද(을), ~ත්ද(을).

'이것도 저것도 해라'

මේකත් අරකත් කරන්න 메-깓 아러깓 꺼란너.



# 2. 종속 접속사

종속 접속사는 명사절을 이끄는 것과 부사절을 이끄는 것으로 나누어진다.


## 1) 명사절

명사절은 '~하는 것', '~인지 아닌지' 등의 뜻을 나타낸다.


① '~ 하는 것' – එක 에꺼 (문어체: – බව 바워 )
동사는 형용사적 용법 형태를 취한다.
'네가 오는 것을 나는 안다'
ඔයා එන එක(බව) මම දන්නවා 오야- 에너 에꺼(바워) 마머 단너와-


② '~인지 아닌지' – ද කියලා 더 끼열라-, – ද නැද්ද 더 낻더 (문어체: -දැයි 대이)
'니말이 오는지 아닌지 나는 모른다'
හිමල් එනවා ද කියලා(නැද්ද) මම දන්නෑ 니말 에너와- 더 끼열라-(낻더) 마머 단내-


③ '~다고, 라고' – කියලා 끼열라- (문어체: –යැයි 예이)
'그가 갔다고 빼멜라-가 말했다'
එයා ගියා කියලා පැමෙලා කිව්වා 에야- 기야- 끼열라- 빼멜라- 끼우와-

참고로, '～래, 데 ⓛ 루(Lu)'는 대화체에서 주로 사용되며, '～라고 말했다 -කියලා කිව්වා 끼얄라- 끼우와-'의 뜻을 가지고 있다.

'엄마가 너 오래' අම්මා ඔයා එන්නලු 암마 오야- 엔널루,

'그 사람 갔데' එයා ගියාලු 에야- 기알루, '말하래' කියන්නලු 끼얀널루.

## 2) 부사절

부사절은 이유, 결과, 목적, 조건, 양보, 비교, 양태 따위를 나타낸다. 이때 많은 후치사 들이 '동사의 형용사적 형태 + 후치사' 형태를 취한다.

① '～때문에' – නිසා 니싸- (문어체: බැවින් 배윈)
  '네가 오니까 나는 간다' ඔයා එන නිසා මං යනවා 오야- 에너 니싸- 망 야너와-

② '～ 때, 할 때' – කොට 꼬터 (문어체: විට 위터)
  '갈 때 망고 가지고 가' යන කොට අඹ අරන් යන්න 야너 꼬터 암버 아랑 얀너

③ '～위해서' – 동사의 To부정사 용법+ ට터 (문어체: පිණිස 삐니써)
  '책을 사기위해서 시내에 갔다' පොතක් ගන්නට ටවුමට ගියා 뽀딱 간너터 타우머터 기야-

〈세계 최고의 실론티 홍차밭〉

Ⅰ

**A.** හිසේරදේට මොනවාහරි බෙහෙතක් තියෙනනවද?
히쎄-*러*/데-터 모너와-하*리* 베헤땨 띠예너워더?㉠

두통에 무슨 약이 있나요?

**B.** ඔව්, පැනඩෝල් නම් තියෙනවා.
오우, 빼너돌-㉡ 남 띠예너와-.

예, 패나돌(Panadol) 있어요.

**A.** ඒක වේදනා නාශකයක්ද?
에-꺼 웨-더나- 나-셔꺼얖더?

그것 진통제인가요?

**B.** ඔව්, ගොඩක් ප්‍රසිද්ධ පෙත්තක්.
오우, 고*닦* 쁘*러*씯더 뻳땨.

예, 아주 유명한 알약이예요.

ඔයාට පෙති කීයක් ඕනේද?
오야-터 뻬띠 끼-얖 오-네-㉢더?

당신 몇 알 필요하세요?

**A.** දවස් තුනකට සෑහෙන්න දෙන්න.
다워쓰 뚜너꺼터 쌔-헨너 덴너.

3일에 충분하게(3일치) 주세요.

**B.** පෙති දෙක ගානේ දවසට
තුන් සැරයක් බොන්න / ගිලින්න.
뻬띠 데꺼 가-네- 다워써터 뚠쌔*러*얖 <u>본너</u> / <u>길린너.</u>

2알씩 하루에 3번 먹으세요.

---

**단어집**

- වේදනා නාශකය 웨-더나- 나-셔꺼여 진통제 වේදනා 웨-더나- 통증, 아픔 නාශකය 나-셔꺼여 멸하는 것, 멸망시키는 것
- ප්‍රසිද්ධ 쁘*러*씯더 유명한
- පෙත්ත 뻳떠 알약 (복수) පෙති 뻬띠
- සෑහෙන්න 쌔-헨너 충분하도록 සෑහෙනවා 쌔-헤너와- '충분하다, 알맞다'의 To부정사 (과거) සෑහුණා 쌔-후나-
- සැරය 쌔*러*여 번, 횟수
- ගිලිනවා 길리너와- 삼키다 (과거) ගිලුණා길루나-

2

A. හෙම්බිරිස්සාවට මොකුත් නැද්ද?
헴비릿/싸-워터 모꾿 낻더?

감기에 뭐 없나요?

B. රෝග ලක්ෂණ මොනවාද?
로-거 띾셔너 모너와-더?

병 증상은 어때요?

A. ටිකක් උණ ගතිය තියෙනවා.
티깎 우너 가띠여 띠예너와-.

열이 조금 있어요.

කැස්සත් තියෙනවා. 깼쌑 띠예너와-.

기침도 있어요.

B. හරි, මේක කොහොමද?
하리, 메-꺼 꼬호머더?

좋아요, 이것 어때요?

A. හරි, කෑමට පෙරද පසුද
ගන්න ඕන?
하리, 깨-머터 뻬러더 빠쑤더ㄹ 간너 오-너?

좋아요, 식전 식후 언제 먹어야 하나요?

B. කෑමෙන් පසු ගන්න.
깨-멘 빠쑤ㅁ 간너.

식후에 드세요.

A. හොඳයි, ඔක්කොම කීයද?
혼다이, 옦꼬머 끼-여더?

좋아요, 전부 얼마죠?

B. ඔක්කොම රුපියල් 250යි.
옦꼬머 루삐얄 데씨-여 빠나하이.

전부 250루피예요.


3

A. මේ බෙහෙත් වට්ටෝරුව.
메- 베헬 왇또-루워.

여기 처방전요.

B. මෙන්න බෙහෙත් ටික.
멘너 베헬 티꺼.

여기 약요.

මේක උදේට ගන්න.
메-꺼 우데-터 간너.

이것은 아침에 드세요.

මේක නින්දට පෙර ගන්න.
메-꺼 닌더터 뻬러ㅂ 간너.

이것은 취침전에 드세요.

මේ බෙහෙත නම් අපි ලග නැහැ.
메- 베헤떠 낭ㅅ 아삐 랑거 내해.

이 약은 우리에게 없어요.

A. මේක ගන්න පුළුවන් වෙන්නේ කොහෙන්ද?
메-꺼 간너 뿔루완 웬네- 꼬헨더?

이것 어디서 살 수 있죠?

B. ඊළඟ ෆාමසි එකේ බලන්න.
일-렁거 파-머씨 에께- 발란너.

다음 약국에서 보세요.

A. හා හොඳයි, ගාන කීයද?
하- 혼다이, 가-너 끼-여더?

좋아요, 가격 얼마예요?

B. රුපියල් තුන්සිය හතලිහයි.
루삐얄 뚠씨여 하떨리하이.

340루피예요.

## ☆ 더 배워 봐요!

㉠ 스리랑카는 의약 분업이 되어 있습니다.
한국과 같이 일반적인 약을 제외하고, 약을 살 때는 의사의 처방전이 필요합니다.

㉡ පැනඩෝල් 빼너돌- '빼너돌-'은 스리랑카에서 가장 유명한 진통제입니다.
통증과 열병에도 효험이 있고, 약 알레르기가 있는 사람이 먹어도 괜찮은 아주 좋은 약입니다.

㉢ ඕනේ 오-네 '필요하다'
이 단어는 ඕන 오-너와 ඕනෑ 오-내- 형태로도 사용됩니다.

㉣ කෑමට පෙර ද පසු ද 깨-머터 뻬러 더 빠쑤 더 '식후예요 식전이예요?'
여기서 사용된 ~ ද 더 ~ ද 더는 의문부사의 역할을 하면서 동시에 둘 중에 하나의 선택을 묻는
문장이 됩니다.
㉘ මේකද අරකද 메-꺼더 아러꺼더 '이것이예요, 저것이예요?'

㉤ කෑමෙන් පසු 깨-멘 빠쑤 '식사 후에'
පසු 빠쑤 '~후에, 뒤에' 는 문어체에서 많이 사용되며පස්සේ 빳쎄- 로도 쓰여집니다. 앞에 명
사가 나올 경우, 명사는 ට 터가 붙은 여격형태나 조격 형태가 됩니다. 따라서, කෑමෙන් පස්සේ
깨-멘 빳쎄-는 කෑමට පස්සේ 깨-머터 빳쎄- 로도 사용됩니다. පස්සේ 빳쎄- 앞에 동사가 나
올 경우 조격 형태가 됩니다. 특별히 조격 형태는 동사 + යින් පස්සේ인 빳쎄-가 됩니다.
㉘ මේක කළාට පස්සේ ගෙදර යන්න 메-꺼 껄라-터 빳쎄- 게더러 얀너 '이것 한 후에 집에
가세요'는 මේක කළායින් පස්සේ ගෙදර යන්න 메-꺼 껄러인 빳쎄- 게더러 얀너로도 사
용됩니다.

㉥ නින්දට පෙරනින්දට 뻬러 '자기 전에'
පෙර 뻬러 '~전에' 앞에는 명사가 여격 형태를 가집니다.
㉘ කෑමට පෙර 깨-머터 뻬러 '식사전에'

㉦ බෙහෙත නංබ헤헤떠 낭 '약은'
නං 낭에서 ං 빈두워는 මි ㅁ(음) 로 종종 바뀌어 නම් 남으로도 사용됩니다. ගිහින් එන්නමි
기힌 엔남 '다녀 올게요'도 ගිහින් එන්නං 기힌 엔낭으로도 사용됩니다.

후치사는 명사, 대명사 뒤에 놓여 '(대)명사 + 후치사'의 구를 만드는 낱말을 뜻한다. 영어에서는 전치사라고 사용되는 낱말들이 씽할러에서는 후치사이다.

후치사 앞에 사용되는 (대)명사는 대격 즉 목적격이 되어야 한다.


1. උඩ 우더 '~위(on)'
   පොත මේසය උඩ තියෙනවා 뽀떠 메-써여 우더 띠예너와- '책이 책상 위에 있다'.
   පොත මේසය උඩින් තියන්න 뽀떠 메-써여 우딘 띠얀너 '책을 책상위에 두세요'.
   '~위에 두다'는 උඩ 우더 그대로 사용되지 않고 조격 형태 උඩින් 우딘으로 사용된다.


2. යට 야터 '~아래(down)'
   නිමල් ගහ යට ඉන්නවා 니말 가하 야터 인너와- '니말 나무 아래 있다'
   පුටුව ගහ යටින් තියන්න 뿌투워 가하 야틴 띠얀너 '의자를 나무 아래 두어라'


3. ළඟ 랑거 '가까이(near), 옆에, 근처에'
   පොත පෑන ළඟ තියෙනවා 뽀떠 빼-너 랑거 띠예너와- '책이 펜 옆에 있다'
   කොස්ස කුස්සිය ළඟින් තියන්න 꼬써 꾸씨여 랑긴 띠얀너
   '빗자루를 부엌가까이에 두세요'


4. ඉස්සරහ 있써러/하 '앞(front)' (문어체: ඉදිරිපස්ස 이디리/빠써)
   මම පල්ලිය ඉස්සරහ ඉන්නවා 마머 빨리여 있써러/하 인너와- '나는 교회 앞에 있다'
   කට්ටිය ඉස්සරහට යන්න 깥티여 있써러/하터 얀너 '사람들 앞으로 가세요'


5. පිට්ටපස්ස삐티빧써 '뒤(back)' (문어체: පිටුපස삐투빠써)
   බල්ලා මා පිට්ටපස්සේ ඉන්නවා 발라- 마 삐티빧쎄- 인너와- '개가 내 뒤에 있다'
   පිට්ටපස්සේ '삐티빧쎄- 는 '~뒤에'로 해석되고, 소유격 형태로 바뀐다.

6. ඇතුල 애뚤러, තුල(තුළ) 뚤러 '안에(in, inside)'
   මම ගෙදර ඇතුලේ ඉන්නවා 마머 게더*러* 애뚤레- 인너와- '나는 집 안에 있다'
   ස්වාමීන් තුල මා ඔබට ආදරෙයි 쓰와-민- 뚤러 마- 오버터 아-더*레*이
   '하나님 안에서 내가 당신을 사랑합니다'

7. මැද 매더 '중간에, 가운데'
   පොත මේසය මැද තියෙනවා 뽀떠 메-써여 매더 띠예너와- '책이 책상 가운데 있다'

8. ගැන 개너 '∼에 대해서, 관해서'
   ඔයා ගැන මං දන්නවා 오야- 개너 망 단너와- '너에 대해서 나는 안다'

9. ඉඳලා(ඉඳන්) 인덜라-(인당) '∼으로부터(from)' (문어체: සිට 씨터)
   මම ටවුමේ ඉඳලා(ඉඳන්) ආවා 마머 타우메- 인덜라- 아-와- '나는 시내에서 왔다'
   ඉඳලා 인덜라-, සිට 씨터 앞에 앞에 나오는 명사는 소유격 형태를 취한다.

10. ට 터 '∼로, 에게로(to)' (문어체: හට 하터, වෙත 웨떠, කරා 까라-)
    කඩයේ ඉඳලා ගෙදරට යන්න 까*더*예- 인덜라- 게더*러*터 얀너 '가게에서 집으로 가세요'

11. හින්දා 힌다-, නිසා 니싸- '∼때문에(because of)'
    ඔයාගේ පාපය හින්දා 오야-게 빠-뻐여 힌다- '네 죄 때문에'

12. එක්ක 엒꺼 '∼와 함께(with)' (문어체: සමඟ 싸머거)
    මා එක්ක යමු 마- 엒꺼 야무 '나와 함께 가자'

13. වාගේ 와-게- '∼과 같이(like)' (문어체: මෙන් 멘, වැනි 왜니, ලෙස 레써, වන් 완)
    මේයා වාගේ කරන්න 메야- 와-게- 꺼*란*너 ' 이 사람 같이 해라'

14. දක්වා 닦와- '∼까지', තුරු 뚜루, තෙක් 뗔
    3 ඉඳලා 8 දක්වා ගණන් කියන්න 뚜네-인덜라 아터 닦와- 가난꺼*란*너 '3–8까지 세라'
    구어체에서는 දක්වා 닦와- 대신에 ට 터를 많이 사용한다.

15. නැතුව 내뚜워 '∼없이(without)' (문어체: ඇර 애러, මිස 미써)
අම්මා නැතුව ජීවත්වෙන්න බැහැ 암마- 내뚜워 지-왈웬너 배해 '엄마 없이는 살 수 없다'

16. තුලින්(තුළින්) 똘린 '지나서, 통과하여' (문어체: හරහා 하러/하-)
අර ගමතුලින්(හරහා) යන්න 아러 가머 똘린 (하러하-) 얀너 '저 마을 지나서 가세요'

17. ට 터 '∼위해서(for)' (문어체: උදෙසා 우데싸-)
ඔයාට කෑම උයනවා 오야-터 깨-머 우여너와- '너를 위해서 음식을 요리한다'

18. විතර 위떠러 '∼ 정도, 쯤'
හවස 2 ට විතර එන්න 하워써 데꺼터 위떠러 엔너 '오후 2시 정도 오세요'
මට රුපියල් 2000 විතර තියෙනවාමාට 루삐얄 데다핫 위/떠러 띠예너와
'나에게 2천루피 정도 있다'

19. පවා 빠와- '∼조차(even)'
ඔයාපවා මාව බලාගන්නෑ 오야- 빠와- 마-워 발라-간내-'너 조차도 나를 돌보지 않는다'

20. විතර 위떠러 '∼뿐, 오직' (문어체: පමණ 빠머너)
ඔයා විතර මට උදව්කරනවා 오야- 위떠러 마터 우다우꺼러너와-'너 만이 나를 돕는다'
많은 경우에 විතරයි 위떠러이 로 쓰여 강조 문장을 만든다.
'나를 돕는 것은 너뿐이다'
මට උදව්කරන්නේ ඔයා විතරයි 마터 우다우꺼러네- 오야- 위떠러이

21. බැගින් 배긴 '∼개씩'
අඹ ගෙඩි තුන බැගින් අරන්යන්න 암버 게디 뚜너 배긴 아러얀너 '망고 3개씩 가져가'

22. පිට 삐터, මත 마떠, කෙරෙහි 께레히 '∼위에(upon)'
ඔයාගේ ප්‍රශ්ණය මා පිට දාන්න එපා 오야-게 쁘러쉬너여 마- 삐터 단-너 에빠- 
'네 문제를 나에게 두지마라'

23.අනුව 아누워, පරිදි 빠러디 '~따라, 따라서'

දේව වචනය අනුව ජීවත්වෙන්න 데-워 와처너여 아누워 지-왇웬너

'주의 말씀을 따라살아라'


24.විසින් 위씬 '~의해서 (by)'

ඔයා විසින් මේ පොත ලියනු ලැබුවා 오야- 위씬 메- 뽀떠 리여누 래부와-

'너에 의해서 이 책이 쓰여졌다'

보통 විසින 위씬은 수동태 형태의 문장에서 쓰이고, 문어체에서 사용된다.

〈씽할러 아이들〉

## 1) 옷수선

A. මගේ කලිසම ඉරිලා,
마게- 깔리써머 이릴/라-,

 එක මහලා දෙන්න පුළුවන්ද?
에-꺼 마할라- 덴너 뿔루완더?㉠

제 바지 찢어졌어요.

그것 깁어줄 수 있나요?

B. හරි, වෙන මොනවද කෙරෙන්න ඕනේ?
하리, 웨너 모너워더 께레/너 오-네-?

좋아요, 다른 뭐 해야 하나요?

A. මේ කලිසමේ සිප් එකත් කැඩිලා තියෙනවා.
메- 깔리써메- 씪 에깓 깨딜/라- 띠예너와-.

이 바지에 지퍼가 고장나 있어요.

ඒකට කීයක් විතර යයිද?
에-꺼터 끼-얖 위떠러/ 야이더?

그것 얼마 정도 갈까요?

B. එච්චර යන්නේ නැහැ.
엦처러/ 얀네- 내해.

많이 안나와요.

A. කවදා විතර ගන්න පුළුවන්ද?
까워다- 위떠러/ 간너 뿔루완더?

언제 정도 찾을 수 있나요?

B. හෙට උදේට එන්න. 헤터 우데-터 엔너.

내일 아침에 오세요.

---

단어집
- ඉරිලා 이릴/라- 찢어져 ඉරෙනවා 이레/너와- '찢어지다'의 과거분사 (과거) ඉරුණා 이루나-
- මහලා 마할라- 꿰메, 박아 මහනවා 마하너와- '꿰메다, 박다, 바느질하다'의 과거분사 (과거) මැහුවා 매후와-
- සිප් එක 씪 에꺼 지퍼
- කැඩිලා 깨딜/라- 부서져, 깨져
- කැඩෙනවා 깨데/너와- '깨지다, 부서지다'의 과거분사 (과거) කැඩුණා 깨두나-

---

## 2) 신발수선

1

*A.* මගේ සෙරෙප්පුව පොඩ්ඩක් මහා ගන්න
පුළුවන්ද?

마게- 쎄*랖*뿌워 뽀*듞* 마하간너 뿔루완더?

제 샌달 좀 깁을 수 있나요?

*B.* පුළුවන්. සෙරෙප්පුව වට්ටම මහන්නද?

뿔루완. 쎄*랖*뿌워 와테-터머 마한너더?ⓛ

예, 가능해요. 샌달 주변을 깁을까
요?

*A.* නෑ නෑ, ගැලවිලා තියෙන ටික විතරක්
මහන්න.

내- 내-, 갤러윌라- 띠예너 티꺼 위떠*락* 마한너.

아니요 아니요, 떨어져 있는 부분만
기워주세요.

*B.* විනාඩියක් ඉන්න.

위나-*디*약 인너.

1분만 있어요(잠깐만요).

*A.* මහන්න ඉස්සරවෙලා ගම් දාලා
අලවන්න පුළුවන්ද?

마한너 있써*러*웰라- 감 달-라-

알러완너 뿔루완더?

깁기 전에 본드 발라서
붙여줄 수 있나요?

*B.* ආ, හරි.

아, 하*리*.

아, 좋아요.

2

*A.* මේ සපත්තුව හදලා දෙන්න පුළුවන්ද?

메- 싸빧뚜워 하덜라- 덴너 뿔루완더?

이 구두 수선해 줄 수 있나요?

*B.* මොකද වෙලා තියෙන්නේ?

모꺼더 웰라- 띠엔네-?

어떻게 되었나요?

*A.* මේ සපත්තුවේ අඩිය
ගිහිල්ලා/කැඩිලා/ගැලවිලා.

메- 싸빧뚜워- 아*디*여

기힐라-/깨*딜*라-/갤러윌라-.

이 구두의 밑창이 나갔어요
/망가졌어요/ 떨어졌어요.

*B.* හරි, මහලා දෙන්නම්.

하*리*, 마할라- 덴남.

හැබැයි දවසක් විතර යයි.

해배이, 다워쌍 위떠*러* 야이.

좋아요, 깁어 드릴게요.

하지만, 하루 정도 걸려요.

- සෙරෙප්පුව 쌔렙뿌워 샌달
- මහා ගන්නවා 마하- 간너와- 깁다, 박다
- වටේ 와테- 주변, 주위
- ගැල විලා 갤러윌라- 뜯어져, 벌어져 ගැලවෙනවා 갤러웨너와- '떨어지다, 구원받다'의 과거분사
- මහන්න 마한너 기워라, 바느질해라 මහනවා 마하너와- '깁다, 박다'의 명령형
- ඉස්සරවෙලා 있써러/웰라- 먼저
- ගම් 감 본드, 접착제
- අල වනවා 알러워너와- 붙이다, 부착하다 (과거) ඇලේ වුවා 앨레우와-
- සපත්තුව 싸빧뚜워 구두
- හදලා 하덜라- 만들어 හදනවා 하더너와- '만들다'의 과거분사 (과거) හැදුවා 해두와-
- අඩිය 아디/여 바닥

# 3) 전자제품 수선

Ⅰ

**A.** ඔයාට කැමරා අලුත් වැඩියා/රෙපෙයාර් කරන්න පුළුවන්ද?

오야-터 깨머라- 알룯 왜디/야-/ 레/뻬야-르 꺼러너 뿔루완더?

당신 카메라 수리할 수 있나요?

**B.** ඔව්, මොකද කැමරාවට වෙලා තියෙන්නේ?

오우, 모꺼더 깨머라-워터 웰라- 띠옌네-?

예, 카메라 어떻게 되었나요?

**A.** මම හරියටම කියන්න දන්නෑ.

마머 하리/여터머 끼얀너 단내-ⓔ.

හැබැයි හොඳට වැඩ කරන්නෑ.

해배이 혼더터 왜더 꺼러내-.

저 어떻게 말해야 할지 모르겠어요. 하지만, 잘 작동하지 않아요.

2

A. මේ TV එකේ සද්දේ එන්නේ නෑනේ.
메- 티위 에께- 쌀데- 엔네- 내-네-.

이 TV 소리 나오지 않아요.

B. ඔයා කියන්නේ සද්දේ වැඩිකරාම
වැඩි වෙන්නේ නෑ කියලාද?
오야- 끼얀네- 쌀데- 왜*디*/꺼라-머

왜*디* 웬네- 내- 끼열라-더?

당신 말씀하시는 것이 소리를 높여
도 커지지 않다는 거죠?

A. ඔව්, රූප නම් එනවා.
오우, 루-뻐 남 에너와-.

예, 영상은 나와요.

හැබැයි සද්දේ තමා එන්නෙ නැත්තේ
/සද්දේ මොකක් හරි ප්‍රශ්නයක් ඇති.
해배이, 쌀데- 따마- 엔네 낼떼-②

/ 쌀데- 모깎 하*리* 쁘러/쉬너얔 애띠.

하지만, 소리가 안나와요
/ 소리에 무슨 문제가 있는 것 같아
요.

B. එහෙනම් සද්දෙ සවුන්ඩ් චිප් එකේ
ප්‍රශ්නයක් වෙන්න ඇති.
에헤낭 쌀데 싸운드 칲 에께-

쁘러/쉬너얔 웬너 애띠.

그러면, 소리 사운드 칲에 문제가
있는 것 같아요.

A. මේක හදන්න කොච්චර කාලයක් යයිද?
메-꺼 하단너 꽃처*러* 깔-러얔 야이더?

이것 고치는데 시간 얼마나 걸리
죠?

B. මේකට නම් සතියක් විතර යයි.
메-꺼터 남 싸띠얔 위떠*러* 야이.

이것에 일주일 정도 걸려요.

ඒ වගේම රූපියල් 1500 ක් විතර යයි.
에-와게-머 루-삐얄 엔다하쓰 빤씨-야 위떠*러* 야이.

그리고, 1500루피 정도 나와요.

A. කමක් නැහැ, මේක හදලා දෙන්න.
까막 내해, 메-꺼 하덜라- 덴너.

괜찮아요, 이것 수리해 주세요.

---

**단어집**

• කැමරා 깨머*러*- කැමරාව 깨머러-워 '카메라'의 복수
• අලුත් වැඩියා කරනවා 알룻 왜*디*야- 꺼러너와- 수리하다
• හරියට 하*리*여터 적절하게, 잘
• වැඩ කරනවා 왜*더* 꺼러너와- 일하다, 작동하다
• සද්දේ 쌀데- = සද්දය 쌀더여 소리
• වැඩි කරනවා 왜*디* 꺼러너와- 많게하다, 높이다
• වැඩිවෙනවා 왜*디*/웨너와- 많아지다
• කල් 깔 시간
• රූප 루-뻐 형상, 영상
• සතිය 싸띠여 주, 한주

㉠ 스리랑카는 인건비가 싸고, 물건 값이 비쌉니다.

전자제품은 거의 다 수입을 하는 편입니다. 따라서 수리하는 것이 잘 발달되어 있습니다. 한국에서는 그냥 버리는 것도 여기서는 수리해서 재 사용합니다. 수리를 맡기고 되돌려 받는 날짜는 조금 여유를 가지고, 약속한 날짜보다 2-3일 늦는다고 생각을 하면 웃음을 잃지 않고 스리랑카에서 시간을 보낼 수 있습니다.

㉡ මහන්න ද? 마한너 더 '깁을까요?'

'명령형+ ද 더'는 화자의 의지를 담는 표현 '~할까요'의 뜻입니다. මහනවා ද? 마하너와- 더 '깁으십니까?'로도 표현할 수 있습니다.

㉢ දන් නෑ 단 내- '모르다'

දන්නේ නෑ 단네- 내-의 축약형태 입니다. 축약 형태는 නෑ 내- '아니요' 앞에 나오는 '동사 의 의존형(어근+න්නේ ㄴ네-)'에서 නේ 네-가 빠지면 됩니다.

㉒ කරන්නේ නෑ 꺼란네- 내- '하지않다' 의 축약형은 කරන් නෑ 꺼란 내- 입니다.

㉣ නැත්තේ 낼떼- '없다'

이 단어는 නැත 내떠의 의존형태로 의문사나 문장의 도치가 되었을 때 이와 같은 형태로 바뀝니다. 참고로, ඇත 애떠 '있다'도 같은 형태로 변형합니다.

㉒ '왜 당신은 거기에 가지 않습니까?' ඇයි ඔයා එතනට යන්නේ නැත්තේ? 애이 오야- 에 떠너터 얀네- 낼떼-

〈길거리 신발 수리〉

부사는 동사나 형용사 앞에 나와서 그 뜻을 더 분명하게 만드는 역할을 한다. '갑자기, 현명하게, 멋지게' 기타 등등이 부사에 속한다. 대부분의 부사를 차지하는 단순 부사와 의문 부사, 관계 부사로 나누어진다. 부사는 문장의 처음, 중간 등 동사 앞 어디든지 나올 수 있다.

## 1. 부사의 형성

부사는 명사나 형용사에 접미사가 붙어서 만들어지는 경우가 많다.

**1) '명사(형용사) + ට 터'나, '명사(형용사)의 조격' 형태로 만들어진다.**

'갑자기'는 හදිසිය 하디씨여 '급함'이라는 명사에 ට 터가 붙거나 조격의 형태로 부사가 된다. හදිසියට 하디씨여터, හදිසියෙන් 하디씨옌

'싸게, 값싸게'는 අඩු 아두워 '쌈, 낮음'에서, අඩුවට 아두워터, අඩුවෙන් 아두웬로 만들어진다.

'잘, 좋게'는 හොඳ 혼더 '좋은'에서 හොඳට 혼더터와 හොඳින් 혼딘으로 사용된다.

'빨리'는 ඉක්මනට 이끄머너터와 ඉක්මනින් 이끄머닌으로 사용된다.

'예쁘게'는 ලස්සන 랏써너 '예쁜'에서 ලස්සනට 랏써너터가 된다.

**2) '형용사 + ව 워' 형태.**

| 뜻 | 형용사 | 부사 | 뜻 |
|---|---|---|---|
| 정직한 | අවංක 아왕꺼 | අවංකව 아왕꺼워 | 정직하게 |
| 풍성한 | බහුල 바훌러 | බහුලව 바훌러워 | 풍성하게 |
| 힘있는 | ශක්තිමත් 샤띠맏 | ශක්තිමත්ව 샤띠맏워 | 힘있게 |

이 형태는 대화체에서도 사용되지만, 문어체에서 더 많이 사용된다. 대화체에서는 'ව 워' 대신에 'වෙලා 웰라-'를 자주 사용한다.

## 2. 단순 부사

### 1) 때, 기간, 빈도를 나타내는 부사

දැන් 댄 '지금', ඉස්සරල있써를'라- '전에', තවම 따워머 '아직도', සමහරවිට 싸머하-러위터 '종종', ආයෙත් 아-옐, නැවතත් 내워딷 '다시', ලඟදී 랑거디- '최근에', කවදාහරි 까워다-하리 '언젠가', දිගින් දිගටම 디긴 디거터머 '계속적으로', නිතරම 니떠러머 '계속'

### 2) 장소를 나타내는 부사

මෙහෙ 메헤 '여기에', එහෙ 에헤 '저기에', කොහෙහරි 꼬헤하리 '어디선가', ඈතින් 애-띤 '멀리', උඩට 우더터 '위로', යටට 야터터 '아래로', එහා මෙහා 에하-메하- '여기저기'

### 3) 양태(성질,모양,방법)을 나타내는 부사

හෙමින් 헤민 '천천히', ඉක්මනින් 이끄머닌 '빨리', කොහොමහරි 꼬호머하리 '어쨌든간에', සන්තෝෂෙන් 싼또-셴 '기쁘게', උනන්දුවෙන් 우난두웬 '열심히', කරුණාවෙන් 까루나-웬 '친절하게', හරියට 하리여터 '잘', ඉබේම 이베-머 '자동으로', අලුතින් 알루띤 '새롭게', මෙහෙම 메헤머 '이렇게', එහෙම 에헤머 '그렇게', තනියෙන් 따니옌 '혼자서', නිකම් 니깡 '그냥' වෙනම 웨너머 '구별해서, 따로'

### 4) 정도, 분량을 나타내는 부사

ගොඩක් 고닦 '많이', ඉතාම 이따-머 '최고로', වැඩියෙන් 왜디옌 '지나치게, 더많이', වඩා 와다- '더 ', අමාරුවෙන් 아마-루웬 '힘들게', පහසුවෙන් 빠하쑤웬 '편하게, 쉽게', ටික ටික 티꺼 티꺼 '조금씩', හයියෙන් 하이옌 '크게', සැරෙන් 쌔렌 '엄하게, 강하게'

### 5) 부정, 긍정을 나타내는 부사

එහෙමයි 에헤마이 '그래', අනිවාරයෙන් 아니와-리옌 '물론', ඉස්තීරව 이쓰띠-러워 '확실히', පැහැදිලිව 빼해딜리워 '분명히'.

## 3. 의문 부사

කවුද 까우더 '누가', කවදාද 까워다-더 '언제(날짜)', කීයටද 끼-여터더 '몇시에', කොහෙද 꼬헤
더 '어디에', මොකක්ද 모깍더 '무엇을', මොනවාද 모너와-더 '무엇들을', කොහොමද 꼬호머더 '어
떻게', කොයිවාගේ 꼬이와-게- '어떻게', කොච්චරද 꽃처러더 '얼마나'

## 4. 관계 부사

2부 11과 문법설명 (접속사)를 참조하세요.

〈고기잡이〉

## 14 미용실에서 සැලුන් එකේ දී

Ⅰ

**A.** මොන වගේ ස්ටයිල් එකටද ඕනේ
/මොන විදියටද කපන්න ඕනේ ?

모너 와게- 쓰타일 에꺼터더 오-네-
/ 모너 위디여터더 까빤너 오-네-?㉠

어떤 스타일을 원하세요
/ 어떤 방식으로 자르길 원하세요?

**B.** මේ ස්ටයිල් එකට නිකං කොටට කපන්න.

메- 쓰타일 에꺼터 니깡 꼬터터 까빤너.

이 스타일로 그냥 짧게 자르세요.

**A.** හරි, ඔයාගේ අයිනේ කට්ටි එක කොහොමද
ඕනේ?

하리, 오야-게- 아이네- 꼍에꺼 꼬호머더 오-네-?

좋아요, 당신 옆머리는 어떻게 원하
세요?

**B.** කෙලින් කපන්න. 껠린 까빤너.

직선으로 자르세요.

**A.** පිටිපස්සේ පොඩ්ඩක් කෙලින් කපන්නද?

삐티빧쎄- 뽈듁 껠린 까빤너더?

뒤는 좀 직선으로 자를까요?

**B.** නෑ, නිකං තියන්න.

내-, 니깡 띠얀너.

아니요, 그냥 두세요.

**A.** කණ්ණාඩිය පොඩ්ඩක් අල්ලන්න පුළුවන්ද?

깐나-디/여 뽈듁 알란너 뿔루완더?

කොහොමද පෙනුම? 꼬호머더 뻬누머?

거울 좀 잡아주실 수 있어요?

모양 어때요?

**B.** හොඳයි.

혼다이.

좋아요.

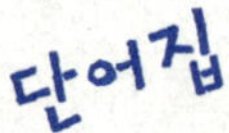


- විදිය 위디여 방법
- කපනවා 까뻐너와- 자르다 (과거) කැපුවා 깨뿌와-
- නිකං 니깡 그냥
- අයිනේ කට්ටි එක 아이네- 꼍 에꺼 옆머리 අයින 아이너 끝, 가장자리, 경계
- කොට 꼬터 짧은, 키가 작은
- කෙලින් 껠린 직진으로, 직선으로
- පිටිපස්සේ 삐티빧쎄- 뒤, 뒷쪽
- තියනවා 띠여너와- 두다, 남겨두다 (과거) තිබ්බා 띱바-
- කණ්ණාඩිය 깐나-디/여 거울
- පෙනුම 뻬누머 보임, 외관, 모양 පෙනෙනවා 뻬네너와- '보이다'의 명사형
  (과거) පෙනුනා 뻬누나-

2

A. කොහොමද කපන්නේ කියලා කියන්න.
꼬호머드 까빤네- 끼열라- 끼얀너.

어떻게 자르길 원하는지 말하세요.

B. මේ හරියට කපලා ස්ට්‍රෙට් කරන්න.
메- 하리/여터 까뻴라- 쓰트레-트 꺼란너ㄴ.

여기 잘 잘라서 스트레이트 하세요.

A. ෂැම්පු දාන්නද / දාන්න ඕනේද?
쇔뿌 단-너더 / 단-너 오-네-더?

샴푸 할까요/하길 원하세요 (머리
감으실래요)?

B. ඔව්, දාන්න. 오우, 단-너.

예, 해주세요.


3

A. මගේ කොණ්ඩේ පර්ම් කරලා දෙන්න
පුළුවන්ද?
마게- 꼰데/- 뻠- 꺼럴라- 덴너 뿔루완더?

제 머리 파마해 주실 수 있나요?

B. තියෙන ස්ටයිල් එක හොඳද
නැත්නම් වෙනස් කරන්නද?
띠예너 쓰타일 에꺼 혼더더 낻남 웨나쓰 꺼라/너더?

지금 있는 스타일이 좋나요 아니면
바꿀까요?

A. තියෙන එක හොඳයි. 띠예너 에꺼 혼다이.
ටිකක් කොට කරන්න. 티깎 꼬터 꺼란너.

지금 있는 것이 좋아요.
조금 짧게 해주세요.

B. ඔයා කොණ්ඩේ කොහොමද බලාගන්නේ?
오야- 꼰데/- 꼬호머더 발라-간네-?

당신 머리 어떻게 돌보나요?

A. මම සාමාන්‍යයෙන් රෑට නාලා උදේට
කර්ල් අයන් එක පාවිච්චි කරනවා.
마머 싸-만-니여엔 래-터 날-라 우데-터

껄- 아연 에꺼 빠-윛치 꺼러/너와-.

저는 보통 밤에 씻고, 아침에
고데기(curling iron)를 사용해요.

B. කොණ්ඩේ දැන් කපන්නද නැත්නම්
පර්ම් කරලා ඉවරවෙලා කපන්නද?
꼰데/- 댄 까빤너더 낻남

뻠 꺼럴라- 이워러/웰라- 까빤너더?

머리 지금 자를까요 아니면
파마 한 뒤에 자를까요?

A. දැන් කපන්න /ඉස්සරලා කපන්න.
댄 까빤너 / 잇써럴라- 까빤너.

지금 자르세요/먼저 잘라요.


• මට පිළිවෙලට සකස් කරලා දෙන්න
පුළුවන්ද?
마터 삘리웰러터 싸까쓰 꺼럴라- 덴너 뿔루완더?

제 머리 잘 손질해 줄 수 있나요?

• මගේ කොණ්ඩේ දෙපැත්තෙන් අඩු
කරන්න පුළුවන්ද?
마게- 꼰데/- 데뺃뗀 아두 꺼란너 뿔루완더?

제 머리 양쪽 줄여(잘라)줄 수 있나
요?

• උරහිස් ප්‍රමාණයට / ළඟට කපන්න.
우러/히쎄- 쁘러/마-너여터/ 랑거터 까빤너.

어깨 만큼/가까이 자르세요.

- කර්ල් කරලා දෙන්න.
  껄 꺼*럴*라- 덴너.

곱슬거리게 해 주세요.

- මගේ කොණ්ඩේ කලු පාට ඩයි කරලා දෙන්න පුළුවන්ද?
  마게- 꼰*데*- 깔루 빠-터 *다*이 꺼*럴*라-
  덴너 뿔루완더?

제 머리 검은 색으로 염색해 주실 수 있나요?

---

**단어집**

- හරියට 하*리*여터 잘, 정확하게
- කපලා කැපිලා- 잘라 කපනවා කැපෙනවා- '자르다'의 과거분사
- කොණ්ඩේ 꼰*데*- 머리
- පර්ම් කරනවා 뻠 꺼*러*/너와- 파마하다
- තියෙන ㎜예너 '있는' තියෙනවා ㎜예너와- '있다'의 형용사적 현재용법
- වෙනස් කරනවා 웨나쓰 꺼*러*/너와- 바꾸다
- කොට කරනවා 꼬터 꺼*러*/너와- 짧게하다
- බලාගන්නවා 발라-간너와- 돌보다
- සාමාන්‍යයෙන් 싸-만-니여옌 보통으로 සාමාන්‍යය 싸-만-니여여 보통
- නාලා 날-라- 목욕하고 නානවා 나-너와- '목욕하다'의 과거분사 (과거) නෑවා 내-와-
- ඉවරවෙලා 이워*러*/웰라- 끝나고 ඉවරවෙනවා 이워*러*/웨너와- '끝나다'의 과거분사
- කපලා කැපිලා- 잘라
- පිළිවෙල 삘리웰러 순서, 절차, 진행
- සකස්කරනවා 싸까쓰꺼*러*/너와- 정리하다, 정돈하다
- දෙපැත්ත 데뺄떠 양쪽
- උරහිස 우*러*히써 어깨
- කලු 깔루 검은
- පාට 빠-터 색, 색깔
- ඩයි කරනවා *다*이 꺼*러*/너와- 염색하다

---



㉠ 미용실은 සැලූන් 쌜룬이라는 간판아래 여자전용과 남자전용, 양성이 이용할 수 있는 것으로 나눕니다. 보통 커트는 한국 보다 싸지만, 퍼머나 스트레이트는 더 비쌉니다. 스리랑카 사람들은 짧은 머리 보다는 긴 머리의 여자를 더 좋아합니다. 심지어는 머리가 길면 '이쁘다' 라고 말할 정도입니다.

㉡ ස්ට්‍රේට් කරන්න 쓰트레*/*-트 꺼*런*너 '스트레이트 하세요'
영어 단어 'straight'를 한국말로 음역할 때면 '스트레이트'가 되지만, 씽할러로 음역할 때는 영어 발음의 'ei ㅔ이'를 'e-에-' 장음으로 표기합니다. 따라서, ස්ට්‍රේයිට් 쓰트레*/*이트로 표기 하지 않고, ස්ට්‍රේට් 쓰트레*/*-트로 표기 합니다. 예로, '케익'도 කෙයික් 께윅이 아니라 කේක් 껙-으로 표기됩니다.

# 문법설명(사역동사)

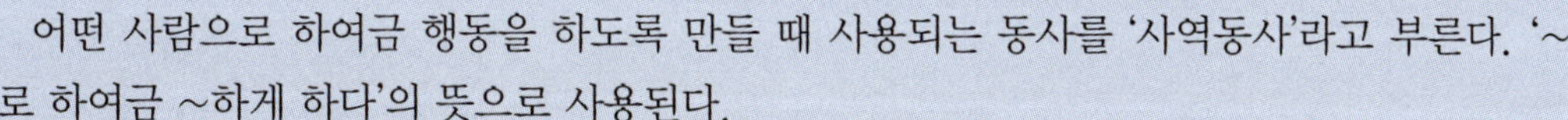

어떤 사람으로 하여금 행동을 하도록 만들 때 사용되는 동사를 '사역동사'라고 부른다. '~로 하여금 ~하게 하다'의 뜻으로 사용된다.

동사의 어미인 + නවා너와- 앞에 වය 를 붙여 사용한다.


'애가 운다' ළමයෙක් හඬනවා 라머옠 한더너와-

'그사람이 애를 울린다(울게한다)'

එයා ළමයෙක් හඬවනවා 에야- 라머옠 한더워너와-.


또, ලියනවා 리여너와- '쓰다'가 사역동사가 되면 ලියවනවා 리여워너와- '쓰게 하다'가 된다.


## 1. 문어체와 구어체의 차이

문어체에서는 행동을 하는 주체 앞에 ලවා 라와- '~에 의해서'가 붙고, 동사에 වය 가 붙어 사역 동사가 사용된 문장이 만들어 진다. 구어체에서는 ලවා 라와- '~에 의해서' 대신에 + ට ට කියලා 끼열라- '~에게 말해서'를 사용한다.


'어린이가 편지를 쓴다' ළමයා ලියුමක් ලියයි라머야- 리유맠 리야이

'선생님이 어린이에게(로 하여금) 편지를 쓰게 한다'


(문어체)

ගුරුවරයා ළමයා ලවා ලියුමක් ලියවයි 구루워러야- 라머야- 라와- 리유맠 리여와이


(구어체)

ගුරුවරයා ළමයාට කියලා ලියුමක් ලියවයි 구루워러야- 라머야-터 끼열라- 리유맠 리여와이

## 2. 많이 사용되는 사역동사 형태

| 뜻 | 동사 | 뜻 | 사역동사 |
|---|---|---|---|
| 먹다 | කනවා 까너와- | 먹이다 | කවනවා 까워너와- |
| 목욕하다 | නානවා 나-너와- | 목욕시키다 | නාවනවා 나-워너와- |
| 자다 | නිදනවා 니더너와- | 재우다 | නිදවනවා 니더워너와- |
| 가다 | යනවා 야너와- | 보내다 | යවනවා 야워너와- |
| 말하다 | කියනවා 끼여너와- | 읽다 | කියවනවා 끼여워너와- |
| 하다 | කරනවා 꺼*러*너와- | 하게 하다 | කරවනවා 꺼*러*워너와- |
| 아프다 | රිදෙනවා *리*데너와- | 아프게 하다 | රිදවනවා *리*더워너와- |

〈미용실과 주변 가게들〉

### 1

**A.** මේ සීත කාලේ ඔයා කොහේද
යන්න බලාපොරොත්තු වෙන්නේ?
메- 씨-떠 깔-레- 오야- 꼬헤-더
얀너 발라-뽀롣뚜 웬네-?

이 겨울에 당신 어디 가려고 기대하고 있나요?

**B.** මම ජපන් යන්න තමයි බලාපොරොත්තුව.
마머 자빤 얀너 따마이 발라-뽀롣뚜워.
ඔයා කොහොමද?
오야- 꼬호머더?

전 일본 가려고 해요.

당신은 어때요?

**A.** මම ලංකාවට ගිහිල්ලා ඊ්ට පස්සේ
මාල දිවයිනටත් යන්න ඉන්නේ.
마머 랑까-워터 기힐라- 이-터 빧쎄-
말-러 디워이너탇 얀너 인네-.

난 랑카에 가서 그 다음에
몰디브로 가려고 해요.

**B.** මොන ගුවන් මාර්ගයෙන්ද යන්නේ?
모너 구완 마-르거옌더 얀네-?

어떤 항공으로 가나요?

**A.** ශ්‍රී ලංකන් එයාර් ලයින් එකේ යනවා.
쓰리- 랑깐 에야-(르) 라인 에께- 야너와-.

스리랑칸에어라인으로 가요.

**B.** මමත් ඊළඟ අවුරුද්දේ ලංකාවට
යන්න ඉන්නේ /යනවා.
마맏 일-렁거 아우룯데- 랑까-워터
얀너 인네-/야너와-.

나도 내년에 랑카에 가려고해요.

### 2

**A.** නිවාඩුවට කොහේද යන්න යන්නේ?
니와-두워터 꼬헤-더 얀너 얀네-?㉠

휴가에 어디 가려고 해요?

**B.** මම කොළඔ යන්න හිතුවා.
마머 꼴럼버 얀너 히뚜와-.
ඊ්ට පස්සේ මීගවමුවෙත් යන්න හිතනවා.
이-터 빧쎄- 미-거무웰 얀너 히떠너와-.

나는 콜롬보 가려고 해요.

그 다음에 네곰보에 가려고요.

**A.** මීට ඉස්සරලා මීගමුවේ ගිහිල්ලා
තියෙනවාද?
미-터 잇써럴라- 미-거무웨- 기힐라-㉡ 띠예너와-더?

이 전에 네곰보에 간적 있나요?

B. නෑ, හැබැයි මං අහලා තියෙන්නේ
කොළඹ ඉඳලා එච්චර දුර නැහැයි කියලා.
내-, 해배이 망 아할라- 띠옌네-
꼴럼버 인덜라- 엧처*러* 두*러* 내해이 끼열라-.

아니요, 하지만, 난 콜롬보에서 얼
마 멀지 않다고 들은 적이 있어요.

A. මීගමුවේ වෙරළ හරිම ලස්සනයි.
미-거무웨- 웨럴러 하*리*머 랐싸나이.
කොහොමද එහේ යන්නේ ?
꼬호머더 에헤- 얀네-?

네곰보 바다는 아주 아름다워요.

어떻게 거기 가요?

B. මම හිතන්නේ කෝච්චියෙන් ගියොත්
විනෝදයි කියලා.
마머 히딴네- 꽃-치엔 기욭 위노-다이 끼열라-.
කොළඹ ඉඳලා මීගමුවට කොච්චර
වෙලාවක් / පැය කීයක් විතර යයිද?
꼴럼버 인덜라- 미-거무워터 꽃처*러*/ 웰라-왘
/ 빼여 끼-얖 위떠*러* 야이더?

내가 기차로 가면 재미있을 거라고
생각되어요.

콜롬보에서 네곰보로 얼마 동안 /
몇시간 정도 가나요?

A. පැයක් විතර යයි. කවදාද යන්ට හිතන්නේ?
빼얖 위떠*러* 야이. 까워다-더 얀터 히딴네-?

1시간 정도 가요. 언제 가려
하나요?

B. ඊළඟ සතියේ විතර. 일-렁거 싸띠예- 위떠*러*.

다음 주 정도에요.

A. සුභ ගමන්.
쑤버 가만.

좋은 여행 되세요.

---

**단어집**

- බලාපොරොත්තුව 발라-뽀*롣*뚜워 희망, 기대
- ඊට පස්සෙ"이-터 빺쎄- 그 다음에
- මාල දිවයින 말-러 디워이너 몰디브 දිවයින 디워이너 섬
- අවුරුද්ද 아우*룯*더 해, 년
- ගුවන් මාර්ගය 구완 마-르거여 비행기, 편
- නිවාඩුව 니와-두워 휴일, 휴가
- මීට ඉස්සරලා 미-터 있써*럴*라- 이전에
- හිතනවා 히떠너와- 생각하다 (과거)හිතුවා 히뚜와-
- අහලා 아할라 들어, 듣고 අහනවා 아하너와-'듣다, 묻다'의 과거분사
  (과거) ඇහුනා 애후나-
- දුර 두*러* 거리
- ගියොත් 기욭 가면 යනවා 야너와-'가다'의 가정법
- විනෝද 위노-더 즐거운, 기쁜
- ගමන් 가만 여행 ගමන 가머너 '여행'의 복수
- වෙරළ 웨럴러 바닷가
- සුභ 쑤버 좋은, 복된

㉠ යන්න යනනේ 얀너 얀네- '갈 것입니다'
To 부정사 + යනවා 야너와-는 '~할 것이다'의 미래를 나타내는 표현입니다.
㉡ '나는 그것을 할 것이다' මම ඒක කරන්න යනවා 마머 에-꺼 꺼런너 야너와-
㉡ මීගමුවේ ගිහිල්ලා 미-거무웨- 기힐라- '네곰보에 가서'
මීගමුවේ 미-거무웨- 도시나 장소를 표현하는 '~에 가다'를 사용할 때 도시나 장소의 소유격을
사용한다. 여격 මීගමුවට 미-거무워터을 사용해도 상관없다.

3

A. මම නුවර-එළියේ යන්න හිතාගෙන ඉන්නේ.
마머 누워*러*-웰리예- 얀너 히따-게너 인네-.

나 누워러-엘리여 가려고 생각하고
있어.

B. කොහොමද යන්නේ?
වෑන් එකක් කුලියටද /හයර් කරලාද
නැත්නම් කෝච්චියේද?
꼬호머더 얀네-?
왠 에깎 꿀리여터더 /하여*르* 꺼*럴*라-더 낻남
꽃-치예-더?

어떻게 가?
밴을 빌려서 아니면 기차로?

A. කෝච්චියේ. 꽃-치예-㉠.
B. පැය තුනක් විතර යයි.
빼여 뚜낚 위떠*러* 야이.

기차로.
3시간 정도 걸려.

A. උදව්වට ස්තූතියි. 우다우워터 쓰뚜-띠이.
B. ආ, ඒක මොකක්ද. 아-, 에-꺼 모깎더.

도와줘서 고마워.
아, 뭐 그런걸 가지고.

4

A. මට පුලුවන් තරම් ලංකාවේ හැම තැනම
බලන්න ඕන.
마터 뿔루완 따*람* 랑까-웨- 해머 때너머 발란너 오-너.

나 가능하면 랑카의 모든 장소를 보
고 싶어요.

B. මෙහේ බලන්න තැන් ගොඩාක් තියෙනවා.
메헤- 발란너 땐 고*닦*- 띠예너와-.

여기 볼 곳들이 아주 많아요.

A. නරඹන්න හොඳ තැන් ටිකක්
කියන්න පුළුවන්ද?
나*람*반너 혼더 땐 티깎 끼얀너 뿔루완더?

볼만한 좋은 곳들을 좀 말해
줄 수 있나요?

B. මොන මොන තැන් වලටද
ඔයා ගිහිල්ලා තියෙන්නේ?
모너 모너 땐 월러터더 오야- 기힐라- 띠옌네-?

어느 어느 장소에 당신 가 보았나
요?

A. මම පේරාදෙණිය මල් වත්තට
ගිහිල්ලා තියෙනවා.
마머 뻬-*라*-데니여 말 왇떠ⓝ터 기힐라- 띠예너와-.

B. කෞතුකාගාරයට ගිහිල්ලා තියෙනවද?
까우뚜까-가-*라*/여터 기힐라- 띠예너와-ⓒ더?

A. නෑ, මම කැමතියි ඒක බලන්න/ ඒක
බලන්න යන්න ඕන.
내-, 마머 깨머띠이 에-꺼 발란너/ 에-꺼
발란너 얀너 오-너.
කීයටද කෞතුකාගාරය අරින්නේ?
끼-여터더 까우뚜까-가-*라*/여 아*리*/네-?

B. හැම දවසේම උදේ 10 ට අරිනවා.
සඳුදා නම් නිවාඩු.
해머 다워쎄-머 우데- 다하여터 아*리*/너와-.
싼두다- 남 니와-두.

A. ඇතුල් වීමේ ගාස්තුව/ටිකට් එක කීයද?
애뚤 위-메- 가-쓰뚜워/ 티껱 에꺼 끼-여더?

B. රුපියල් 100 යි.
루삐얄 씨-야이.

A. ඇතුලේ පින්තුර/ෆොටෝ ගන්න පුලුවන්
වෙයිද?
애뚤레- 삔뚜-*라*/포토- 간너 뿔루완 웨이더?

B. නෑ, ගන්න බෑ/අවසර නෑ.
내-, 간너 배-/ 아워써*러* 내-.

5

A. මේ බිල්ඩිම/ගොඩනැගිල්ල මොකක්ද?
메- 빌*디*머/고*더*내길러 모깎더?

B. ආ මේක පරණ පන්සලක්.
아, 메-꺼 빠*라*너 빤썰럭ⓔ.
මේ පන්සල හදලා තියෙන්නේ එක්දාස්
පන්සීය තිහේදි.
메- 빤썰러 하덜라- 띠옌네- 엑다-쓰
빤씨-여 띠헤-디-.

A. මොකක්ද අර ගොඩනැගිල්ල?
모깎더 아*러* 고*더*내길러?

B. ඒක අවුරුදු පන්සීයක් විතර පරණ
ඉතිහාසයක් තියෙන බිල්ඩිමක්.
에-꺼 아우루두 빤씨-얔 위떠*러* 빠*라*너
이띠하-써얔 띠예너 빌*디*깎.

난 뻬-*라*-데니여 식물원에 가 봤
어요.

박물관에 가 보았어요?

아니요, 나 거기 가보고 싶어요 /
거기 보러 가야 해요.

몇시에 박물관 열어요?

매일 아침 10시에 열어요.
월요일은 휴일이예요.

입장료/ 티켓 얼마예요?

100루피예요.

안에서 사진을 찍을 수 있나요?

아니요, 찍을 수 없어요/허락 안되
요.

이 빌딩은 뭐예요?

아, 이것은 오래된 절이예요.

이 절은 1530년에 만들어 졌어요.

저 빌딩은 뭐예요?

그것은 500년 정도 오래된 역사를
가지고 있는 빌딩이예요.

A. මට මෙතන පින්තූර ගන්න පුලුවන්ද?
마터 메떠너 삔뚜-*러* 간너 뿔루완더?

저 이곳에서 사진을 찍을 수 있나요?

B. ඔව්, පුලුවන්.
오우, 뿔루완.

예, 찍을 수 있어요.

A. මට පින්තූරයක් ගන්න උදව් කරනවාද?
마터 삔뚜-*러*얖 간너 우다우 꺼*러*너와-더?

제가 사진 찍도록 도와 주시겠어요?

B. ඕකේ / හරි.
오-께-/ 하*리*.

OK/ 좋아요.

<br>

**단어집**

- කුලිය ගන්නවා 꿀리여 간너와- 빌리다, 임대하다
- පුලුවන් තරම් 뿔루완 따*람* 가능한 만큼
- හැම 해머 모든
- තැන් 땐 장소들 තැන 때너 '장소, 곳'의 복수
- නරඹනවා 나*람*버너와- 보다, 구경하다 (과거) නැරඹුවා 내*람*부와-
- මල් වත්ත 말 왇떠 식물원
- කෞතුකාගාරය 까우뚜까-가-*러*여 박물관
- අරිනවා 아*리*너와- 열다 (과거) ඇරියා 애*리*야-
- ඇතුල්වීමේ ගාස්තුව 애뚤위-메- 가-쓰뚜워 입장료
- ඇතුල 애뚤러 안, 내부
- පින්තූර ගන්නවා 삔뚜-*러* 간너와- 사진찍다
- අවසර 아워써*러* 허가들 අවසරය 아워써*러*여 '허락'의 복수
- බිල්ඩිම/ගොඩනැගිල්ල 빌*디*머/ 고*더*내길러 빌딩, 건물
- පරණ 빠*러*너 오래된
- පන්සල 빤썰러 절
- ඉතිහාසය 이띠하-써여 역사
- පින්තූරය 삔뚜-*러*여 사진
- උදව් කරනවා 우다우 꺼*러*너와- 돕다

㉠ කෝච්චියේ 꽃-치예- '기차로'

කෝච්චියේ 꽃-치예-는 소유격으로 수단을 뜻합니다. 종종 수단을 나타낼 때 소유격으로도 사용합니다. කෝච්චියෙන් 꽃-치옌 조격으로도 대신해도 됩니다.

㉡ පේරාදෙණිය මල් වත්ත 뻬-*라*-데니여 말 왇떠 '뻬-라-데니여 식물원'

이 식물원은 아시아에서 가장 크고, 희귀한 식물들이 많이 있어 스리랑카 관광명소입니다. 너무 커서 최소한 3시간 정도 둘러봐야 제대로 구경할 수 있을 정도입니다.

㉢ ගිහිල්ලා තියෙනවා 기힐라- 띠예너와- '가 본적이 있다'

'~을 한 적이 있다' 경험을 말할 때는 '과거분사 + තියෙනවා 띠예너와-'의 형태를 사용합니다.
㉾ '그것 해 본적이 있다' ඒක කරලා තියෙනවා 에-꺼 꺼럴라- 띠예너와-

㉣ පන්සලක් 빤썰락 '절'

스리랑카 종교 기관의 이름을 알아 봅시다. '교회' පල්ලිය 빨리여, දේව ස්ථානය 데-워 쓰따-너여, '절' පන්සල 빤썰러, විහාරය 위하-*러*여, '힌두사원' කෝවිල 꼬-윌러, '모스크' මුස්ලිම් පල්ලිය 무쓸림 빨리여

〈스리랑카의 자랑 시기리여〉

〈뻬라데니여 식물원〉

## 문법설명(현재분사)



현재 분사는 동시에 한 가지 이상의 일이 발생할 때 사용하는 표현이다. 본동사 앞에서 발생하는 동사는 '~하면서'라는 뜻을 가지게 된다.


'나는 밥을 먹으면서 TV를 본다'

මම කෑම කා කා TV එක බලනවා

마머 깨-머 <u>까 까-</u> 티위 에꺼 발러너와-.


'아버지께서는 편지를 쓰시면서 앉아 계신다'

තාත්තා ලියුමක් ලිය ලිය වාඩිවෙලා ඉන්නවා.

딸-따- 리유맊 <u>리여 리야-</u> 와-*디*/웰라- 인너와-.


## 1. 구어체와 문어체의 차이

현재분사를 만들 때 구어체에서는 '동사의 어근 2번 반복 + ) 아-'형태가 되고, 문어체 에서는 동사의 어미인 නවා) 너와-를 뺀 '동사의 어근 + මින් 민' 형태를 취합니다. 하지만, 문어체가 사용될 때는 문장 전체가 문어체에 맞는 형태로 변해야 합니다. 특히 동사의 어미가 주어의 인칭과 수에 따라 변해야 합니다(문어체는 이 책에서 다루지 않습니다).


'나는 밥을 먹으면서 TV를 본다'

(구어체) මම කෑම කා කා TV එක බලනවා

마머 깨-머 <u>까 까-</u> 티위 에꺼 발러너와-.


구어체에서 '먹다' කනවා) 까너와- 의 동사 어근 'ක 까'가 두번 반복되고 ') 아-'가 붙어서 현재 분사로 사용되었다.


(문어체) මම කෑම කමින් TV එක බලමි

마머 깨-머 <u>까민</u> 티위 에꺼 발러<u>미</u>.

● 문어체 문장에서 동사의 어근 ක 까에 මින 'ම이 붙었고, 본동사가 1인칭 단수 현재형이므로 끝 어미가 ම 미로 바뀐다.


## 2. 현재 분사 만들기

| 뜻 | 동사 | 현재분사 구어체 | 현재분사 문어체 | 뜻 |
|---|---|---|---|---|
| 먹다 | කනවා 까너와- | ක කා 까 까- | කමින් 까민 | 먹으면서 |
| 마시다 | බොනවා 보너와- | බි බී 비 비- | බොමින් 보민 | 마시면서 |
| 보다 | බලනවා 발러너와- | බල බලා 발러발라- | බලමින් 발러민 | 보면서 |
| 하다 | කරනවා 꺼러너와- | කර කර 꺼러 꺼러 | කරමින් 꺼러민 | 하면서 |
| 말하다 | කියනවා 끼여너와- | කිය කිය 끼여끼야- | කියමින් 끼여민 | 말하면서 |
| 달리다 | දුවනවා 두워너와- | දුවදුවා 두워 두와- | දුවමින් 두워민 | 달리면서 |
| 춤추다 | නටනවා 나터너와- | නට නට 나터나타- | නටමින් 나터민 | 춤추면서 |

〈전통 가면〉

[1]

**A.** මගේ ගමන් බලපත්‍රය / පාස්පෝට් එක
නැතිවෙලා නේ.
마게- 가만 발러빠뜨*러*여/ 빠-쓰뽀-트 에꺼
내띠웰라- 네-.

제 여권을 잃어버렸어요.

**B.** ඔයාගේ බෑග් එකේ බැලුවද?
오야-게 백- 에께- 밸루워더?㉠

당신의 가방 안을 보았나요?

**A.** ඔව්, මම හැම තැනම බැලුවා.
오우, 마머 해머 때너머 밸루와-.

예, 저 모든 장소를 (찾아) 보았어
요.

තිබ්බේ නෑ නේ. 띱베- 내- 네-.

있지 않았어요.

**B.** එහෙනම් හෙට තානාපති කාර්යාලයට
/ එම්බසි එකට යන්න වෙයි.
에헤낭 헤터 따-나-뻐띠 까-르얄-러여터
/ 엠버씨 에꺼터㉡ 얀너 웨이.

그러면 내일 대사관에 가야 해요.

අලුත් එකක් හදන්න.
알룻 에깎 하단너.

새 것 만드세요.

[2]

**A.** හෙලෝ, පොලිසියෙන්ද?
헬로-, 뽈리-씨옌더?

헬로, 경찰서인가요?

මම මේ දැන් පාරේ ඇක්සිඩන්ට් උනා.
마머 메- 댄 빠-*러*- 액씨*던*트 우나-.

저 지금 길에서 사고가 났어요.

කරුණාකරලා කවුරු හරි එවන්න
පුලුවන්ද?
까루나-꺼*럴*라- 까우루 하*리* 에완너 뿔루완더?

실례지만, 누구 좀 보내 줄 수 있나
요?

**B.** හරි, කියන්න සිද්ධිය වුනේ කොහෙද.
하*리*, 끼얀너 씯디여 우네- 꼬헤더.

좋아요, 말하세요 사고난 곳이 어딘
지.

අපි ඉක්මනට එනවා.
아삐 이끄머너터 에너와-.

우리 빨리 갈게요.

**A.** මම නං මේ හරිය හරියටම දන්නෑ.
마머 낭 메- 하*리*여 하*리*여터머 단내-.

저는 여기 잘 몰라요.

පොඩ්ඩක් ඉන්න, මම කාට හරි දෙන්නම්.
뽇댂 인너, 마머 까-터 하*리* 덴남.

잠깐요, 제가 아무에게나(위치 아는
사람) 줄게요.

කරුණාකරලා අපි ඉන්න තැන පොලීසියට කියන්න පුලුවන්ද?
까루나-꺼럴라- 아삐 인너 때너 뽈리-씨여터 끼얀너 뿔루완더?

실례지만, 우리 있는 곳을 경찰서에 말씀해 주실 수 있나요?

B. ඔයාගේ රියදුරු බලපත්‍රයයි රක්ෂණයයි /ඉන්ෂුවරන්ස් එකයි පෙන්වනවාද?
오야-게- 리여두루 발러빠뜨러야이 럭셔너야이 /인 슈워런쓰 에까이 뻰워너와-더?

당신의 운전 면허증과 보험을 보여 주시겠어요?

A. ආ, මෙන්න. 아-, 멘너.

아, 여기요.

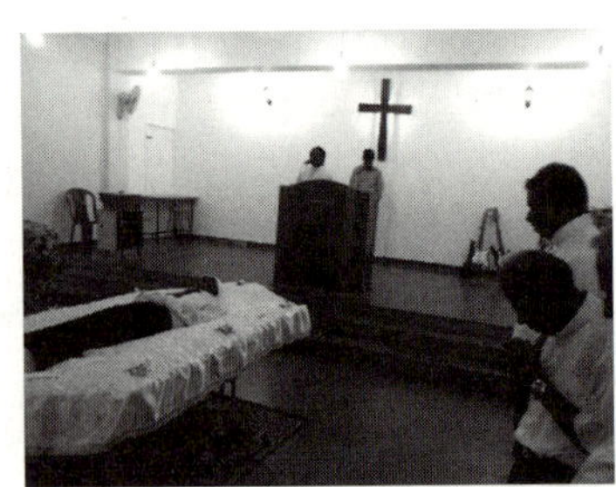

〈장례식의 한 장면〉

**단어집**

- නැතිවෙලා 내띠웰라- 잃어, 잃어버려 නැතිවෙනවා 내띠웨너와- '잃다, 잃어버리다'의 과거분사
- බැලුවා 밸루와- බල නවා 발러너와- '보다'의 과거
- තානාපති කාර්යාලය 따-나-뻐띠 까-르얄-러여 대사관
- අලුත් 알룻 새, 새로운
- පොලීසිය 뽈리-씨여 경찰서
- පාර 빠-러 길
- සිද්ධිය 씯디여 사고, 사건, 발생
- හරිය 하리여 지역, 장소
- හරියට 하리여터 잘, 바르게
- රියදුරු බල පත්‍රය 리여두루 발러빠뜨러여 운전면허증
- රක්ෂණය 럭셔너여 보험
- පෙන්වනවා 뻰워너와- 보여주다 (과거) පෙන්නුවා 뻰누와-

③

**A.** අනේ, මගේ පර්ස් එක නැති වෙලා.
아네-, 마게- 뻐-(르)쓰 에까 내띠 웰라-.
<u>ගැටකපන්නෙක්/පික්පොකට්</u> ගහලා.
<u>개터까빤넦/뻭뽀껱</u> 가할라-.

아이고, 내 지갑을 잃어
버렸어요.
소매치기 당했어요.

**B.** ඔයාගේ පර්ස් එකේ සල්ලි කීයක්
විතර තිබ්බද?
오야-게- 뻐-(르)쓰 에께- 쌀리 끼-약 위떠러 띱버더?

당신의 지갑에 돈 얼마 정도
있었나요?

**A.** රුපියල් 7000 කුයි ක්‍රෙඩිට් කාඩුත් තිබුණා.
루삐얄 핱 다하꾸이 끄레딭 까-둗 띠부나-.

7000루피와 신용카드도 있었어요.

**B.** ඔයා දැම්මම ඔයාගේ ක්‍රෙඩිට් කාඩ්
කොම්පැණියට කථා කරලා කියන්න.
오야- 댐머머 오야-게- 끄레딭 까-드
꼼뻬니여터 까따- 꺼럴라- 끼얀너.

당신 지금 당신의 신용카드
회사에 전화해서 이야기하세요.

මට ඔයාගේ නොම්බරය දෙන්න.
마터 오야-게- 놈버러여 덴너.

제게 당신의 번호를 주세요.

පර්ස් එක හම්බවුනොත් මම ඔයාව
<u>කන්ටැක් කරන්නම්/ ඔයාට කථා කරන්නම්</u>.
뻐-(르)쓰 에꺼 함버우놑 마머 <u>오야-워 껀땎 꺼럴낭</u>
/ <u>오야-터 까따- 꺼럴낭</u>.

지갑을 찾게되면 제가 당신을
연결할게요/ 당신에게 전화 할게
요.

**A.** මේ මගේ යාළුවෙකුගේ නොම්බරයක්.
메- 마게- 얄-루웨꾸게- 놈버러약.
අනේ කරුණාකරලා හම්බවුනොත් <u>කෝල්</u>
<u>කරන්න/කථා කරන්න</u>.
아네-, 까루나-꺼럴라- 함버우놑 <u>꼴- 꺼러너/까따-</u>
<u>꺼러너</u>.

이것은 제 친구의 번호예요.

제발, 실례지만, 찾으면 전화주세
요.

**B.** උපරිමයෙන් උත්සාහ කරන්නම්.
우뻐리머옌 욷싸-하 꺼럴낭.

최선을 다하겠어요.


④

**A.** අනේ, මට තුවාල උනා නේ.
아네-, 마터 뚜왈-러 우나- 네-.
ලේ නතර වෙන්නෙත් නෑ. 레- 나떠러 웬넫 내-.

아이고, 나 상처 났어요.

피가 멈추지도 않아요.

**B.** මම ටැක්සියකට/ත්‍රී වීල් එකකට
කථා කරන්නද?
마머 <u>땎씨여꺼터 / 뜨리- 윌- 에꺼꺼터</u>
까따- 꺼러너더?

내가 <u>택시/ 삼륜차(트리휠)</u>를 부를
까요?

**A.** අනේ හොඳයි. 아네- 혼다이.
ඉක්මනට ළඟම ඉස්පිරිතාලෙට යමු.
이끄머너터 랑거머 이쓰삐리딸-레터 야무.

좋아요.
빨리 가장 가까이에 있는 병원으로
갑시다.

**단어집**

- පර්ස් එක 뻐(르)쓰 에꺼 지갑
- ගැටකපන්නා 개터까빤나- 소매치기
- තිබ්බා 띱바- 두었다, 놓았다 තබනවා 따버너와- '놓다, 두다'의 과거
- ක්‍රෙඩිට් කාඩ් 끄레딭 까-드 신용카드　　· දැම්ම 댐머 지금
- කොම්පැණිය 꼼빼니여 회사　　· යාළුවා 얄-루와- 친구
- උපරිමයෙන් 우뻐리머옌 최대한으로, 성심껏
- උත්සාහ කරනවා- 웉싸-하 꺼러너와- 시도하다
- තුවාල 뚜왈-러 상처　　· ලේ 레- 피
- නතර වෙනවා 나떠러 웨너와- 멈추다, 머물다
- ත්‍රී වීල් එක 뜨리- 윌- 에꺼 삼륜차, 뚝뚝이
- ඉස්පිරිතාලය 이쓰삐리딸-러여 병원

---

5

**A.** හෙලෝ, මට පොඩ්ඩක් උදව් කරන්න පුලුවන්ද?

헬로-, 마터 뽇닥 우다우 꺼러너 뿔루완더?

저 좀 도와주실 수 있나요?

**B.** මොකක්ද ප්‍රශ්නේ? 모깎더 쁘러쉬네-?

무슨 일이예요?

**A.** මගේ වාහනය පිටත් කරන්න බෑ.

마게- 와-하너여 삐탇 꺼러너 배-.

제 차가 출발하지 않아 요(시동이 안걸려요).

**B.** මම හිතන්නේ වාහනයේ බැටරි එක බැහැලා වගේ.

마머 히딴네- 와-하너예- 배터리 에꺼

배핼라- 와게-.

내가 생각하기에는 차 배터리가 방 전되었네요.

**A.** එහෙනම්, පොඩ්ඩක් තල්ලු කරලා දෙන්න පුලුවන්ද?

에헤남, 뽇닥 딸루 꺼럴라- 덴너 뿔루완더?

그러면, 좀 밀어주실 수 있나요?

**B.** හරි, හැබැයි පොඩ්ඩක් ඉන්න.

하리, 해배이 뽇닥 인너.

좋아요, 하지만 잠깐만요.

මම විතරක් තල්ලු කරත් වැඩක් නෑ.

마머 위떠락 딸루 꺼럳 왜닥 내-.

저 혼자 밀어도 아무 소용 없어요.

මං ගිහිල්ලා තව කට්ටිය එක්කං එන්නම්.

망 기힐라- 따워 깥티여 에깡 엔남.

제가 가서 다른 사람들을 데리고 올 게요.

**A.** හොඳයි, ඔයා හරිම කරුණාවන්තයි.

혼다이, 오야- 하리머 까루나-완따이.

좋아요, 당신 너무 친절합니다.

බොහෝම ස්තූතියි. 보호-머 쓰뚜-띠이.

대단히 감사합니다.

• මගේ වෑන් එක කැඩුනා.

마게- 왠- 에꺼 깨두나-.

මේ ළඟ ගරාජ්යක් තියෙනවද?

멜- 랑거 가라-저약 띠예너워더?

• මගේ වාහනයේ හුලං ගිහිල්ලා /පැච් එකක් .

마게- 와-하너예- <u>훌랑 기힐라-/빼츠 에깎</u>.

ටයර් එක මාරු කරන්න/පැච් එක දාගන්න තැනක් මේ හරියේ තියෙනවද?

<u>타여르 에꺼 마-루 꺼란너/ 빼츠 에꺼</u>

<u>다-간너</u> 때낚 메- 하리/예- 띠예너워더?

제 밴이 고장났어요.

여기 가까이에 정비소 있나요?

제 차 펑크 났어요.

<u>타이어 바꾸는/ 펑크 때우는</u>
장소가 여기 근처에 있나요?

<u>단어집</u>
- වාහනය 와-하너여 차
- පිටත් කරනවා 삐탈 꺼러/너와- 시동걸다, 움직이다
- බැටරි එක 배터리 에꺼 밧데리
- බැහැලා 배핼라- 내려, 내려앉아, 가라앉고 බහිනවා 바히너와- '내리다, 밑으로 내려가다'의 과거분사 (과거) බැස්සා 뱄싸
- තල්ලුකරනවා 딸루 꺼러너와- 밀다
- වැඩක් නෑ 왜닦 내- 소용없다
- කට්ටිය 깥티여 무리, 그룹
- කරුණාවන්ත 까루나-완떠 친절한
- කැඩුනා 깨두나- කැඩෙනවා 깨데/너와- '부서지다, 고장나다'의 과거형
- හුල ෙ යනවා 훌랑 야너와- 바람이 빠지다 හුල ෙ 훌랑 바람
- ටයර් එක 타여르 에꺼 타이어
- දාගන්නවා 다-간너와- 넣다, 두다, 놓다 (과거) දාගත්තා 다-갇따-

㉠ 위급한 상황에서는 주변 사람들의 도움을 구해야 합니다. 스리랑카 사람들은 어려움에 처해 있는 사람들을 기꺼이 도와 줍니다. 사고가 난다든지, 차가 고장이 날 때 생각지 않은 사람들이 와서 도와주곤 합니다. 돈을 줘야 한다는 부담을 가지지 말고, 스리랑카 사람들의 친절을 경험하세요. 좋은 추억이 될 것 입니다.

㉡ එම්බසි එකට 엠버씨 에꺼터 '대사관에'
150년 영국의 지배로 씽할러에 영어의 영향력을 많이 찾아 볼 수 있습니다. 특별히, 도시에 사는 사람들은 씽할러와 영어를 섞어서 많이 사용합니다. 물론 시골로 가면 영어를 섞어쓰면 이해 못 하는 경우가 많아서 순수 씽할러 단어를 써야 합니다.

예 보험 ඉන්ෂුවරන්ස් එක 인슈워런쓰 에꺼

㉢ තල්ලු කරත් දැලු කෙළර් '밀어도, 민다 할지라도'
이것은 තල්ලු කරනවා 딸루 꺼러너와 – '밀다'의 과거 분사 형태이지만, 양보문장 '밀어도, 민다 할지라도' 의 뜻입니다. 그래서 තල්ලු කළත් දැලු කෙළර් 로도 사용할 수 있습니다. 양보 문장은 '동사의 과거 + ත් ㄷ '입니다.

예 '너 거기가도 그 사람 못만난다'
　　 ඔයා එහේ ගියත් එයා හම්බවෙන් නෑ 오야– 에헤– 기얃 에야– 함부웬 내–

〈갈증 해소해 주는 킹 코코넛〉

# 문법설명(동명사)

동명사는 동사에서 파생되어 명사가 된 단어들을 말한다. '됨, 마심, 하기, 울음' 등 동사에서 나와서 명사의 역할을 한다. 씽할러에서는 문어체에서 많이 사용된다.

## 1. 동명사 형태

동사의 නවා 너와-'가 떨어지고, නවා 너와-'앞의 글자에 주로 ීම(ිම) 이-머'가 붙는다. 간혹 උම 우머가 붙기도 한다. 동명사 어미가 동사와 결합될 때 동사의 어근은 과거형으로 변하는 규칙과 흡사하다.

1) 'අ 아'나 'ආ 아-'로 끝나는 어근은 'ඇ 애' 와 'ඈ 애-' 로 바뀐다.

| 뜻 | 기본형 | 동명사 |
|---|---|---|
| 보다 | බලනවා 발러너와- | බැලීම 밸리-머 |
| 춤추다 | නටනවා 나터너와- | නැටීම 내티-머 |
| 돌보다 | සලකනවා 쌀러꺼너와- | සැලකීම 쌜러끼-머 |

2) 'උ 우'나 'ඌ 우-'로 끝나는 어근은 'ඉ 이' 와 'ඊ 이-' 로 바뀐다.

| 뜻 | 기본형 | 동명사 |
|---|---|---|
| 달리다 | දුවනවා 두워너와- | දිවීම 디위-머 |
| 요리하다 | උයනවා 우여너와- | ඉවීම 이위-머 |

ය여 앞에 ීම 이-머'가 붙으면 වීම 위-머가 된다.

3) 'ඔ 오'나 'ඕ 오-'로 끝나는 어근은 'එ 에' 와 'ඒ 에-' 로 뀐다.

| 뜻 | 기본형 | 동명사 |
|---|---|---|
| 찾다 | හොයනවා 호여너와- | හෙවීම 헤위-머 |
| 씻다 | හෝදනවා 호-더너와- | හේදීම 헤-디-머 |

4) 'ඇ 애'나 'ඉ(ි) 이', 'ඊ(ී) 이-'로 끝나는 어근은 변하지 않는다.

| 뜻 | 기본형 | 동명사 |
|---|---|---|
| 걷다 | ඇවිදිනවා 애위디너와- | ඇවිදීම 애위디-머 |
| 쓰다 | ලියනවා 리여너와- | ලිවීම 리위-머 |

5) 동명사 어미 ඊ(ී)ම 이-머 대신에 'උ(ු ,ූ)ම 우머'가 사용되기도 한다.
මහනවා 마하너와- '박다, 바느질하다'는 මැහීම 매히-머와 මැහුම 매후머로 사용된다.
ලබනවා 라버너와- '받다'는 ලැබීම 래비-머와 ලැබුම 래부머로 사용된다.


## 2. 불규칙 동명사 형태

| 뜻 | 기본형 | 동명사 |
|---|---|---|
| 가다 | යනවා 야너와- | යාම 야-머 |
| 오다 | එනවා 에너와- | ඊම 이-머 |
| 먹다 | කනවා 까너와- | කෑම 깨-머 |
| 하다 | කරනවා 꺼러/너와- | කිරීම 끼리/-머 |
| 사다,가지다 | ගන්නවා 간너와- | ගැනීම 개니-머 |
| 주다 | දෙනවා 데너와- | දීම 디-머 |
| 보다 | දකිනවා 다끼너와- | දැකීම 대끼-머 |
| 되다 | වෙනවා 웨너와- | වීම 위-머 |
| 있다(생물) | ඉන්නවා 인너와- | ඉඳීම 인디-머 |
| 두다 | දානවා 다-너와- | දැමීම 대미-머 |
| 가져오다 | ගේනවා 게-너와- | ගෙනීම 게위-머 |
| 닿다 | වදිනවා 와디너와- | වැදීම 왜디-머 |

# 3. 문어체 용법

구어체에서 To부정사 용법이나 구나 절로 쓰이는 문장들이 문어체에서 '동명사 + 후치사' 형태로 많이 사용된다.


'우리집에 와 주셔서 감사합니다'
(구어체) අපේ ගෙදර ආවාට ස්තූති
　　　　아뻬- 게더러 아-와-터 쓰뚜띠.


(동명사) අපේ ගෙදර ඊම(පැමිණීම)ට ස්තූති
　　　　아뻬- 게더러 이-머(빼미니-머)터 쓰뚜띠.


'말하는 것보다 행동하는 것이 좋다' (구, 절 용법)
(구어체) කයන එකට වඩා කරන එක හොඳයි
　　　　끼여너 에꺼터 와다- 꺼러너 에꺼 혼다이.


(문어체) කීමට වඩා කිරීම යහපත් වේ
　　　　끼-머터 와다- 끼리-머 야하빧 웨-.

〈흙으로 만든 등잔〉

1

A. මෙතැනින් අන්තර් ජාලය පාවිච්චි කරන්න
පුලුවන්ද?
메때닌 안떠르 잘-러여 빠-윷치 꺼*러*너 뿔루완너?㉠

여기 인터넷 사용할 수 있나요?

B. පුලුවන්, මහත්තයා뿔루완, 마핟떠야-.

사용할 수 있어요, 손님

A. පැයකට කීයද?
빼여꺼터 끼-여더?

한 시간에 얼마예요?

B. පැයකට රුපියල් 60 යි.
빼여꺼터 루삐얄 헤타이.

한 시간에 60루피입니다.

ඔයාට දෙවෙනි කොම්පියුටරය /පරිගණකය
පාවිච්චි කරන්න පුලුවන්.
오야터 데웨니 꼼삐유터*러*여/ 빠*리*가너꺼여

빠-윷치 꺼*러*너 뿔루완.

당신 두번째 컴퓨터 사용하실 수 있
습니다.

A. හොඳයි. 혼다이.

좋아요.

2

A. මෙහෙ මගේ ලැප්ටොප් එකෙන් ඉන්ටර්නෙට්
පාවිච්චි කරන්න පුලුවන්ද?
메헤 마게- 랲톺 에껜 인터넽 빠-윷치 꺼*러*너 뿔루
완더?

여기 제 노트북으로 인터넷을 사용
할 수 있나요?

B. ඔව්, පුලුවන්. 오우, 뿔루완.
මෙතැනට ඇවිල්ලා වාඩිවෙන්න.
메때너터 애월라- 와-*디*웬너.

예, 가능합니다.
여기 와서 앉으세요.

A. ස්තුතියි. 쓰뚜-띠이.
හෙලෝ, මෙහෙ ජායා පිටපත් /ප්‍රින්ට් අවුට්
කරන්න පුලුවන්ද?
헬로-, 메헤 차-야- 삐터빧/쁘*러*트 아웉

꺼*러*너 뿔루완더?

고맙습니다.
여기요, 여기 프린트 할 수 있나요?

B. පුලුවන්, සර්. 뿔루완, 써(르).
ප්‍රින්ටර් එක පාවිච්චි කරන්න පුලුවන්.
쁘린터*르* 에꺼 빠-윷치 꺼*러*너 뿔루완.

할 수 있어요, 손님.
프린터 사용할 수 있습니다.

A. හොඳයි, පිටුවකට කීයද?
혼다이, 삐투워꺼터 끼-여더?

좋아요, 한 장에 얼마예요?

B. පිටුවකට රුපියල් 10 යි.
삐투워꺼터 루삐얄 다하야이.

한 장에 10루피입니다.

3

A. මෙතැනින් කොරියානු ෆොන්ට්ස් පාවිච්චි
කරන්න පුලුවන්ද?
메때닌 꼬*리*/야-누 폰츠 빠-윛치 꺼*러*너 뿔루완더?

여기서 한국 폰트를 사용할 수 있나
요?

B. බෑ, කොරියානු ෆොන්ට්ස් නම් දාලා නැහැ.
빠-, 꼬*리*/야-누 폰츠 남 달-라- 내해.

못해요, 한국 폰트 깔지 않았 어요.

A. කොම්පියුටරවලට **Windows XP** දාලා
තියෙනවාද?
꼼삐유터*러*/월러터 윈도우쓰 엑쓰삐 달-라-

띠예너와-더?

컴퓨터에 윈도우 XP를 깔려 있 나
요?

B. ඕවි. 오우.

예.

A. එහෙනම් කමක් නෑ. 에헤남 까막 내-.
කොරියානු ෆොන්ට්ස් දාලා පාවිච්චි කළත්
කමක් නැද්ද?
꼬*리*/야-누 폰츠 달-라- 빠-윛치 껄랃 까막 낻더?

그러면, 괜찮아요.
한국 폰트 깔아 사용해도
문제 없나요?

B. කමක් නෑ, මහත්තයා.
까막 내-, 마핟떠야-.

괜찮아요, 손님.

A. ඔයාලා ගාව **XP CD** එකක් තියෙනවාද?
오얄-라- 가-워 엑쓰삐 씨*디*/ 에깎 띠예너와-더?

당신에게 XP CD 있나요?

B. ඕවි, මහත්තයාට ඒක ගෙනත් දෙන්නද?
오우, 마핟떠야-터 에-꺼 게낟 덴너더?

예, 손님께 그것 가져다 드릴 까요?
좋아요.
지금 모두 깔았어요.

A. හොඳයි.
혼다이.

දැන් ඔක්කොම දාලා. මෙන්න, **CD** එක.
댄 옦꼬머 달-라. 멘너 씨*디*/ 에꺼

여기요 씨디.



- අන්තර් ජාලය 안떠르 잘-러여 인터넷
- පරිගණකය 빠*리*/가너꺼여 컴퓨터
- පාවිච්චි කරනවා 빠-윛치 꺼*러*/너와- 사용하다
- ලැප්ටෝප් එක 랲툪 에꺼 노트북
- ජායා පිටපත් /ප්‍රින්ට් අවුට් කරනවා <u>차-야- 삐터빧 / 쁘*리*/트 아울(print out)</u> 꺼
  *러*/너와- 출력하다
- පිටුව 삐투워 쪽, 장, 페이지
- දාලා 달-라- 두고, 둬 දානවා 다-너와- '두다'의 과거분사
- ගාව 가-워 ~에, 근처에
- ගෙනත් දෙනවා 게낟 데너와- 가져다 주다

㉠ 스리랑카에서 PC방을 '인터넷 카페'라고 말합니다. 어디든지 시내에 가면 곳곳에 크게 작게 인터넷을 사용할 수 있는 곳들이 있습니다. 하지만, 한글이 안깔려 있어서 위 대화에서 나온 것 같이 XP 시디를 요청하던건가, 노트북을 사용하도록 요청을 하면 됩니다.

〈스리랑카 지도〉

기대나 희망, 축복을 표현하는 문장을 기원문이라 말한다.

우리는 이미 이 책에서 다양한 기원문을 익혔다.
   '좋은 아침입니다' සුබ උදෑසනක් වේවා! 쑤버 우대-써낙 웨-와-'
   'Merry Christmas' සුබ නත්තලක් වේවා! 쑤버 낟떨락 웨-와-'
   '생일 축하합니다' සුබ උපන්දිනයක් වේවා! 쑤버 우빤디너얔 웨-와-'
   '새해 복 많이 받으세요' සුබ අලුත් අවුරුද්දක් වේවා! 쑤버 알룯 아우룯닦 웨-와-'

보편적으로 වේවා 웨-와-가 가장 많이 쓰이고, 기원하는 대상에는 ට 터를 붙여 사용한다.
   '당신 가족에게 축복이 있기를'
   ඔබේ පවුලට ආශිර්වාද වේවා 오베- 빠울러터 아-쉬르와-더 웨-와-.
   '하나님께 영광을' දෙවියන් වහන්සේට මහිමය වේවා 데위얀 와한쎄-터 마히머여 웨-와-.
   '빨리 쾌유하시기를' ඉක්මනට සනීප වේවා(වේවී) 이끄머너터 싸니-뻐 웨-와-(웨-위-).

## 1. 어미변화

문어체에서는 වේවා웨-와- 가 인칭과 수에 따라 변한다. 암기할 필요는 없다.
නිරෝගි වේවා 니로-기- 웨-와-'무병 하세요'를 예로 들자.

| 인칭 | 단수 |
|---|---|
| 1인칭 | මම නිරෝගි වෙම්වා 마머 니로-기 웸와- '내가 무병하기를' |
| 2인칭 | ඔබ නිරෝගි වෙහිවා 오버 니로-기 웨히와- '당신이 병이 없기를' |
| 3인칭 | ඔහු නිරෝගි වේවා 오후 니로-기 웨-와- '그가 무병하기를 기원해요' |

| 인칭 | 단수 |
|---|---|
| 1인칭 | අපි නිරෝගි වෙමුවා 아삐 니로-기 웨무와- '우리가 무병하기를' |
| 2인칭 | ඔබලා නිරෝගි වෙහුවා 오벌라- 니로-기 웨후와- '당신들이 무병하기를' |
| 3인칭 | ඔවිහු නිරෝගි වෙත්වා 오우후 니로-기 웰와- '그들이 무병하기를 바래요' |

# 18 집안 일 ගේ වැඩ

## 1) 요리 ඉවීම

Ⅰ

**A.** අම්මේ, මම උයන්න උදව් කරන්නද?
암메-ㄱ, 마머 우얀너 우다우 꺼라너더?

**B.** හොඳයි, දුව. 혼다이, 두워.

**A.** මං ලූණු සුද්ධ කරලා කපන්න ද?
망 루-누 쑫더 꺼를라- 까빤너더?

**B.** එපා දුව. ඔයා පොල් ගාන්න.
에빠- 두워. 오야- 뽈 간너.

**A.** හරි, කොහෙද හිරමනේ?
하리, 꼬헤더 히러/머네-?

**B.** ඒක මේසේ යට. 에-꺼 메-쎄- 야터.

**A.** අම්මී, මං පොල් ගාලා ඉවරයි.
암미-, 망 뽈 갈-라- 이워라이.

**B.** එහෙනම්, ගාපු පොල් මිරිකන්න.
에헤남, 가-뿌 뽈 미리/깐너.

**A.** හොඳයි. අම්මී. 혼다이, 암미-.

엄마, 요리하는데 도와 드릴까요?

좋아, 딸아.
저 양파 껍질 벗기고 자를까요?

하지마, 딸아. 너 코코넛 갈아.

좋아요, 코코넛 가는것 어디
있어요?
그것 탁자 아래에.
엄마, 저 코코넛 가는 것
끝냈어요.
그러면, 간 코코넛 쥐어짜라.

좋아요, 엄마.

---

**단어집**
- උයනවා 우여너와- 요리하다 (과거) ඉවුවා 이우와-
- ලූණු (ළූණු) 루-누 양파
- සුද්ධ කරනවා 쑫더 꺼러/너와- 껍질벗기다, 청소하다
- කපනවා 까뻐너와- 자르다 (과거) කැපුවා 깨뿌와-
- පොල් 뽈 코코넛, 야자열매
- ගානවා 가-너와- 갈다 (과거) ගෑවා 개-와-
- හිරමනේ 히러/머네- 코코넛가는 기계
- මේසය 메-써여 상, 책상, 식탁
- යට 야터 아래
- ගාල්ලා 갈-라- 갈고, 갈아 ගානවා 가-너와- '갈다, 바르다'의 과거분사
- ගාපු 가-뿌 갈은 ගානවා 가-너와- '갈다, 바르다'의 형용사적 과거 용법
- මිරිකනවා 미리/까너와- 짜다, 쥐어짜다 (과거) මිරිකුවා 미리/꾸와-

2

A. අම්මේ, මොනවාට හරි උදව් කරන්නද?
암메-, 모너와-터 하*리* 우다우 꺼*러*너더?

엄마, 뭐 좀 도와드릴까요?

B. හොඳයි, දුව. ඔයා හාල් ගරලා හෝදන්න.
혼다이 두워. 오야- 할- 가*를*라- 호-단너.

좋아, 딸아. 너 돌 고르고, 쌀을
씻어라.

A. හරි, අම්මේ. දැන් හෝදලා ඉවරයි.
하*리*, 암메-. 댄 호-덜라- 이워*라*이ㄴ.

예, 엄마. 지금 씻는 것 끝났어요.

B. එහෙනම්, සාස්පාන අරගෙන වතුර දාලා
ලිපේ තියන්න.
에헤남, 싸-쓰빠-너 아*러*게너 와뚜*러* 달-라-
리뻬- 띠얀너.

그러면, 솥을 가지고 와서 물을
넣고 부뚜막에 놓아라.

ඒ වගේම අල සුද්ධ කරලා කපන්න.
에-와게-머 알러 쑫더 꺼*를*라- 까빤너.

그리고, 감자 껍질 벗기고,
잘라라.

A. පිහියයි එළවළු කපන ලෑල්ලයි
කොහෙද තියෙන්නේ?
삐히야이 엘러월루 까빠너 랠-라이 꼬헤더 띠옌네-?

칼과 도마 어디 있어요?

B. ඒවා රාක්කය උඩින් තියෙනවා.
에-와- *류*-꺼여 우딘 ㄷ 띠예너와-.

그것들 선반 위에 있어.

A. අම්මී, දැන් කපලා ඉවරයි.
암미-, 댄 까뻘라- 이워*라*이.

엄마, 지금 자르는 것 끝났어요.

වතුර දාලා කහයි තුනපහයි දැම්මොත්
හරි නේද?
와뚜*러* 달-라 까하이 뚜너빠하이 댐몯 하*리* 네-더?

물 넣고 옐로우 파우더와 카레
파우더 넣으면 되지요?

තව මොනවා හරි දාන්න ඕනේද?
따워 모너와- 하*리* 단-너 오-네-더?

더 무엇을 넣어야 하나요?

B. කරපිංචත් දාන්න. 까*러*삔찯 단-너.
අල තැම්බුනොත් පොල් කිරි දාලා හැඳි
ගාන්න.
알러 땜부녿 뽈 끼*리* 달-라- 핸디 간-너.

까르삔처도 넣어라.
감자 익으면 코코넛 우유 넣고
저어라.

A. හරි, අම්මා.
하*리*, 암마-.

예, 엄마.

B. පොඩ්ඩක් ඉඳලා ලුණු දාලා රස බලන්න.
뽈*닦* 인덜라- 루누 달-라- *러*써 발란너.

조금 있다가 소금 넣고 간 봐라.

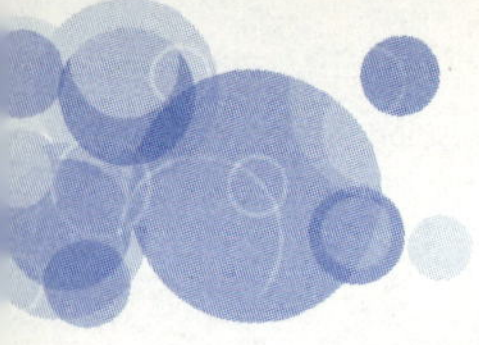

**단어집**

- හාල් 할- 쌀
- ගරලා 가를라- 골라 ගරනවා가러너와- '고르다, 골라내다'의 과거분사
  (과거) ගැරුවා 개루와-
- හෝදනවා 호-더너와- 씻다, 빨래하다
  (과거) හේදුවා 헤-두와- (과거분사) හෝදලා 호덜라- 씻어
- සාස්පාන 싸-쓰빠-너(밥하는)큰 그릇
- ලිපය 리뻐여 부뚜막, 화로, 가스분출구
- පිහිය 삐히여 칼
- එළවළු කපන ලැල්ල 엘러월루 까뻐너 랠-러 도마
- රාක්කය 라-꺼여 선반
- කහ 까하 옐로우 파우더
- තුනපහ 뚜너빠하 카레 파우더
- කරපිංච 까러삔처(식물) 까러뻰처
- තැම්බෙනවා 땜베너와-(요리) 익다, 끓여지다 (과거) තැම්බුනා 땜부나-
- පොල් කිරි 뽈 끼리/ 코코넛 우유(커리만들 때 항상 사용함)
- හැඳි ගානවා 핸디 가-너와- 젖다, 섞다
- රස බල නවා 라써 발러너와- 맛보다, 간을 보다

3

A. දුව, ඔයා ගිහිල්ලා මේසය පිහදාන්න.
두워, 오야- 기힐라- 메-써여 삐허단-너.

딸아, 너 가서 식탁을 닦아라.

ඊට පස්සේ කෑම අරන් ගිහිල්ලා
මේසය උඩින් තියන්න.
이터 빳쎄- 깨-머 아란 기힐라-

메-써여 우딘 띠얀너.

그 다음에 음식 가지고 가서
식탁 위에 놓아라.

B. හරි. තව මොනවා හරි කරන්න ඕනේද?
하리. 따워 모너와- 하리 꺼러너 오-네-더?

예, 더 뭐 해야 하나요?

A. කෑම කන්න තාත්තාටයි නංගිටයි
කථා කරන්න.
깨-머 깐너 딷-따-타이 낭기타이 까따- 꺼러너.

음식 먹게 아빠와 여동생을
불러라.

B. අම්මී, කාලා ඉවරයි. ඩෙසට් මොනවාද
තියෙන්නේ?
암미-, 깔-라- 이워라이. 데-썰 모너와-더 띠옌네-?

엄마, 다 먹었어요. 디저트로 무엇
을 가져올까요?

A. අයිස්ක්‍රීම් ගේන්න.
아이쓰끄림- 겐-너.

아이스크림 가져오너라.

පිඟන් අරගෙන හෝදන්න.  
뼁간 아*라*/게너 호-단너.

접시들 가지고 가서 씻어라.

හෝදලා හරියටම තබන්න.  
호-덜라- 하*리*/여거머 따반너.

씻고, 잘 정리해라.

B. මල්ලි ඉස්කෝලෙන් තවම ආවේ නැහැ.  
말리 이쓰꼴-렌 따워머 아-웨- 내해.

남동생 학교에서 아직 안 왔어요.

එයාට කෑම තියන්නද?  
에야-터 깨-머 띠얀너더?

그애를 위해서 음식을 남겨  
놓을까요?

A. හොඳයි, දුව.  
혼다이, 두워.

좋아, 딸아.

කුස්සිය හරිගස්සන කොට  
කුණුත් එකතුකරලා විසිකරන්න.  
꾿씨여 하*리*/갔써너 꼬터㉣  
꾸눌 에꺼뚜꺼*럴*라- 위씨꺼*러*너.

부엌 정리할 때 쓰레기도  
모아서 버려라.

〈길거리 서민 가게〉



**단어집**

- පිහදානවා 삐허다-너와- 닦다
- අරන් යනවා 아*란* 야너와- 가지고 가다
- ඩෙසට් *데*썯 후식
- පිඟන් 뼁간 접시들 පිඟාන 삐가-너 '접시'의 복수
- තබනවා 따버너와- 두다, 놓다 (과거) තැබුවා 때부와-
- තවම 따워머 아직
- කුස්සිය 꾿씨여 부엌
- හරිගස්සනවා 하*리*/갔써너와- 정리하다  
  (과거) හරිගැස්සුවා 하*리* 갰쑤와-(과거분사) හරිගැස්සලා 하*리* 갰썰라-
- කොට 꼬터 ~할 때
- කුණු 꾸누 쓰레기
- විසිකරනවා 위씨 꺼*러*너와- 버리다

㉠ අම්මේ 암메- '엄마!'

이 단어는 අම්මා 암마- '어머니, 엄마' 의 호격입니다. අම්මි 암미-로도 부릅니다. 사람을 부르는 호격은 여러가지 형태로 변합니다.

㉾ අයියා 아이야- 형,오빠 – අයියේ 아이예- 형아!, 오빠!, අක්කා 왁까- 누나, 언니 – අක්කි 왁끼 '누나야, 언니야'

㉡ හෝදලා ඉවරයි 호-덜라- 이워라이 '다 씻었어요'

ඉවරයි 이워라이는 '끝나다'의 뜻으로 동사의 과거분사 형태와 함께 쓰이면, 일의 완료(다 ~했습니다)를 뜻합니다.

㉾ 다 먹었어요 කාලා ඉවරයි 깔-라- 이워라이 , 다 줬어요 දීලා ඉවරයි 딜-라- 이워라이

㉢ රාක්කය උඩින් 락-꺼여 우딘 '선반 위에'

උඩින් 우딘은 '~위에'의 뜻으로, උඩ 우더 '위' 의 '장소의 출발'을 뜻하는 조격 형태입니다.

㉾ 책상위에 두세요 මේසය උඩින් තියන්න 메-써여 우딘 띠얀너

㉣ කොට 꼬터 '~할 때'

동사와 결합될 때는 '동사의 형용사적 현재 용법'이 사용됩니다. 문어체에서는 විට 위터가 많이 사용됩니다.

㉾ යන කොට 야너 꼬터 '갈 때', කරන කොට 꺼러너 꼬터 '할 때'

## 2) 집안 청소 ගේ සුද්ධ කිරීම

**I**

**A.** දුව, මොකද කරන්නේ?
두워㉠, 모꺼더 꺼라네-?

딸아, 뭐하니?

**B.** නිකං ඉන්නවා, අම්මේ.
니깡 인너와-, 암메-.

그냥 있어요. 엄마.

**A.** එහෙනම්, සාලයයි කාමරයි අතුගානවාද?
에헤남, 쌀-러야이 까-머라이 아뚜가-너와-더?

그러면, 거실과 방들을 쓸어라.

**B.** හරි, කොස්ස කෝ?
하리, 꼬써 꼬-?

예, 빗자루 어디있어요?

**A.** කොස්ස කුස්සියේ තියෙනවා.
꼬써 꿋씨예- 띠예너와-.

빗자루 부엌에 있어.

අතු ගාලා මොඩි කරන්න.
아뚜 갈-라- 몹 꺼라너.

쓸고 대걸레질 해.

**B.** හොඳයි, අම්මේ. ඔයා මොකක්ද කරන්නේ?
혼다이, 암메-. 오야- 모깎더 꺼라네-?

좋아요, 엄마. 엄마 뭐해요?

A. මම බාත්රූම් එක හෝදනවා.
마머 받-룸- 에꺼 호-더너와-.

   나는 화장실 청소하고 있어.

තව රෙදි ගොඩක් හෝදන්නත් තියෙනවා.
따워 *레*디 고닦 호-단날 띠예너와-.

   더 옷 많이 빨아야 해.

B. මං අතුගහලා මොබි කළා.
망 아뚜가할라- 몹 껄라-.

   저 쓸고 대걸레질 했어요.

එළියේ වේලිච්ච රෙදි අරගෙන නමන්නද?
엘리예- 웰-루처 *레*디 아*러*게너 나만너더?

   밖에 마른 빨래 가져와서
   접을까요?

A. රෙදි ගෙන්න. රෙදි කීපයක් මදින්න ඕනේ.
*레*디 겐너. *레*디 끼-뻐얕 마딘너 오-네-.

   빨래 가지고 와. 빨래 몇 개는
   다려야 해.

මැදපු දේ හැංගර්වලට දාලා අල්මාරියේ
එලන්න.
매더뿌 데- 행거르월러터 달-라- 알마-*리*예-
엘란너.

   다린 것들은 옷걸이에 걸어
   옷장에 걸어라.

---

**단어집**

- සාලය 쌀-러여 거실
- අතු ගානවා 아뚜 가-너와- 쓸다 (과거) අතුගෑවා 아뚜 개-와-
- කොස්ස 꽛써 빗자루
- මොප් කරනවා 몲 꺼*러*너와-(바닥) 걸레질하다
- බාත්රූම් එක 받-룸- 에꺼 화장실
- රෙදි *레*디 옷, 옷감
- එළිය 엘리여 밖, 빛
- වේලිච්ච 웰-루처 마른 වේලෙ නවා 웰-레너와- '마르다'의 형용사적 과거형태
  (과거) වේලුනා 웰-루나-
- කීපයක් 끼-뻐얕 몇개
- මදිනවා 마디너와- 다리다, 다림질하다 (과거) මැද්දා 맫다-
- මැදපු 매더뿌 다린 මදිනවා 마디너와- '다리다'의 형용사적 과거용법
- හැංගර් 행거르 옷걸이
- අල්මාරිය 알마-*리*여 옷장
- එල්ලනවා 엘러너와- 걸다, 매달다 (과거) එල්ලුවා 엘루와-

---

2

A. පුතේ, මට උදව් කරනවාද?
뿌데-, 마터 우다우 꺼*러*너와-더?

   아들아, 나 좀 도와주겠니?

B. තාත්ති. මං මිදුල අතුගාන්නද?
딷-띠. 망 미둘러 아뚜간-너더?

   예, 아빠. 저 마당을 쓸을까요?

A. එපා, පුතේ. ප්‍රථමින් තණකොළ උදුරන්න.
에빠- 뿌떼-. 쁘러/떠민ⓛ 따너꼴러 우두러 너.

하지마라, 아들. 먼저 풀을 뽑아라.

B. හොඳයි, තාත්ති. 혼다이, 딸-띠.

좋아요, 아빠.

A. තණකොළ ගලවලා ගේ ඇතුලේ මකුළු දැල් සුද්ධ කරන්න.
따너꼴러 갈러월라- 게- 애뚤레- 마꿀루 댈 쑫더 꺼러너.

잡초 뽑고 집 안 거미줄 청소 해라.

B. ඒක නම් ඉවරයි. 에-꺼 남 이워러이.
දැන් බාත්රූම් එකේ කොමඩ් එකයි
댄 받-룸- 에께- 꼬머드야이

그것은 끝났어요.
지금 화장실 변기와

මුණ හෝදන බේසමයි සුද්ධ කරගෙන ඉන්නවා.
무-너 호-더너 베-써마이 쑫더 꺼러게너 인너와-.

세면대를 청소하고 있어요.

A. හොඳයි. අද ඔයා මහන්සි වෙනවා නේද?
혼다이. 아더 오야- 마한씨 웨너와- 네-더?

좋아. 오늘 너 수고한다, 그렇지?

---

**단어집**

- මිදුල 미둘러(집앞) 마당
- තණකොළ 따너꼴러 잡초
- උදුරනවා 우두러너와- 뽑다, 제거 하다 (과거)ඉදුරුවා 이두루와-
- ගල වලා 갈러월라- 뽑아, 뽑고 ගල වනවා 갈러워너와- '제거 하다, 구하다, 구해 내다'의 과거분사
- මකුළු දැල් 마꿀루 댈 거미줄 මකුළුවා 마꿀루와- 거미
- දැල් 댈 그물 දැල 댈러 '그물'의 복수
- කොමඩ් එක 꼬머드 에꺼 변기
- මුණ හෝදන බේසම 무-너 호-더너 베-써머 세면대
- බේසම 베-써머 용기, 대야
- මහන්සි වෙනවා 마한씨 웨너와- 수고하다, 피곤하다

---

### ☆ 더 배워 봐요!

ⓛ දුව 두워 '딸아!'
이 단어의 원래 의미는 '딸'이지만, 많은 경우에 나이가 많은 사람들이 나이차이가 많이 나는 사람들을 부를 때 쓰는 일반적인 호칭입니다. 남자는 පුතා 뿌따-, පුතේ 뿌떼-라고 부릅니다.

ⓛ ප්‍රථමින් 쁘러/떠민 '먼저'
문어체에서 많이 사용되며, 이것과 같은 뜻으로 구어체에서 더 많이 사용되는 단어에는 ඉස්සරලා 있써럴라-가 있습니다.

단어의 앞에 붙어서 단어를 강조하거나 반대의 뜻 등을 만드는 접사를 접두사라고 말한다.


1. අ 아는 '부정'의 뜻을 만든다.

| 깨끗한 | පිරිසිදු 삐리/씨두 | අපිරිසිදු 아삐리/씨두 | 더러운,불결한 |
|---|---|---|---|
| 순종적인 | කීකරු 끼-꺼루 | අකීකරු 아끼-꺼루 | 불순종하는 |


2. අති 아띠는 '더, 아주'의 뜻을 가진다.

| 영리한 | දක්ෂ 닦셔 | අතිදක්ෂ 아띠닦셔 | 아주 영리한 |
|---|---|---|---|
| 거룩한 | ශුද්ධ 슏더 | අතිශුද්ධ 아띠슏더 | 더 거룩한 |


3. සු 쑤는 '좋은, 더 좋은, 완전한'의 뜻을 가진다.

| 안전한 | රක්ෂ 럒셔 | සුරක්ෂ 쑤럒셔 | 아주 안전한 |
|---|---|---|---|
| 냄새 | ගඳ 간더 | සුගඳ 쑤간더 | 향기 |


4. නි 니 / නිර් 니르는 '〜이 없는, 으로부터 자유한'의 뜻을 가진다.

| 병 | රෝග 로-거 | නිරෝග 니로-거 | 무병, 건강 |
|---|---|---|---|
| 결함있는 | දොස් 도쓰 | නිදොස් 니도쓰 | 결함없는 |
| 부끄러운 | ලජ්ජ 랒저 | නිර්ලජ්ජ 니를랒저 | 부끄럼이 없는 |


5. ස/සං 싸/쌍은 '함께, 같이'의 뜻을 가진다.

| 결함있는 | දොස් 도쓰 | සදොස් 싸도쓰 | 결함있는 |
|---|---|---|---|
| 자람,큼 | වර්ධනය 와르더너여 | සංවර්ධනය 쌍와르더너여 | 개발 |

6. ප්‍රති 쁘러띠는 '반응, 교환'의 뜻을 만든다.

| 방법 | කාරය 까-러여 | ප්‍රතිකාරය 쁘러띠까-러여 | 치료 |
|---|---|---|---|
| 열매 | ඵල 빨러 | ප්‍රතිඵල 쁘러띠빨러 | 결과 |

7. විවි 위 는 '분리, 반대, 강조, 상급'의 뜻을 만든다.

| 정당 | පක්ෂය 빡셔여 | විපක්ෂය 위빡셔여 | 야당 |
|---|---|---|---|
| 더러움 | මල 말러 | විමල 위말러 | 순전한, 순수한 |
| 승리 | ජය 자여 | විජය 위저여 | 승리 |

8. උප우뻐 는 '두번째의, 주변의'뜻을 가진다.

| 도시 | නගරය 나거러여 | උපනගරය 우뻐나거러여 | 위성(두번째)도시 |
|---|---|---|---|
| 선생님 | ගුරු 구루 | උපගුරු우 뻐구루 | 조교 |

9. දු/දුර් 두/두르 는 '나쁜, 안좋은'의 뜻을 가진다.

| 강한 | බල 발러 | දුබල 두벌러 | 연약한 |
|---|---|---|---|
| 냄새 | ගඳ 간더 | දුගඳ 두간더 | 악취 |
| 백성 | ජනය 자너여 | දුර්ජනය 두르자너여 | 악한 사람들 |

10. අනු아누 는 '~같은, 따르는'의 뜻을 가진다.

| 소리 | රාවය 라-워여 | අනුරාවය 아누라-워여 | 메아리 |
|---|---|---|---|
| 행함 | කරණය 꺼러너여 | අනුකරනය 아누꺼러너여 | 모방 |

이 밖에도 '나쁜, 낮은' අප 아뻐, '최고의, 최상의' අධි/අධ 아디, '넘는, 초과하는' අති 우, '다른, 이기는, 넘는' පර 빠러, '~앞의, 전에' අබි 아비 등 더 많은 접두사가 있다.

씽할러어는 우리나라 한글과 그 문법 구조가 비슷하고, 조사도 발달되어 있는 언어이다.

씽할러어는 말하는 구어체와 쓰는 문어체로 확연하게 구분된다. 같은 뜻의 단어임에도 말로 하느냐 문장으로 쓰느냐에 따라 사용되는 단어가 달라진다.

또한, 씽할러어는 문어체에서 독일어나 그리스어와 같이 주어의 인칭, 단수와 복수 여부에 따라 동사의 어미가 바뀌어서, 주어가 없어도 동사의 어미변화로 주어를 알 수 있는 언어이다.

우리 말에는 없는 장음과 단음의 구분이 있고, 영어의 R과 L, F 와 P의 구분도 있다. 또한 한국 사람이 할 수 없는 발음도 몇 개가 있어 이런 것들을 익히는데 많은 인내와 노력이 필요하다.

씽할러어는 비음소리를 많이 낸다. 그래서 스리랑카 사람들처럼 발음을 할려면 코맹맹이 소리를 내는 연습을 많이 해야 한다.

씽할러어는 인도의 힌디어와 알파벳 순서와 발음이 거의 똑같다. 그것은 씽할러 족이 인도 북부에서 내려온 종족임을 언어를 통해서 또 한번 증명해 주고 있다. 영국과 서구의 450년의 통치기간 동안 외래어들이 많이 들어와 정착을 하였고, 문법에도 영향을 미쳐 영어식 문법 형태로도 많이 사용 된다.

한국 사람들이 습득하기에 어렵지 않지만, 한국과의 언어적인 교류가 거의 없어 씽할러어를 배우기가 힘들다. 기초 지식이 거의 없는 상태에서 배우려고 하니 당연히 어려울 수 밖에 없다. 씽할러 글자가 그림과 같이 보여져서 글자를 쓰고 읽기가 쉽지 않지만, 연습하면 생각보다 쉽다.

씽할러어의 알파벳과 발음하는 법, 읽고 쓰는 법을 소개하려고 한다.

## 1) 모음

> අ 아  ආ 아-  ඇ 애  ඈ 애-  ඉ 이  ඊ 이-  උ 우  ඌ 우-
>
> ඍ 리  ඎ 리-  එ 에  ඒ 에-  ඓ 아이  ඔ 오  ඕ 오-  ඖ 아우

① අ는 "아얀너 아", ආ는 "아-얀너 아-", ඇ는 "애얀너 애"라고 읽는다.

② 장음이 있다. 장음 (ආ. ඈ, ඊ, ඌ, ඎ, ඒ, ඕ)은 길게 발음한다.
　예) ආගම 아-거머(종교), ඈත 애-떠(먼), ඊයෙ 이-예(어제),
　　　ඌරා 우-라-(돼지), ඒත් 엗-(그러나), ඕලු 올-루(연꽃)

　• 단모음과 장모음을 구별하지 않으면 전혀 다른 뜻이 되는 단어들이 있다.
　　예) පට 빠터(비단), පාට 빠-터(색깔)

③ 애(ඇ)는 혀를 내리고 입을 찢으며 발음한다. 영어의 [ae] 발음에 속한다.
　예) ඇති 애띠(충분한), ඇඳ 앤더(침대)

④ 씽할러의 모음은 독자적으로 나오기도 하지만, 자음과 합쳐져 글자를 만들 때, 모음 글자 형태가 변한다. 이 모음들은 자음과 함께 나오며 독자적으로 나오지 않는다(이 부호들을 පිල්ලම් 삘람이라고 부른다).

　a. □ා(아-: 앨러삘러 ඇලපිල්ල)
　　'ආ 아-'가 자음과 결합될 때 바뀌는 모음기호로, 장음을 만드는 데 사용된다.
　　'아-'로 발음되며, 글자 오른편에 붙는다.
　　예) කාමරය 까-머러여(방)

b. □ෑ(애: 꼬터 애더여 කොට ඈදය: ඈද ඈඵිවිච 애더 앨러뻴러)

'ඈ 애'가 자음과 결합될 때 바뀌는 모음기호로, '애'로 발음되며, 글자 오른편에 붙
는다. 입술을 찢는 발음으로 영어의 [ae] 발음에 속한다.

㉠ පැල 뺄러(묘목)


c. □ෑ(애-: 디거 애더여 දිග ඈදය)

'ඈ 애-'가 자음과 결합될 때 바뀌는 모음기호로, ෑ의 장음 발음이다.
'애-'로 발음되며, 글자 오른편에 붙는다.

㉠ කෑම 깨-머(음식)


d. □ි(이: 이쓰뻴러 ඉස්පිවිච)

'ඉ 이'가 자음과 결합될 때 바뀌는 모음기호로, '이'로 발음되며, 글자 위에 붙는다.
자음에 '이' 발음을 더한다.

㉠ පිරිමියා 삐리/미야-(남자)


e. □ී(이-: 디구 이쓰뻴러 දිග ඉස්පිවිච)

'ඊ 이-'가 자음과 결합될 때 바뀌는 모음기호로, ි의 장음이다.
'이-'로 발음되며, 글자 위에 붙는다. 단음과 차이는 글짜 끝이 휘어 구멍이 있는 것이다.

㉠ කූලී 꿀리-(삯)


f. □ු 또는 □ු(우: 빠-뻴러 පාපිවිච)

'ඔ 우'가 자음과 결합될 때 바뀌는 모음기호로, '우'로 발음되며, 글자 밑에 붙는다.
두가지 기호형태가 있으며, 자음에 따라서 어떤 것이 붙는지 결정된다. '⑥과 ⑦'에
서 자세하게 설명이 되어 있다.

㉠ නපුරු 나뿌루(나쁜). තුවාය 뚜와-여(수건)


g. □ූ 또는 □ූ(우-: 디구 빠-뻴러 දිග පාපිවිච)

'ඌ 우-'가 자음과 결합될 때 바뀌는 모음기호로, ු 또는 ු의 장음이다. '우-'로 발
음되며, 글자 밑에 붙는다. 단음과 같이 두가지 기호 형태가 있으며, ු 또는 ු가 붙
는 자음과 똑 같은 자음에 붙는다. 장음은 단음의 ු보다 더 긴 형태 ූ이고, ු에서는
끝이 물결모양 ූ으로 휜다.

例) හුමිය 부-미여(땅). පුජාව 뿌-자-워(희생)


h. ◌ැ (에: 꼼부워 코ම්බුව)
'ඇ 에'가 자음과 결합될 때 바뀌는 모음기호로, '에'로 발음되며, 글자 왼편에 붙는
다. 자음 මැ(마얀너)와 잘 구별해야 한다.
例) ගෙදර 게더러(집)


i. ◌ැ 또는◌ැ(에-)
'ඈ에-'가 자음과 결합될 때 바뀌는 모음기호로, ◌ැ의 장음이다. '에-'로 발음되며,
글자를 사이에 두고 하나는 글자 왼편에, 다른 하나는 글자 위에 붙는다. 두 모음이
앞뒤로 나와 장음을 만드는 특별한 방식을 취하고 있다.
뒤에 붙는 '◌ ' 또는 '◌' 는 '알끼리-머'라고 부르며 받침을 만드는데 사용한다. 자세한
것은 '⑧'에 설명되어 있다.
例) කේක් 껙-(케익). වේලාව 웰-라-워(시간)


j. ◌ෛ(아이: 꼼부 데꺼 코ම්බු 데꺼)
'ඓ 아이'가 자음과 결합될 때 바뀌는 모음기호로, '아이'로 발음된다. 글자 오른쪽
에 ◌ 꼼부워가 두개가 붙는다.
例) වෛද්‍යවරයා 와이디여워러야-(의사)


k. ◌ො(오)
'ඔ 오'가 자음과 결합될 때 바뀌는 모음기호로, '오'로 발음된다.
글자 왼쪽에 ◌ 꼼부워가 붙고, 오른쪽에 ◌ 앨러뻴러 가 붙어 '오'를 만든다. 씽할러
어에 있는 특이한 글자 조성 방법이다. 잘 익혀야 한다.
例) පොල් 뽈(코코넛), පොහොර 뽀호러(거름)


l. ◌ෝ(오- ඕ)
'ඕ오-'가 자음과 결합될 때 바뀌는 모음기호로, '◌ො 오'의 장음이다.
'오-'로 발음되며, '오'와 같은 방식을 취하며 ◌(앨러뻴러)에 '◌' (알끼리-머)가 붙어
장음이 된다.
例) ගෝලයා 골-러야-(제자)

m. ◌□ා(아우)

'ඖ 아우'가 자음과 결합될 때 바뀌는 모음기호로, '아우'로 발음된다. 글자 왼쪽에
ෙ (꼼부워), 글자 오른쪽에 ා(가여누 낀떠 ගයනු කින්න)가 붙는다.
ⓔ ගෞරවය 가우러워여(영광)


n. ්  또는 ්(받침: 할끼리-머 හල් කිරීම)

글자 위에 붙으며, ්는 글짜 위쪽 끝에 붙어, 우리말의 받침소리를 낸다. 하지만,
ර(라얀너 라) 과 ජ(자얀너 자)에서는 글자 중간에 붙어, ර්, ජ්의 모양을 낸다.
ⓔ මල් 말(꽃), නම් 남(이름들) මාර්ගය 마르거여(길)


⑤ 자음과 합쳐지는 모음들은 කා 까-. කැ 깨. කෑ 깨-. කි 끼. කී 끼-. කු 꾸. කූ
구-. කෙ 께. කේ (මේ) 께-(메-). කෛ 까이. කො 꼬. කෝ 꼬-. කෞ 까우와
같이 사용된다.


⑥ '◌ු 우. ◌ූ 우-'는 'ක 까. ග 가. ත 따. බ 바-. ය 샤 '에만 사용된다.
ⓔ අකුර 아꾸러(글자), අගුල 아굴러(자물쇠), වතුර 와뚜러(물), ශුද්ධ 슌더(거룩한)


⑦ '◌ු 우. ◌ූ 우-'는 'ඛ 까-. ච 차. ජ 자. ට 타. ඩ 다. ණ 나. න 나. ප 빠. බ 바.
ම 마. ය 야. ල 라. ස 싸. හ 하'에만 사용된다.


⑧ '්  (කොඩිය 꼬디여) 또는 ්(රැහැත 래해너)'- හල් කිරීම 할 끼리-머


알파벳 모음에는 없지만, 받침을 만드는 데 사용하기도 하고, 다른 글자들과 어울려 장
음 표시를 하는데 사용된다.
'්  (කොඩිය: 꼬디여)'는 글짜 위쪽 끝에 붙고, ්(රැහැත: 래해너)는 글자 위에 붙
는다. 하지만, ර(라얀너 라) 과 ජ(자얀너 자) 에서는 글자 중간에 붙어, ර්, ජ්의 모양
을 낸다.
ⓔ මල් 말(꽃), නම් 남(이름들) මාර්ගය 마르거여(길)


a. 받침 음을 만들 때 사용된다.
ⓔ මල් 말(꽃), නම් 남(이름들)

b. 앞에 자음이 없는 경우 한글 모음 '_'를 붙여 소리낸다.
　예) ස 쓰, ද 드, ම 므, බ 브, ව 우

c. 'ා (රැහැනः 래해너)'는 'ඩ ○나, ච 차, ට 타, ද 다, බ 바, ම 마, ඹ 음바, ව 와'에 쓰인다.
　예) කෝච්චිය 꽃–치여(기차), නම් 남(이름들)

d. 'ා (කොඩිය :꼬디여)'는 나머지 자음에 쓰인다. 'ක, ග, ඟ, ජ, ඣ, ණ, ත, ද, න, ද, ප, ය, ර, ල, ශ, ෂ, ස, හ, ළ'

e. 'ෙ 꼼부워' 뒤에 글자와 어울려 나오는 경우는 장음을 나타낸다.
　예) කෝච්චිය 꽃–치여(기차), වේලාව 웰–라–워(시간)
　④ 의 'i'와 'l'을 참조하라.

⑨ 자음과 조합되는 모음들의 이름은 다음과 같다.

a. ා - 앨러뻴러 ඇලපිල්ල
b. ැ - 꼬터 애더여 කොට ඇදය. ඇද ඇලපිල්ල 애더 앨러뻴러
　ෑ - 디거 애더여 දිග ඇදය.
c. ි - 이쓰뻴러 ඉස්පිල්ල. ී - 디구 이쓰뻴러 දිග ඉස්පිල්ල
d. ු - 빠–뻴러 පාපිල්ල.
　ූ - 디구 빠–뻴러 දිග පාපිල්ල
e. ෙ - 꼼부워 කොම්බුව.
f. ෘ - 가여누 낄떠 ගයනු කිත්ත
g. ා (꼬디여) ා (래해너) - 할끼리–머 හල් කිරීම

**2) 자음**

| ක 까 | බ 까– | ග 가 | ඝ 가– | ඞ 나 | ං 응 | ඟ 응가 |
|------|------|------|------|------|------|------|
| ච 차 | ඡ 차– | ජ 자 | ඣ 자– | ඤ 냐 | | |
| ට 타 | ඨ 타– | ඩ *다* | ඪ *다–* | ණ 나 | ඬ 은다 | |
| ත 따 | ථ 따– | ද 다 | ධ 다 | න 나 | ඳ 은다 | |
| ප 빠 | ඵ 빠– | බ 바(B) | භ 바– | ම 마 | ඹ 음버 | |
| ය 야 | ර *라*(R) | ල 라(L) | ව 와(va) | | | |
| ශ 샤 | ෂ 샤 | ස 싸 | හ 하 | ළ 라(L) | ඃ 응 | ෆ 파(F) |

① 장음인 자음이 있다( බ. ඝ. ඡ. ඣ. ඨ. ඪ. ථ. ධ. ඵ. භ)

② 자음을 읽을 때 ක 는 "까얀너 까", බ는 "까–얀너 까–",
  ග는 "가얀너 가"라고 읽는다.

③ 자음 알파벳 순서를 암기하는 방법
  자음의 첫 다섯 글자를 아래와 같이 암기한다.
  (까꺼–가거– 너, 차처–자저– 녀, 타터–*다더*– 너, 따떠–다더– 너,
  **빠뻐– 바버– 머, 야*러*러워, 샤셔싸할러)

④ 영어에서와 같이 ' ප(p)와 ෆ(f)' 그리고 'ර(r) 와 ල(l)'를 잘 익혀야 한다.
  ⑩ පංතිය 빤띠여(반), ඟාමය 파(f)–머씨(약국),
    රට *라*터(나라), ළමයා 라머야–(어린이)

⑤ 한글과 영어에도 없는 'ඩ와 ට' 발음은 특별히 씽할러어에서 중요하다.
  두개 다 윗 이빨 끝을 짧게 치며, 끊어 발음하면서 영어의 'r'와 같이 굴려야 한다. 한글
  에서 발음하듯이 '더'와 '터'로 그냥 발음하면, 둘 다 거의 'ㄸ' 발음으로 발음되어 진다.
  발음을 굴리지 않고, 잘못할 경우 다른 단어가 되는 경우도 있다.
  ⑩ දද 다더(가려움)– දට 다더(벌금)
    මට 마터(나에게), මත 마떠(~위에)

⑥ 'ඳ 다'는 한국의 'ㄷ'으로 표기하지만, 한국의 'ㄷ'발음은 영어의 'ㄸ(th)' 발음을 낸다. 따라서, 한글의 'ㄷ'을 짧게 끊어서 내면 이 소리가 난다.
   ㉐ ඳර 다러(장작), ඳඳ 아더(오늘)


⑦ 'ණ 나'는 'මූර්ධජ 무–르더저 나얀너', 'ළ 라'는 'මූර්ධජ 무–르더저 라얀너' 읽는다. 'ණ 나와 ළ 라'는 종종 'න 나와 ල 라'로 바뀌어 쓰이기도 한다.

⑧ 'ෂ 샤'는 'තාලුජ 딸–루저 샤얀너', 'ශ 샤'는 'මූර්ධජ 무–르더저 샤얀너'라고 읽는다. 발음 상 차이가 거의 없지만, 'ශ 샤'가 외래어를 제외하고는 단어의 첫 글자로 나오지 않는다. 'ෂ 샤'는 'ස 싸'로도 많이 대치되어서 사용 되어 진다.


⑨ 폐쇄음과 파찰음
   a. ප '빠'는 후음(목에서 소리가 나는)이 아닌 입술 폐쇄음이다. 우리말의 "빠"와 비슷하다.
      ㉐ පතාව 빠나–워(빗), පහ 빠하(다섯)


   b. බ '바'는 후음의 입술 폐쇄음이다. 우리말의 'ㅂ'을 약하게 입술을 오무렸다 열면 이 음이 나온다. 영어의 'b'와 거의 비슷하다. 한글의 'ㅂ'을 발음하면 'ㅃ' 소리가 나므로 발음에 주의해야 한다.
      ㉐ බල්ලා 발라–(개) බංකුව 방꾸워(의자)


   c. ත '따'는 후음이 아닌 치음 폐쇄음이다. 우리말의 '따'가 비슷하다. 영어의 'th' 발음이지만, 마찰음이 없어야 한다.
      ㉐ තරු 따루(별), තක්කාලි 딲깔–리(토마토)


   d. ද '다'는 후음의 치음 폐쇄음이다. 'ㄷ'을 짧게 끊어서 내면 이 소리가 난다. 한글의 'ㄷ' 발음은 'ㄸ'소리를 내므로 약하게 발음해야 한다.
      ㉐ දහය 다하여(십), දත 다떠(이빨)


   e. ට '타'는 목에서 소리가 나지 않는 짧게 굴리는 폐쇄음이다. 살짝 굴려야 한다. 씽할러에만 있고, 영어와 한글에 없는 발음이므로, 연습을 많이 해야 한다. 자음 ⑤번을 읽어 발음을 연습하면 도움이 된다.
      ㉐ කට 까터(입), යට 야터(아래)

f. ඩ '*다*'는 목에서 소리를 내며 짧게 굴리는 폐쇄음이다.
ට와 같이 굴려서 발음한다. 이 자음 또한 씽할러 발음을 잘 하느냐 못하느냐를
구별하는 발음 중 하나 이므로, 철저하게 연습해야 한다.
㈜ කඩය 까더여(가게), දඩය 다더여(벌금)

g. ච '차'는 목에서 소리가 나지 않는 구개(입천장)음인 파찰음이다.
한글의 'ㅊ'과 비슷하다.
㈜ චපල 차뺄러(변하기 쉬운), වචනය 와처너여(단어, 말씀)

h. ජ '자'는 목에서 소리 내는 구개음인 파찰음이다.
한글의 '자'로 음역하지만, 한글의 'ㅈ'은 'ㅊ'소리도 난다. 따라서 약하게 발음해야
이 소리를 재대로 낼 수 있다.
㈜ ජම්බු 잠부(잠부열매), ජලය 잘러여(물)

i. ක '까'는 목에서 소리가 나지 않는 연구개 폐쇄음이다. 한글의 '까'와 비슷하다.
㈜ කපුටා 까뿌타(까마귀) කළු 깔루(검은)

j. ග '가'는 목에서 소리 내는 연구개 폐쇄음이다.
㈜ ගස 가써(나무), ගල 갈러(돌)

⑩ 약간 비음이 섞인 후음인(목에서 나는) 폐쇄음
네 개의 후음 폐쇄음에서 나온 자음들이다.

a. ඹ '음바'는 목에서 소리가 나는 입술 폐쇄음이다.
㈜ අඹ 암버(망고),

b. ඳ '은다'는 목에서 소리가 나는 치음 폐쇄음이다
㈜ හඳ 한더(달)

c. ඬ '은다'는 목에서 소리가 나는 굴리는 폐쇄음이다.
㈜ හොඬ 혼더 (코끼리코)

d. ග '응가'는 목에서 소리가 나는 연구개 폐쇄음이다.
   예 ගඟ 강거(강)

⑪ 비음: 모든 비음은 후음을 동반한다.

   a. ම '마'는 두 입술사이에서 나는 비음이다.
      예 මහත 마하떠(두께), මඟ 마거(길)

   b. න '나'는 치조음인 비음이다.
      예 නයා 나야–(뱀), නගරය 나거러여(도시)

   c. ණ '나(무–르더져 나얀너)'는 구개음인 비음이다.
      예 ණය 나여(빚), ○ණ 우너(열병)

   d. ං '응'은 연구개음인 비음이다.
      예 ලංකාව 랑까–워(스리랑카).

⑫ 마찰음

   a. ෆ '파(f)'는 목에서 소리를 내지 않는 순치음의 마찰음이다. 영어의 'f'를 발음하기
      위해서 생겨났다. 여러 글자가 있다( fඃ. ඔf , ')
      예 ෆාමසි 파–머씨(약국)

   b. ස '싸'는 목에서 소리 내지 않는 입술 치찰음(쉬쉬소리내는)이다.
      예 සමනලයා 싸머널러야–(나비), සාමය 싸–머여(평화)

   c. ශ '샤'는 목에서 소리 내지 않는 연구개 치찰음이다.
      예 ශබ්ද 샤브더(소리)

⑬ 모음 같은 자음들

a. ව '와(va)'는 후음인 입술로 내는 연속음이다. 영어의 'v'나 'w'와 비슷하다.
   ㉠ වඳුරා 완두라-(원숭이), වනය 와너여(정글)

b. ය '야'는 후음인 구개 연속음이다.
   ㉠ යතුර 야뚜러(열쇠), යකඩ 야꺼더 (쇠)

⑭ 위의 설명을 도표로 그려보면 다음과 같다.

| | | 입술음 | 치음 | 치조음 | 굴림음 | 구개음 | 연구개 | 성문음 |
|---|---|---|---|---|---|---|---|---|
| 폐쇄음 | 비후음 | ප 빠(P) | ත 따 | | ට 타 | | ක 까 | |
| | 후음 | බ 바 | ද 다 | | ඩ 다 | | ග 가 | |
| 파찰음 | 비후음 | | | | | ච 차 | | |
| | 후음 | | | | | ජ 자 | | |
| 비-후-폐쇄음 | | ඹ 음바 | ඳ 은다 | | ඬ 은다 | | ඟ 응가 | |
| 비음 | (후음) | ම 마 | | න 나 | | ඤ 나 | ◦ 응 | |
| 진동음 | | | | ර 라(R) | | | | |
| 측음 | | | | ල 라(L) | | | | |
| 마찰음 | | ෆ 파(F) | ස 싸 | | | ශ 샤 | | හ 하 |
| 준모음 | | ව 와(V) | | | | ය 야 | | |

⑮ 자음과 함께 사용되는 글자(모음)들

a. '◌ය 양쎄-යංසෙ'는 붙여지는 자음의 고유 모음소리를 억제한다. 따라서 '이여'로 발음된다. 하지만, 정확한 발음을 위해서는 'ය 양쎄-යංසෙ'가 붙은 단어의 받침음을 앞단어에 붙인다. 그러면 자동으로 자음의 고유 모음 소리를 억제한다.
   ㉠ රාජ්‍යය 랒-지여여(나라), සත්‍යය 쌑띠여여(진리)
   විද්‍යාලය 윌디얄-러여(학교), දිව්‍ය 딥위여(신성한)

b. '◌ – රේඵය 레–뻬여'는 자음 위에 붙어서 붙은 단어 앞에서 'ර් 르'라고 발음된
다. 요즘은 이 자음대신에 'ර් 르'를 사용한다.

예) මාඥය 마–르거여= මාර්ගය.

කඨාලය=කර්යාලය 까르얄–러여(사무실)


c. 'ㅁㅓ 개터여 ගැටය (쓰가떠 앨러뻴러 ස්ගත ඇලපිල්ල)'는 붙은 자음의 고유
모음소리를 억제하면서 그 자음을 받침음이 되게 하면서 '으루'로 발음된다.

예) ගෘහය 그루허여(집)


d. 'ㅁ 꼬랑셔여 කොරංශය'는 붙은 자음의 고유 모음소리를 억제하면서 그 자음을
받침음이 되게한 후 '라(r)'발음이 붙는다.

예) ප්‍රබල 쁘러벌러(충분한), ක්‍රියා 끄리야–(행동), පුත්‍රයා 뿌뜨러야–(아들)


e. ' ㅁ 싼녀꺼 සඤ්ඤක'는 세가지로 사용된다.


ㄱ. 자음에 앞에 붙고, 모두 'න් 는'의 매우 짧은 소리로 발음된다.
예) කඳ 깐두(산), ගඟ 간(강)거(강)


ㄴ. 'ව' 앞에 붙을 경우 'ද් 드'로 발음된다.
예) මඬ 마드워


ㄷ. 'ඨ 타–. ඪ 다–. ඪ 다–'와 같이 장음들 앞에 붙을 경우 각 음의 받침음이 앞
단어에 붙게 된다. 요즘은 'ද් 알 다얀너'를 붙여서 쉽게 쓴다.
예) කඨ 깐터, මඬ 만더, ශුඬ 슌더(거룩한)=ශුද්ධ


⑯ 'ඏ 루, ඐ 루–'는 모음과 자음을 함께 가지고 있다.
'ඏ 루 = 'ල' + ' ◌ '이고, 'ඐ 루' = 'ල' + ' ◌ '이다.
요즘은 'ළු 루'와 'ළූ 루–'로 대치되어서 많이 쓰인다.
예) පුඏවන් 뿔루완 (할 수 있는) = පුළුවන්

ඐණ 루–누(양파) = ළූණු

1) 단어 안에서 '아, 어' 발음.

  씽할러는 단어 자체가 모음을 포함하고 있다. 하지만, 어떤 때는 '아'로 발음되고, 어떤 경우는 '어'로 발음된다. 씽할러 단어 자체에서 '아'와 '어'의 발음을 표기상 구별하고 있지 않다. 그래서 몇 가지 원리를 이해하고 있으면 더 발음하기가 쉬워진다.

  ① '아'로 발음 되는 경우

    a. 단어의 첫 글자인 경우 例) මම 마머

    b. 'හ 하'가 뒤따라오는 경우 자신과 앞단어를 '아'로 발음한다.
    例) දහය 다하여(십), ගහ 가하(나무)

    c. 받침이 있는 경우.
    例) තවත්තනවා 나왈떠너와–. ටිකක් 티깎(조금).

    d. 단어가 'යි 이'로 끝날 경우 例) හොඳයි 혼다이(좋다)

    e. 영어에서 유래한 외래어들은 예외다.
    例) ටිකට් 티껱(표)

  ② '어'로 발음 되는 경우

    a. 단어의 첫 글자를 뺀 나머지 글자들
    例) ගමත 가머너(여행), බලනවා 발러너와–(보다)

    b. 기본 동사가 'කර– 꺼러–'로 시작되는 경우와 그 변형들.
    例) කරනවා 꺼러너와–(하다), කරපු 꺼러뿌(한)

c. 영어에서 온 외래어 중 'ඊ 르' 앞에 있는 단어
　　　⑩ ෂර්ට් 셔트 shirt


2) 단어 안에서 '아(단음)'와 '아-(장음)' 발음

① 'ා 아-'가 붙는 경우 거의 모든 단어들은 '아-(장음)'로 발음된다.
　　⑩ ගියා 기야-(갔다), ලෙඩා 레다-(병자),
　　තේරුණා 떼-루나-(이해했다), නැවතුනා 내워뚜나-(멈췄다).

② 'ා 아-'가 '아(단음)'으로 발음되는 경우가 있다.

　　a. 'ා 아-'로 끝나는 단어에서, 두 개의 단모음이 ා 앞에 있을 경우
　　　⑩ ඉරිදා 이리다(일요일)

　　b. 'ා 아-'로 끝나는 3글자 단어에서, 중간에 자음군이나 받침(이중 자음)이 없는 경우.
　　　⑩ තිබුණා 띠부나(있었다)

　　c. 단어 구조상 글자가 서로 연관이 없는 동사의 과거분사 형태의 '-ලා 라'인 경우
　　　⑩ හෝදලා 호-덜라(씻어)

　　d. 단어 마지막 'ා' 앞에 장모음 또는 받침(이중 자음)이 있는 경우
　　　⑩ ආවා 아-와(왔다)- 장모음이 앞에 있는 경우,
　　　අක්කා 아까(누나, 언니)- 이중모음이 앞에 있는 경우.

　　e. 두 글자 이상인 단어에서 마지막 'ා' 앞에 'ය' 또는 'ව'가 있는 경우. 즉, 단어 마지막
　　　에 있는 යා와 වා는 "야, 와"로 짧게 발음된다.
　　　⑩ මහත්තයා 마핟떠야(어르신),
　　　මදිනවා 마디너와(문지르다)

　　f. 의문사 'ද 더'가 뒤따라 오는 경우
　　　⑩ මොනවාද 모너와더(무엇?)

g. 접미사(-ව 워(을), -ට 터(에게), - ගේ 게-(의))와 단어의 출발점을 알리는
( -ගෙන් 젠(으로부터))이 뒤따라 올 경우
㉔ ළමයාව 라머야워(라머야-워 아님-학생을)
ළමයාට 라머야터(학생에게)
ළමයාගේ 라머야게-(학생의)
ළමයාගෙන් 라머야젠(학생으로부터)


## 3) 단어나 문장에서 강세

씽할러에는 영어와 같이 강세 표시가 없지만, 단어나 문장에서 강세를 발견 할 수 있다.

① 단어의 첫 글자에 보통 강세가 붙는다.
㉔ අපි 아삐(우리), ඔබ 오버(당신)

② 장음이 있는 곳에 강세가 있다.
㉔ යේසුස් 예-쑤쓰(예수님), අමාරුව 아마-루워(어려움)

③ 장음이 두개 있는 경우 보통 뒷 장음에 강세가 붙는다.
㉔ ආයුබෝවන් 아-유보-완(안녕하세요)
මායාව 마-야-워(환상, 환영)

문장을 말할 때 장음이 있는 단어에서 액센트를 붙여 강조하면, 책을 읽는 느낌이 아니라,
말이 살아난다.
㉔ දෙවියන්වහන්සේ ඔබට ආදරෙයි
데위얀 와한쎄- 오버터 아-더레이
(하나님은 당신을 사랑하십니다)

4) 받침이 있는 단어는 받침을 정확하게 발음하되, 짧게 끊어 읽는다.

　한국어에서는 받침을 정확하게 읽지 않고, 연음을 주로 시키기 때문에 발음 습관상 씽할러 단어를 발음할 때, 받침을 부정확하게 발음하게 된다. 따라서 받침을 정확하게 그리고 약간 끊어 읽는 연습을 해야 한다.
　　(예) තාත්තා 딴-따-(아버지), අම්මා 암마-(엄마)


5) 단어 첫 글자로 나오는 'ත 따"

　앞에서 말한 것과 같이 'ත'는 '따'로 발음된다.
　하지만, 단어 첫 글자로 나오는 'ත'는 '타'로 발음하기도 한다. 왜냐하면, 한국 말의 'ㅌ'발음은 'ㄸ(th)'발음을 하기 때문이다.
　　(예) තරු 타루(별), තල 탈러(참깨)
　　비교) හත 하떠(일곱), මතක 마떠꺼(기억)


6) 단어 중간에 나오는 'ල라, ළ라'

　영어의 라(L)과 같이 발음을 하지만, 앞 글자 받침으로 붙는 'ㄹ'을 세게 발음하지 않는다.
　　(예) කළා 껄라-(했다), මල 말러(꽃)


7) 'ස් 쓰'와 단어 처음에 나오는 'ද 드'는 발음을 약하게 한다.

　대부분 한 음절로 치지 않고, 앞뒤 단어에 붙여진 음절로 간주된다.
　　(예) ස්වාමීන් 쓰와-민(주인) දවාරය 드와-러여(문)


8) 'ර 르'

　발음을 가볍게 한다.
　　(예) ස්වර්ගය 쓰와르거여(천국)

- 하지만, 영어에서 유래된 단어들은 원 단어에 따라 발음을 하지 않는다.
  (예) ෂර්ට් 셔트 shirt


## 9) 결합된 자음 'ඥ 즈 + ඤ 냐'

'ව(ඥ) 츠 + ඤ 냐' 의 조합은 보통 'ක් 끄 + ඤ 냐' 로 발음된다.
'ඤ 냐'가 단어 첫 글자이거나 'ං 응' 다음에 올 경우, 이 단어의 장음인 'ඤ 냐-'로 쓰여진다.
  (예) ඤතරත්න 냐너라뜨너(사람이름),
  ප්‍රඥාව 쁘러끄냐-워(지혜)


## 10) 단어 끝에 나오는 'න් ㄴ'과 'ම් ㅁ'

이 둘은 'ං 응'으로 보통 발음한다.
때론 이 단어들이 'ං 응'으로 쓰여지기도 한다.
  (예) ළමයාගෙන්/ළමයාගෙං 라머야-겐/라머야-겡(아이들로부터)
  ගම්/ගං 감/강(마을들), පුළුවන්/පුළුවං 뿔루완/뿔루왕(할 수 있다)

하지만, 영어에서 온 외래어는 원래 표기를 유지한다.
  (예) කුෂන් 꾸션(방석), කැරම් 깨럼(캐럼놀이)


## 11) 'යැ 이'와 'ව 우' 자음군

① 다른 자음이 뒤따라오는 'යැ 이'는 'යි 이'와 'ය් 이'로 쓰여진다. '이' 발음은 빨리 약하게 발음한다.
  (예) අයියා/අය්යා 아이야-(형, 오빠), අයිති/අය්ති 아이띠(소유)

② 다른 자음이 따라오는 'ව 우'는 'වු 우'와 'ව් 우'로 표기된다. '우' 발음 또한 빨리 약하게 발음한다.
  (예) අවුව/අව්ව 아우워(햇빛), කවුද/කව්ද 까우더(누구냐?)

12) ‘ං 응’

이 자음은 ‘빈두워’로 불린다.

① 단어 끝에 사용된다. 단어 끝에서 ‘ඞ 응’의 형태로는 절대 사용되지 않는다.
  예 දැං 댕(지금), පුළුවං 뿔루왕(할 수 있는)

② 폐쇄음(ක 까, ග 가, ච 차, ජ 자, ට 타, ඩ 다)앞 에서 이 자음은 두가지 형태
  ‘ඞ(ඦ්). ං’를 겸해서 쓰기도 한다.
  예 ලඞ්කාව=ලංකාව 랑카-워(스리랑카), පදිඤ්චිය/පදිංචිය 빠딩치여(거주지)

③ ය 야, ව 와, ස 싸, ශ 샤, හ 하 앞에서 ‘ං 응’이 붙는다.
  예 හංසයා 항써야-(백조), සිංහල 씽할러(씽할러어)


13) ‘ද 다’의 경우

① ‘ු 우’ ‘ූ 우-’를 만날 경우 밑의 꼭지가 떨어진다.
  ද 다 + ු 우 = දු 두. ද 다 + ූ 우- = දූ 두-
  예 දුර 두러(거리), දූව 두-워(섬)

② 두 가지 모양의 글자가 있다. 현대 씽할러에서는 편하고 쉽게 쓰는 것을 따른다. 따라
  서 첫번째 글자를 많이 사용한다.
  • දා = දා        예 ඉරිදා = ඉරිදා 이리-다(일요일)
  • දැ = දැ        예 දැල්ලා = දැල්ලා 댈라-(오징어)
  • දෑ = දෑ        예 දෑස = දෑස 대-써(두눈)
  • දො = දො      예 දොඩම් = දොඩම් 도담(오렌지)
  • දෘ = දෘ        예 විද්‍යාලය = විදෘලය 윈디얄-러여(학교)
  • දෘ = දෘ        예 දෘඪතර = දෘඪතර 드루더떠러(단단한)
  • ද + ෟ = දෟ     예 දෟව්‍ය 드러위여(재료)

14) ' ͑ 이쓰삘러'와 '͑ 래해너' (할끼리/-머)의 구별

'͑ 이쓰삘러'와 '͑ 래해너' (할끼리–머) 는 쉽게 혼동된다.
자세하게 보기 않는 다면 쉽게 잘못 읽게 된다. '͑ 래해너'는 글짜 뒤가 가라앉는 모양이다.
특별히 'ඹ 마얀너, ව 와얀너'에 사용될 때 글짜가 비슷해 보이므로 조심해서 읽어야 한다.
> (예) ගයමි 가여미. ගයම් 가얌(내가 노래부른다)
> ජීවිය 지–위여(생명). ඔව් 오우(네, 예)


15) ළ 래, ළැ 래– 와 රු 루, රූ 루– 의 구별

ළ 래, ළැ 래– 는 '애더여'가 위에 붙어있고, රු 루, රූ 루–는 '애더여'가 아래쯤에 붙
어 있다. 신경써서 구별을 하지 않으면 잘못 읽게 된다.
> (예) ළෙ 랠러(떼,무리), ළැට 래–터(저녁에),
> රූව 루워(아름다움), රූපය 루뻐여(동상, 형상)


16) 옛 형태의 글자 읽기

현재는 읽기 쉽게 표기가 바뀌고 있지만, 과거에는 현재와 다른 형태로 사용되는 경우가
몇가지 있다. 옛 형태라고 하지만, 지금도 종종 볼 수 있다.

① 앞글자가 뒷글자와 붙을 경우 앞글자는 받침이 된다.
> (예) සවර්ගය 쓰와르거여(천국), දවිතිය 드위–띠여(한번더, 재)

② 'ට 타–. ඩ 다–. ද 다–' + ' □ 싼녀꺼 සබද්දක'
싼녀꺼가 'ද 알 다얀너'로 읽힌다.
> (예) කඩ 깐터, මඩ 만더, ශුඬ(ශුද්ධ) 슌더(거룩한)

③ ः는 'විසර්ගය 위써르거여'라고 부르며, 글자와 함께 사용된다. 특별한 소리는 없다.
앞에 나온 단어를 길게 발음하도록 도와준다.
> (예) යෙහොවः 예호와– (여호와)

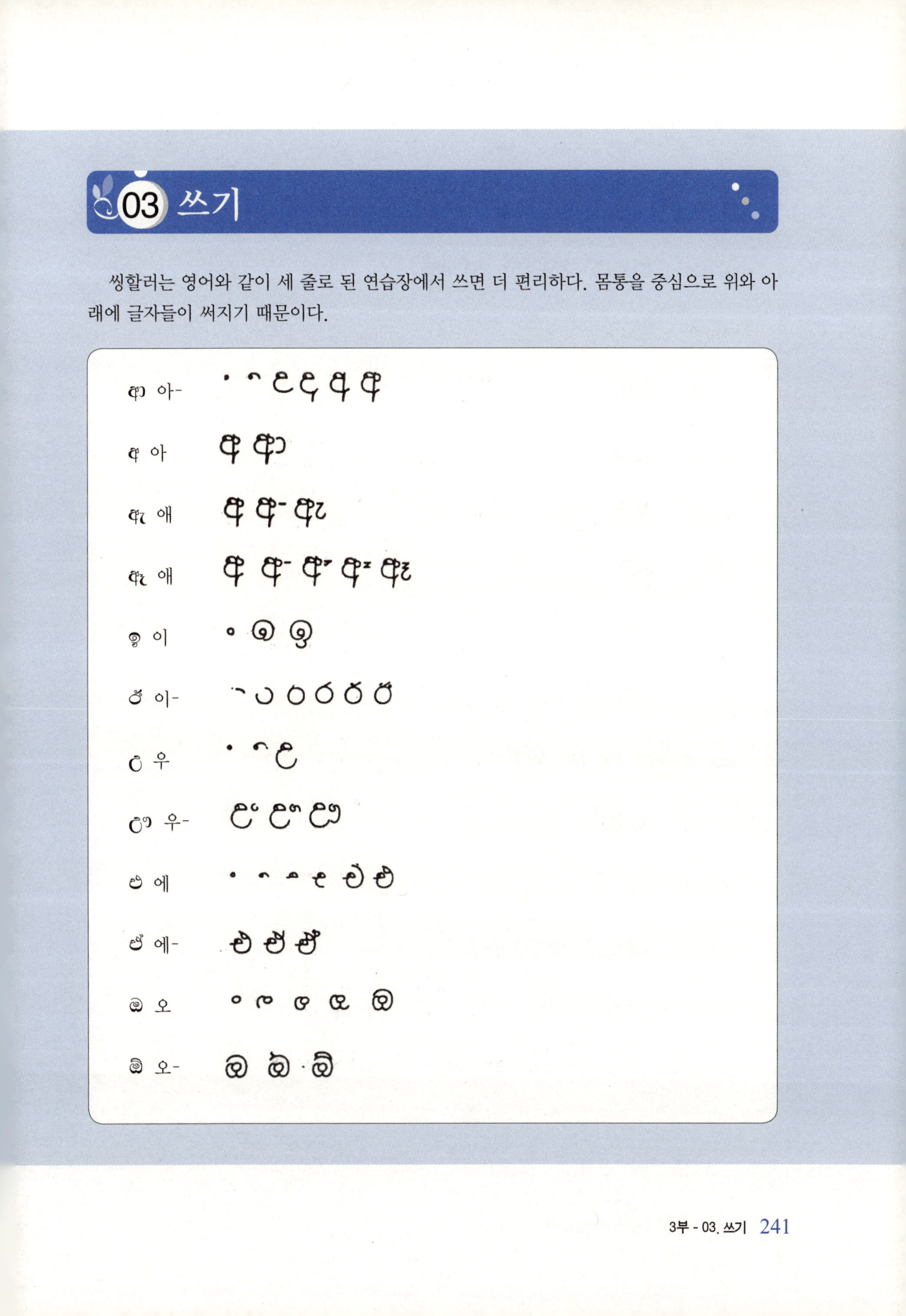

씽할러는 영어와 같이 세 줄로 된 연습장에서 쓰면 더 편리하다. 몸통을 중심으로 위와 아래에 글자들이 써지기 때문이다.

| | | |
|---|---|---|
| අ 아- | | |
| ආ 아 | | |
| ඇ 애 | | |
| ඈ 애 | | |
| ඉ 이 | | |
| ඊ 이- | | |
| උ 우 | | |
| ඌ 우- | | |
| එ 에 | | |
| ඒ 에- | | |
| ඔ 오 | | |
| ඕ 오- | | |

ක 까　ꞏ ꞏ ꞏ ˆ ˆ ᴖ ᴄ ᴆ ක

ක් 끄　කක්ක්ක්ක්

කා 까-　කා

කැ 깨　කැ

කෑ 깨-　කෑ

කි 끼　කි

කී 끼-　කී

කු 꾸　කු

කූ 꾸-　ක කු කු කූ

කෙ 께　ꞏ ꞏ ᦕ ᦕ ෙ කෙ

කේ 께-　කේ

කො 꼬　කො

කෝ 꼬-　කො කෝ කෝ

ග 가　ᄃ ᄃ ᄃ ග

ඩ 나　ꞏ ᦕ ᦕ ᦕ ᦕ ᦕ ඩ

ච 차

ජ 자

ඤ 냐

ට 타

ඩ 다

ණ 나

ත 따

ද 다

ද 다-

ධ 대

ධ 대-

ධ 두

ධ 두-

න 나

ප 빠

| 뿌 |
| 뿌- |
| 바 |
| 마 |
| 야 |
| 라(r) |
| 라- |
| 래 |
| 래- |
| 리 |
| 리- |
| 루 |
| 루- |
| 라(l) |
| 와 |

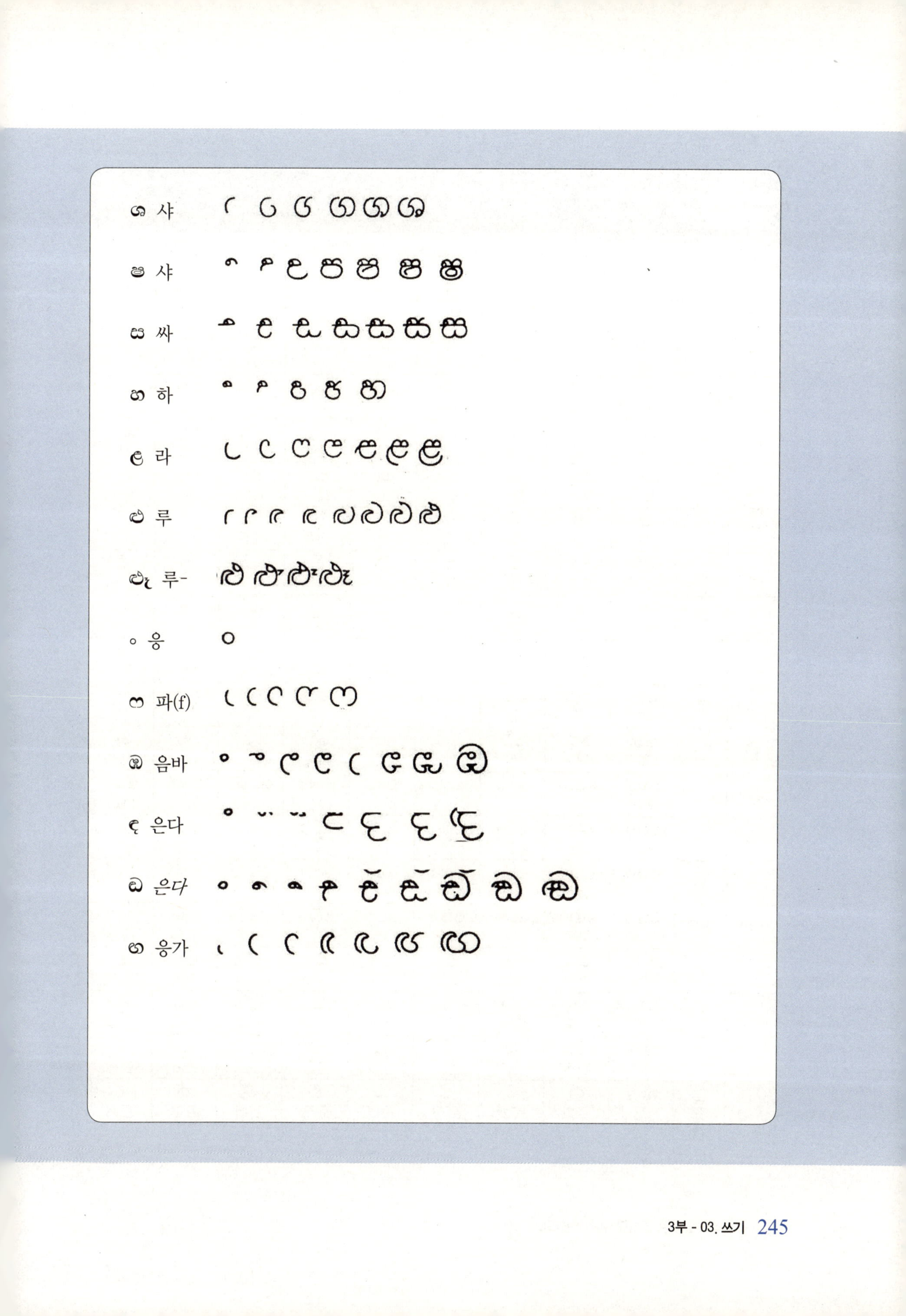

ශ 샤

ෂ 샤

ස 싸

හ 하

ළ 라

ළු 루

ං 응

ෆ 파(f)

ඹ 음바

ඳ 은다

ඬ 은다

ඟ 응가

| 자음<br>모음 발음 | ක්<br>끄 | ග්<br>그 | ච්<br>츠 | ජ්<br>즈 | ට්<br>트 | ඩ්<br>드 | ණ්<br>느 | ත්<br>뜨 | ද්<br>드 |
|---|---|---|---|---|---|---|---|---|---|
| අ 아 | කකා 까 | ගා 가 | චා 차 | ජා 자 | ටා 타 | ඩා 다 | ණා 나 | තා 따 | දා 다 |
| ආ 아- | කා 까- | ගා 가- | චා 차- | ජා 자- | ටා 타- | ඩා 다- | ණා 나- | තා 따- | දා 다- |
| ඇ 애 | කැ 깨 | ගැ 개 | චැ 채 | ජැ 재 | ටැ 태 | ඩැ 대 | ණැ 내 | තැ 때 | දැ 대 |
| ඈ 애- | කෑ 깨- | ගෑ 개- | චෑ 채- | ජෑ 재- | ටෑ 태- | ඩෑ 대- | ණෑ 내- | තෑ 때- | දෑ 대- |
| ඉ 이 | කි 끼 | ගි 기 | චි 치 | ජි 지 | ටි 티 | ඩි 디 | ණි 니 | ති 띠 | දි 디 |
| ඊ 이- | කී 끼- | ගී 기- | චී 치- | ජී 지- | ටී 티- | ඩී 디- | ණී 니- | තී 띠- | දී 디- |
| උ 우 | කු 꾸 | ගු 구 | චු 추 | ජු 주 | ටු 투 | ඩු 두 | ණු 누 | තු 뚜 | දු 두 |
| ඌ 우- | කූ 꾸- | ගූ 구- | චූ 추- | ජූ 주- | ටූ 투- | ඩූ 두- | ණූ 누- | තූ 뚜- | දූ 두- |
| එ 에 | කෙ 께 | ගෙ 게 | චෙ 체 | ජෙ 제 | ටෙ 테 | ඩෙ 데 | ණෙ 네 | තෙ 떼 | දෙ 데 |
| ඒ 에- | කේ 께- | ගේ 게- | චේ 체- | ජේ 제- | ටේ 테- | ඩේ 데- | ණේ 네- | තේ 떼- | දේ 데- |
| ඓ 아이 | කෛ 까이 | ගෛ 가이 | චෛ 차이 | ජෛ 자이 | ටෛ 타이 | ඩෛ 다이 | ණෛ 나이 | තෛ 따이 | දෛ 다이 |
| ඔ 오 | කො 꼬 | ගො 고 | චො 초 | ජො 조 | ටො 토 | ඩො 도 | ණො 노 | තො 또 | දො 도 |
| ඕ 오- | කෝ 꼬- | ගෝ 고- | චෝ 초- | ජෝ 조- | ටෝ 토- | ඩෝ 도- | ණෝ 노- | තෝ 또- | දෝ 도- |
| ඖ 아우 | කෞ 까우 | ගෞ 가우 | චෞ 차우 | ජෞ 자우 | ටෞ 타우 | ඩෞ 다우 | ණෞ 나우 | තෞ 따우 | දෞ 다우 |
| 이여 | ක්‍ය 끼여 | ග්‍ය 기여 | ච්‍ය 치여 | ජ්‍ය 지여 | ට්‍ය 티여 | ඩ්‍ය 디여 | ණ්‍ය 니여 | ත්‍ය 띠여 | ද්‍ය 디여 |
| 으루 | ක්‍ර 끄루 | ග්‍ර 그루 | ච්‍ර 츠루 | ජ්‍ර 즈루 | ට්‍ර 트루 | ඩ්‍ර 드루 | ණ්‍ර 느루 | ත්‍ර 뜨루 | ද්‍ර 드루 |
| 으러 | ක්‍ර 끄러 | ග්‍ර 그러 | ච්‍ර 츠러 | ජ්‍ර 즈러 | ට්‍ර 트러 | ඩ්‍ර 드러 | ණ්‍ර 느러 | ත්‍ර 뜨러 | ද්‍ර 드러 |
| 르 | ර්ක 르꺼 | ර්ග 르거 | ර්ච 르처 | ර්ජ 르저 | ර්ට 르터 | ර්ඩ 르더 | ර්ණ 르너 | ර්ත 르떠 | ර්ද 르더 |

| 모음 | 발음 | 느 | 쁘 | 브 | 므 | 이 | 르 | 르(L) | 우 | 샤 |
|---|---|---|---|---|---|---|---|---|---|---|
| 아 | 아 | 나 | 빠 | 바 | 마 | 야 | 라 | 라 | 와 | 샤 |
| 아- | 아- | 나- | 빠- | 바- | 마- | 야- | 라- | 라- | 와- | 샤- |
| 애 | 애 | 내- | 빼 | 배 | 매 | 얘 | 래 | 래 | 왜 | 쉐 |
| 애- | 애- | 내- | 빼- | 배- | 매- | 얘- | 래- | 래- | 왜- | 쉐- |
| 이 | 이 | 니 | 삐 | 비 | 미 | 이 | 리 | 리 | 위 | 쉬 |
| 이- | 이- | 니- | 삐- | 비- | 미- | 이- | 리- | 리- | 위- | 쉬- |
| 우 | 우 | 누 | 뿌 | 부 | 무 | 유 | 루 | 루 | 우 | 슈 |
| 우- | 우- | 누- | 뿌- | 부- | 무- | 유- | 루- | 루- | 우- | 슈- |
| 에 | 에 | 네 | 뻬 | 베 | 메 | 예 | 레 | 레 | 웨 | 쉐 |
| 에- | 에- | 네- | 뻬- | 베- | 메- | 예- | 레- | 레- | 웨- | 쉐- |
| 아이 | 아이 | 나이 | 빠이 | 바이 | 마이 | 야이 | 라이 | 라이 | 와이 | 샤이 |
| 오 | 오 | 노 | 뽀 | 보 | 모 | 요 | 로 | 로 | 오 | 쇼 |
| 오- | 오- | 노- | 뽀- | 보- | 모- | 요- | 로- | 로- | 오- | 쇼- |
| 아우 | 아우 | 나우 | 빠우 | 바우 | 마우 | 야우 | 라우 | 라우 | 와우 | 샤우 |
| 이여 | 이여 | 니여 | 삐여 | 비여 | 미여 | 이여 | 리여 | 리여 | 위여 | 쉬여 |
| 으루 | 으루 | 느루 | 쁘루 | 브루 | 므루 | 으루 | 르루 | 르루 | 우루 | 쉬루 |
| 으러 | 으러 | 느러 | 쁘러 | 브러 | 므러 |  | 르러 | 르러 | 우러 | 쉬러 |
| 르 | 르 | 르너 | 르빠 | 르버 | 르머 | 르여 | 르러 | 를러 | 르워 | 르셔 |

| 모음 | 자음 / 발음 | 쉬 | 쓰 | 흐 | 르(L) | 프(F) | | | | |
|---|---|---|---|---|---|---|---|---|---|---|
| 아 | 아 | 샤 | 싸 | 하 | 라 | 파 | | | | |
| 아- | 아- | 샤- | 싸- | 하- | 라- | 파- | | | | |
| 애 | 애 | 섀 | 쌔 | 해 | 래 | 패 | | | | |
| 애- | 애- | 섀- | 쌔- | 해- | 래- | 패- | | | | |
| 이 | 이 | 쉬 | 씨 | 히 | 리 | 피 | | | | |
| 이- | 이- | 쉬- | 씨- | 히- | 리- | 피- | | | | |
| 우 | 우 | 슈 | 쑤 | 후 | 루 | 푸 | | | | |
| 우- | 우- | 슈- | 쑤- | 후- | 루- | 푸- | | | | |
| 에 | 에 | 쉐 | 쎄 | 헤 | 레 | 페 | | | | |
| 에- | 에- | 쉐- | 쎄- | 헤- | 레- | 페- | | | | |
| 아이 | 아이 | 샤이 | 싸이 | 하이 | 라이 | 파이 | | | | |
| 오 | 오 | 쇼 | 쏘 | 호 | 로 | 포 | | | | |
| 오- | 오- | 쇼- | 쏘- | 호- | 로- | 포- | | | | |
| 아우 | 아우 | 샤우 | 싸우 | 하우 | 라우 | 파우 | | | | |
| 이여 | 이여 | 쉬여 | 씨여 | 히여 | 리여 | 피여 | | | | |
| 으루 | 으루 | 쉬루 | 리 | 흐루 | 르루 | 프루 | | | | |
| 으러 | 으러 | 쉬러 | 쓰러 | 흐러 | | 프러 | | | | |
| 르 | 르 | 르셔 | 르쎄 | 르허 | 를러 | 르퍼 | | | | |

# 부록

# ශ්‍රී ලංකා ජාතික ගීය
쓰리 랑까- 자-띠꺼 기-여

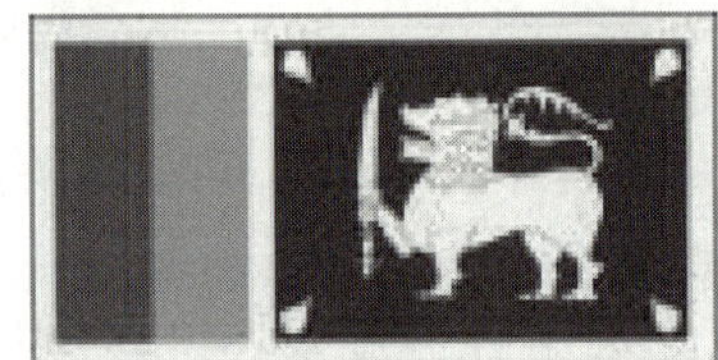

ශ්‍රී ලංකා මාතා
쓰리 랑까- 마-따-

අප ශ්‍රී...... ලංකා නමෝ නමෝ නමෝ නමෝ මාතා
아뻐 쓰리/-… 랑까- 나모- 나모- 나모- 나모- 마-따-

සුන්දර සිරිබරිනී සුරැඳි අති සෝබමාන ලංකා
쑨더러 씨리/버리/니- 쑤랜디 아띠 쏘-버마-너 랑까-

ධාන්‍ය ධනය නෙක මල් පලතුරු පිරි ජයභූමිය රම්‍යා
단-니여 다너여 네꺼 말 빨러뚜루 삐리/ 자여부-미여 람/미야-

අප හට සැප සිරි සෙත සදනා ජීවනයේ මාතා
아뻐 하터 쌔뻐 씨리/ 쎄떠 싸더나- 지-워너예- 마-따-

පිළිගනු මැන අප භක්ති පූජා නමෝ නමෝ මාතා
삘리거누 매너 아뻐 밖띠- 뿌-자- 나모- 나모- 마-따-

අප ශ්‍රී...... ලංකා නමෝ නමෝ නමෝ නමෝ මාතා
아뻐 쓰리/-… 랑까- 나모- 나모- 나모- 나모- 마-따-

ඔබ වේ අප විද්‍යා, ඔබ මය අප සත්‍යා
오버 웨- 아빠 윌디야-, 오버 머여 아빠 쌀띠야-

ඔබ වේ අප ශක්ති, අප හද තුළ භක්ති
오버 웨- 아빠 샦띠-, 아빠 하더 뚤러 밖띠-

ඔබ අප ආලෝකේ, අපගේ අනුප්‍රාණේ
오버 아빠 알-로-께-, 아빠게- 아누쁘라-네-

ඔබ අප ජීවය වේ, අප මුක්තිය ඔබ වේ
오버 아빠 지-워여 웨-, 아빠 묶띠여 오버 웨-


නව ජීවන දෙමිනේ තිතින අප පුබුදු කරන් මාතා
나워 지-워너 데미네- 니띠너 아빠 뿌부두 꺼라 마-따-

ඥාන වීර්ය වඩවමින රැගෙන යනු මැන ජයභූමි කරා
냐-너 위-르여 와더워미너 래게너 야누 매너 자여부-미 까라-

එක මවකගෙ දරු කැල බැවිනා යමු යමු වී නොපමා
에꺼 마워꺼게 다루 깰러 배워나- 야무 야무 위- 노빠마-

ප්‍රේම වඩා සැම හේද දුරැර දා නමෝ නමෝ මාතා
쁘레-머 와다- 쌔머 베-더 두래러 다- 나모- 나모- 마-따-

අප ශ්‍රී...... ලංකා නමෝ නමෝ නමෝ නමෝ මාතා
아빠 쓰리-… 랑까- 나모- 나모- 나모- 나모- 마-따-

# 스리랑카 애국가 뜻

어머니 스리랑카
우리 스리랑카를 예배합시다 예배합시다 예배합시다 예배합시다 어머니를.
좋고, 번영이 있는 아주 매력적인 랑카
곡식과 부요함, 다양한 꽃들과 과일로 가득한 아름다운 승리의 땅.
우리에게 건강과 운, 축복을 만드는 생명의 어머니.
우리의 경건한 제사를 받으소서. 예배 합시다, 예배합시다, 예배합시다 어머니를.
우리 스리랑카를 예배합시다 예배합시다 예배합시다 예배합시다 어머니를.


당신은 우리의 지식이고, 당신이 바로 우리의 진리입니다.
당신은 우리의 힘이고, 우리 마음 속의 경건입니다.
당신은 우리의 빛이시고, 우리의 생명입니다.
당신은 우리의 생명이시고, 우리의 해방이 당신입니다.


새 생명을 주며, 항상 우리를 일깨우소서, 어머니.
지혜와 용기를 북돋으며 승리의 땅으로 우리를 이끄소서.
한 어머니의 자녀들이니 지체하지 말고 갑시다, 갑시다.
더 많은 사랑과 모든 분열을 멀리 던져버리고, 예배합시다, 예배합시다 어머니를.
우리 스리랑카를 예배합시다 예배합시다 예배합시다 예배합시다 어머니를.

| 기본<br>동사 | 뜻 | 과거 | 과거분사 | | 현재<br>분사 | 명령형<br>To부정사 |
|---|---|---|---|---|---|---|
| | | | 구어체 | 문어체 | | |
| එනවා<br>에너와- | 오다 | ආවා<br>아-와- | ඇවිල්ලා<br>애윌라- | ඇවිත්<br>애윌 | එමින්<br>에민 | එන්න<br>엔너 |
| යනවා<br>야너와- | 가다 | ගියා<br>기야- | ගිහිල්ලා, ගිහින්<br>기힐라-, 기힌 | ගොස්<br>고쓰 | යමින්<br>야민 | යන්න<br>얀너 |
| කනවා<br>까너와- | 먹다 | කෑවා<br>깨-와- | කාලා<br>깔-라- | කා<br>까- | කමින්<br>까민 | කන්න<br>깐너 |
| දානවා<br>다-너와- | 두다 | දැම්මා<br>댐마- | දාලා/දැමලා<br>달-라-/다멀라 | දා/දැමා<br>다-/다마- | දාමින්<br>다-민 | දාන්න<br>단-너 |
| දෙනවා<br>데너와- | 주다 | දුන්නා<br>둔나- | දීලා<br>딜-라- | දී<br>디- | දෙමින්<br>데민 | දෙන්න<br>덴너 |
| බොනවා<br>보너와- | 마시다 | බිව්වා<br>비우와- | බීලා<br>빌-라- | බී<br>비- | බොමින්<br>보민 | බොන්න<br>본너 |
| වනවා<br>워너와- | 되다 | වුවා<br>우와- | වෙලා<br>웰라- | ව<br>워 | වමින්<br>워민 | වන්න<br>완너 |
| වෙනවා<br>웨너와- | 되다 | වුනා<br>우나- | වෙලා<br>웰라- | වී,වීලා<br>위-, 윌-라- | වෙමින්<br>웨민 | වෙන්න<br>웬너 |
| කරනවා<br>꺼러너와- | 하다 | කළා<br>껄라- | කරලා<br>꺼럴라- | කර<br>꺼러 | කරමින්<br>꺼러민 | කරන්න<br>꺼란너 |
| ගන්නවා<br>간너와- | 사다,<br>갖다 | ගත්තා<br>갇따- | ගෙනල්ලා<br>게널라- | ගෙන<br>게너 | ගනිමින්<br>가니민 | ගන්න<br>간너 |
| ඉන්නවා<br>인너와- | 있다<br>(사람) | උන්නා<br>운나- | ඉඳලා<br>인덜라- | — | — | ඉන්න<br>인너 |
| සිටිනවා<br>씨티너와- | | සිටියා<br>씨티야- | හිටලා<br>히털라- | සිට<br>씨터 | සිටිමින්<br>씨티민 | සිටින්න<br>씨틴너 |
| තියෙනවා<br>띠예너와-<br>තිබෙනවා<br>띠베너와- | 있다<br>(물건) | තිබුනා<br>띠부나- | තිබිලා<br>띠빌라- | තිබී<br>띠비 | — | — |
| තියනවා<br>띠여너와- | 두다 | තිබ්බා<br>띱바- | තියලා<br>띠열라- | තබා<br>따바- | තියමින්<br>띠여민 | තියන්න<br>띠얀너 |
| ගේනවා<br>게-너와- | 가져오다 | ගෙනාවා<br>게나-와- | ගෙනල්ලා<br>게널라- | ගෙනත්<br>게낟 | | ගේන්න<br>겐-너 |
| කියනවා<br>끼여너와- | 말하다 | කිව්වා<br>끼우와- | කියලා<br>끼열라- | කී<br>끼- | කියමින්<br>끼여민 | කියන්න<br>끼얀너 |
| දන්නවා<br>단너와- | 알다 | දැනගත්තා<br>대너갇따- | දැනගෙන<br>대너게너 | දැනගෙන<br>대너게너 | — | දැනගන්න<br>대너간너 |
| පේනවා<br>뻬-너와- | 보이다 | පෙනුනා<br>뻬누나- | පෙනිලා<br>뻬닐라- | පෙනී<br>뻬니 | පෙනෙමින්<br>뻬네민 | — |
| දකිනවා<br>다끼너와- | 보다 | දැක්කා<br>댁까- | දැකලා<br>대껄라- | දැක<br>대꺼 | දැකමින්<br>대꺼민 | දකින්න<br>다낀너 |
| බලනවා<br>발러너와- | | බැලුවා<br>밸루와- | බලලා<br>발럴라- | | බලමින්<br>발러민 | බලන්න<br>발란너 |

| 기본<br>동사 | 뜻 | 형용사현재<br>형태 | 형용사 과거형태 | | 현재<br>의존형 | 과거<br>의존형 |
| --- | --- | --- | --- | --- | --- | --- |
| | | | 구어체 | 문어체 | | |
| එනවා<br>에너와- | 오다 | එන<br>에너 | ඌපු<br>아-뿌 | ආ,ආව<br>아-,아-워 | එන්නේ<br>엔네- | ආවේ<br>아-웨- |
| යනවා<br>야너와- | 가다 | යන<br>야너 | ගියපු<br>기여뿌 | ගිය<br>기여 | යන්නේ<br>얀네- | ගියේ<br>기에- |
| කනවා<br>까너와- | 먹다 | කන<br>까너 | බාපු<br>까-뿌 | කෑ<br>깨- | කන්නේ<br>깐네- | කෑවේ<br>깨-웨- |
| දානවා<br>다-너와- | 두다 | දාන<br>다-너 | ධාපු<br>다-뿌 | දැමු<br>대무- | දාන්නේ<br>단-네- | දැම්මේ<br>댐메- |
| දෙනවා<br>데너와- | 주다 | දෙන<br>데너 | දීපු<br>디-뿌 | දුන්<br>둔 | දෙන්නේ<br>덴네- | දුන්නේ<br>둔네- |
| බොනවා<br>보너와- | 마시다 | බොන<br>보너 | බීපු<br>비-뿌 | බීව<br>비-워 | බොන්නේ<br>본네- | බිව්වේ<br>비우웨- |
| වනවා<br>워너와- | 되다 | වන<br>워너 | | වූ<br>우- | වන්නේ<br>완네- | වුවේ<br>우웨- |
| වෙනවා<br>웨너와- | 되다 | වෙන<br>웨너 | වෙච්ච<br>웰처 | වුන<br>우너 | වෙන්නේ<br>웬네- | වුනේ<br>우네- |
| කරනවා<br>꺼러너와- | 하다 | කරන<br>꺼러너 | කරපු<br>꺼러뿌 | කළ<br>껄러 | කරන්නේ<br>꺼란네- | කළේ<br>껄레- |
| ගන්නවා<br>간너와- | 사다,<br>갖다 | ගන්න<br>간너 | ගත්තපු<br>갇떠뿌 | ගත්<br>갇 | ගන්නේ<br>간네- | ගත්තේ<br>간네- |
| ඉන්නවා<br>인너와- | 있다 | ඉන්න<br>인너 | උන්න<br>운너 | උන්<br>운 | ඉන්නේ<br>인네- | උන්නේ<br>운네- |
| සිටිනවා<br>씨티너와- | (사람) | සිටින<br>씨티너 | හිටපු,හිටි<br>히터뿌,히티 | සිටි<br>씨티 | සිටින්නේ<br>씨틴네- | සිටියේ<br>씨티에- |
| තියෙනවා<br>띠에너와- | 있다 | තියෙන<br>띠에너 | තිබුන<br>띠부너 | තිබුනු<br>띠부누 | තියෙන්නේ<br>띠옌네- | තිබුනේ<br>띠부네- |
| තිබෙනවා<br>띠베너와- | (물건) | තිබෙන<br>띠베너 | තිබිච්ච<br>띠빛처 | | තිබෙන්නේ<br>띠벤네- | |
| තියනවා<br>띠여너와- | 두다 | තියන<br>띠여너 | තියපු,තිබ්බ.<br>띠여뿌, 띱버 | | තියන්නේ<br>띠얀네- | තිබ්බේ<br>띱베- |
| ගේනවා<br>게-너와- | 가져오다 | ගේන<br>게-너 | ගෙනාපු<br>게나-뿌 | — | ගේන්නේ<br>겐-네- | ගෙනාවේ<br>게나-웨- |
| කියනවා<br>끼여너와- | 말하다 | කියන<br>끼여너 | බියපු<br>끼여뿌 | | කියන්නේ<br>끼얀네- | කිවුවේ<br>끼우웨- |
| දන්නවා<br>단너와- | 알다 | දන්න<br>단너 | දැනගත්තු<br>대너갇뚜 | දැනගත්<br>대너갇 | දන්නේ<br>단네- | දැනගත්තේ<br>대너갇떼- |
| පේනවා<br>뻬-너와- | 보이다 | පේන<br>뻬-너 | පෙනිච්ච<br>뻬닞처 | පෙනුන<br>뻬누너 | පේන්නේ<br>뻰-네- | පෙනුනේ<br>뻬누네- |
| දකිනවා<br>다끼너와- | 보다 | දකින<br>다끼너 | ඬැකපු<br>대꺼뿌 | දුටු<br>두투 | දකින්නේ<br>다낀네- | දැක්කේ<br>댁꼐- |
| බලනවා<br>발러너와- | 보다 | බලන<br>발러너 | බලපු<br>발러뿌 | | බලන්නේ<br>발란네- | බැලුවේ<br>밸루웨- |

| 기본<br>동사 | 뜻 | 권유형 | 가정법 | 양보 | 직설<br>가능/의무 | 사역형태 |
|---|---|---|---|---|---|---|
| එනවා<br>에너와- | 오다 | එමු<br>에무 | ආවොත්<br>아-옫 | ආවත්<br>아-왇 | ආ(යුතුයි)<br>아-(유뚜이) | එවනවා<br>에워너와- |
| යනවා<br>야너와- | 가다 | යමු<br>야무 | ගියොත්<br>기욜 | ගියත්<br>기얃 | යා<br>야- | යවනවා<br>야워너와- |
| කනවා<br>까너와- | 먹다 | කමු<br>까무 | කෑවොත්<br>깨-욛 | කෑවත්<br>깨-왇 | කෑ<br>깨- | කවනවා<br>까워너와- |
| දානවා<br>다-너와- | 두다 | දාමු<br>다-무 | දැම්මොත්<br>댐몯 | දැම්මත්<br>댐맏 | දැමිය<br>대미여 | දාවෙනවා<br>다-워너와- |
| දෙනවා<br>데너와- | 주다 | දෙමු<br>데무 | දුන්නොත්<br>둔녿 | දුන්නත්<br>둔낟 | දිය<br>디여 |  |
| බොනවා<br>보너와- | 마시다 | බොමු<br>보무 | බිව්වොත්<br>비우옫 | බිව්වත්<br>비우왇 | බිය<br>비여 |  |
| වනවා<br>워너와- | 되다 | වමු<br>워무 | වුවොත්<br>우옫 | වුවත්<br>우왇 |  |  |
| වෙනවා<br>웨너와- | 되다 | වෙමු<br>웨무 | වුණොත්<br>우녿 | වුනත්<br>우낟 | විය<br>위여 | වෙනවා<br>워너와- |
| කරනවා<br>꺼러너와- | 하다 | කරමු<br>꺼러무 | කළොත්<br>껄롣 | කළත්<br>껄랃 | කළ<br>껄러 | කරවනවා<br>꺼러워너와- |
| ගන්නවා<br>간너와- | 사다,<br>갖다 | ගමු,ගනිමු<br>가무,가니무 | ගත්තොත්<br>갇똗 | ගත්තත්<br>갇딷 | ගත<br>가떠 | ගන්වනවා<br>간워너와- |
| ඉන්නවා<br>인너와- | 있다<br>(사람) | ඉමු<br>이무 | උන්නොත්<br>운녿 | උන්නත්<br>운낟 |  | ඉන්දවනවා<br>인더워너와- |
| සිටිනවා<br>씨티너와- |  | සිටිමු<br>씨티무 | සිටියොත්<br>씨티욛 | සිටියත්<br>씨티얃 | සිටිය<br>씨티여 |  |
| තියෙනවා<br>띠예너와-<br>තිබෙනවා<br>띠베너와- | 있다<br>(물건) |  | තිබුණොත්<br>띠부녿 | තිබුනත්<br>띠부낟 | තිබිය<br>띠비여 |  |
| තියනවා<br>띠여너와- | 두다 | තියමු<br>띠여무 | තිබිබොත්<br>띱볻 | තිබිබත්<br>띱받 | තැබිය<br>때비여 |  |
| ගේනවා<br>게-너와- | 가져<br>오다 | ගේමු<br>게-무 | ගෙනාවොත්<br>게나-옫 | ගෙනාවත්<br>게나-왇 |  | ගෙවනවා<br>게워너와- |
| කියනවා<br>끼여너와- | 말하<br>다 | කියමු<br>끼여무 | කියොත්<br>끼욛 | කියත්<br>끼얃 | කිය<br>끼여 | කියවනවා<br>끼여워너와- |
| දන්නවා<br>단너와- | 알다 | දනිමු<br>다니무 | දැනගත්තොත්<br>대너갇똗 | දැනගත්තත්<br>대너갇딷 | දැනගත<br>대너가떠 | දන්වනවා<br>단워너와- |
| පේනවා<br>뻬-너와- | 보이<br>다 |  | පෙනුනොත්<br>뻬누녿 | පෙනුනත්<br>뻬누낟 | පෙනිය<br>뻬니여 | පෙන්වනවා<br>뻰워너와- |
| දකිනවා<br>다끼너와- | 보다 | දකිමු<br>다끼무 | දැක්කොත්<br>댁꼳 | දැක්කත්<br>댁깓 | දැකිය<br>대끼여 | දක්වනවා<br>닦워너와- |
| බලනවා<br>발러너와- |  | බලමු<br>발러무 | බැලුවොත්<br>밸루옫 | බැලුවත්<br>밸루왇 | බැලිය<br>밸리여 | බලවනවා<br>발러워너와- |

# Memo